SINA POUSSET

»Keine Ahnung, wo wir hier gerade sind«

GOLDMANN
Lesen erleben

Das Buch

»Die schönsten Geschichten des Lebens passieren im Sitzen. In einem Fernbus zum Beispiel, einem kleinen Kosmos auf Rädern. Da ereignen sich so viele absurde, witzige und wunderbare Momente, die ich einfach sammeln und aufschreiben musste. Und das Beste ist: Für die Lektüre müssen Sie noch nicht mal aufstehen!«
Sina Pousset

Sina Pousset

»Keine Ahnung, wo wir hier gerade sind«

Mit dem Fernbus unterwegs

GOLDMANN

Originalausgabe

Der Verlag weist ausdrücklich darauf hin, dass im Text enthaltene externe Links vom Verlag nur bis zum Zeitpunkt der Buchveröffentlichung eingesehen werden konnten. Auf spätere Veränderungen hat der Verlag keinerlei Einfluss. Eine Haftung des Verlags ist daher ausgeschlossen.

Dieses Buch ist auch als E-Book erhältlich.

MIX
Papier aus verantwortungsvollen Quellen
FSC® C083411

Verlagsgruppe Random House FSC® N001967

1. Auflage
Originalausgabe November 2016

Umschlaggestaltung: UNO Werbeagentur, München,
und unter Verwendung von Motiven GettyImages/sorbetto
und FinePic®, München
Lektorat: Doreen Fröhlich
DF · Herstellung: Str.
Layout: Tabea Gärtner
Satz: Uhl + Massopust, Aalen
Druck und Bindung: CPI books GmbH, Leck
ISBN: 978-3-442-15907-9
www.goldmann-verlag.de

Besuchen Sie den Goldmann Verlag im Netz:

Für Hans

Inhalt

Die Familie auf vier Rädern

Willkommen im Bus

Es ist schwer zu sagen, welcher Moment es war. Vielleicht, als der *Kiss*-Fan mit Kampfwampe seinen Kopf zum vierten Mal auf meine Schulter sinken ließ und mir dobermannähnliche Schnarcher ins Ohr pustete. Vielleicht, als ich ruckartig die Klotür aufriss und dahinter eine verschleierte Frau auf der Schüssel vorfand, die plötzlich sehr spitz schrie. Vielleicht war es aber auch später, als der langhalsige Vierzehnjährige Sean Paul auf Repeat hörte und daneben ein Herr im Anzug hektisch Aktienkurse herunterdeklinierte, während im Hintergrund ein Baby weinte. Nein, wahrscheinlich war es dann, als die Sonne langsam hinter der Horizontlinie verschwand und der Vordersitz mit solcher Wucht in die Schlafposition schoss, dass sich der Rest meines Rastplatzkaffees in wässrigen Flecken auf meinen Schoss ergoss. Während mir der kalte Hauch der Klimaanlage, die mit ihrer Überfunktion vermutlich die Unterfunktion des WLAN auszugleichen versuchte, in den Nacken wehte, während irgendwo im Hintergrund wieder saugglockenartige Kussgeräusche zu hören waren, dachte ich: Das muss mal jemand aufschreiben.

Verstehen Sie mich nicht falsch. Ich liebe Reisen. Reisen ist schön. Das Auto hat die heimelige Geselligkeit, den vollgepackten Kofferraum und den ersten italienischen Kaffee hinter dem

Brenner. Die Bahn hat die Landschaft und die freie Fahrt, das Flugzeug die Wolken, die Vogelperspektive, die warmen Handtücher. Liebe ich! Alles! Aber wie immer, wenn Liebe im Spiel ist, gibt es auch ein paar weniger liebenswerte Eigenarten: Das Auto hat durchwachte Nächte, Rückenschmerzen, Geplärre auf dem Rücksitz. Das Flugzeug hat die unbequeme Armlehne, die Bordtoilette und eingeschweißtes Essen. Die Bahn hat die Streiks und den Großraumwagen. Doch, so lehrt die Liebe, Macken gehören dazu. Der Fernbus hat nur besonders viele.

Er ist langsam, eng, stickig oder kalt, stauanfällig und voll mit Fremden, die man definitiv nicht liebt. Eigentlich erstaunlich, dass hier klappt, was schon im Auto mit der Familie eine Herausforderung ist: sich während der Fahrt nicht die Köpfe einzuschlagen. Ein bisschen ist das mit dem Busfahren wie mit einer durchzechten Nacht. Man kehrt davon zurück, dehydriert und zerknautscht, und schwört sich: nie wieder. Bis zum nächsten Wochenende.

Denn wer billig und flexibel verreisen will, muss in den Bus. Obwohl der Fernbus also eher ein Restpostenmaß an Begehrlichkeit versprüht, sitze ich immer wieder drin, versuche, elegant über fremde Schöße zu steigen, über der Kloschüssel die Balance zu halten und die dreißig Minuten auf dem Rastplatz maximal unterhaltsam zu gestalten.

Während er so dahinschaukelt, der Maulesel der Straße, spielen sich in seinem Inneren größere und kleinere Dramen ab. Die Toilette ist verstopft, der Fahrer steht auf Schlager, und der Typ hinten rechts lässt garantiert seinen Geldbeutel an der Tankstelle liegen. Fernbeziehungen werden in Hamburg an der Haltestelle beendet und danach auf der langen Fahrt nach München vom Rücksitz aus beweint. Sowieso ist irgendjemand immer frisch verliebt, verkatert oder getrennt. Nichts davon entweicht, alles zirkuliert. Denn eines hat man im Bus zum Überfluss: Zeit, zu beobachten.

Gerade zum Beispiel, im Bus von Berlin nach Karlsruhe: Dritte Reihe links, rasselnder Raucherhusten, tauscht mit achte Reihe Fenster, adipös und Freund von Handyspielen ohne Lautlostaste, über den Gang die Nummern aus. Vorletzte Reihe rechts hat eine Vorliebe für Körnerbrot und Reiscracker, freut sich sehr auf »Schatzbär« und die Party bei Nina (sie macht Kartoffelsalat, Schatzbär holt noch Mayo). Der Zartgliedrige am Fensterplatz isst geschnittene Karotten aus Tupperware und teilt die Kopfhörer mit der Rothaarigen, obwohl er doch in Würzburg von der Blonden zum Bus geküsst wurde. Und der Mann mit Hosenträgern zweite Reihe links, demonstrativ neben dem leeren Fensterplatz am Gang sitzend, verspeist gerade eine Wurst von der Dicke seiner Finger und schnalzt mit den Hosenträgern, während seine Frau eine Reihe weiter vorn Kreuzworträtsel löst. Ein Bus ist ein kleiner Kosmos auf Rädern.

Auf diese Beobachtungen der Mitreisenden folgt übrigens meist die unangenehme Erkenntnis, dass man selbst nicht weniger anstrengend ist. Gerade zum Beispiel, im Bus von Berlin nach Karlsruhe: ich, frisch erkältet, laut atmend und krümelmonsternd, wie immer mit zu viel Gepäck und im Taschenhenkel verheddert. Die ersten zwei Lektionen des Busverkehrs: Toleranz und Selbsterkenntnis.

Unbequem, unwürdig ist das, das Kinn auf dem Klapptisch, die Hand im Salat, den Sabberfleck auf der Bluse, umgeben von Flachbässen und Kussgeräuschen. Unschön, ja, aber irgendwie auch sehr menschlich. Und genau davon lebt das Reiseerlebnis. Eine Busfahrt ist erst dann authentisch, wenn ein bisschen Würde verloren und die Schmerzgrenze leicht überschritten ist. Im Gegenzug kann der Bus die besten Geschichten erzählen. Und das ist doch schon wieder liebenswert.

Während sich all diese Geschichten ereignen, während wir whatsappen, Musik hören, den Kater ausschlafen, uns streiten, trennen, Filme schauen oder gedankenverloren aus dem Fenster starren, schaukelt der Bus unaufhaltsam und gemütlich dem Ziel entgegen. Die Welt zieht an uns vorbei, und in diesem Moment gibt es nur eine Möglichkeit: sich zurücklehnen und fahren lassen. Auf seine ganz eigene Art und Weise ist der Bus wie eine Familie: Er nervt, aber am Ende des Tages ist er der Ort, an dem man sich geborgen fühlt. Auch wenn man weiß, dass man selbst nicht weniger anstrengend ist.

1. Bitte einsteigen

Bereit für den Bus?

Im Prinzip ist es ja ganz einfach. Ich klicke auf ein paar Symbole, gebe ein paar Daten ein und habe jetzt ein elektronisches Busticket im Posteingang. Doch dieser simple Buchungsvorgang trügt, denn er lässt annehmen, Fernbusreisen sei ein einfaches Unterfangen für sehr bequeme Menschen, die nicht mehr können müssen als ein bisschen Internet. Tatsächlich ist es eine hochkomplexe Angelegenheit für hochkomplexe Menschen.

Ein Fernbusfahrer muss ähnliche Charakteristika aufweisen wie ein Mitglied des Sondereinsatzkommandos. Während der durchschnittliche Reisende eher der Sylter Dorfpolizei gleicht und sich bei der Fortbewegung auf die Hilfe von Reisebüros oder automatisiertem Schienenverkehr verlässt, stürzt sich der Fernbusreisende ins Abenteuer. Er gibt sich völlig hin: dem Schicksal, den Gezeiten, den Gesetzen der Straße. Er lässt sich fahren. Und dabei muss er ziemlich viel leisten.

Der Fernbusreisende muss in der Lage sein, Mahlzeiten in zusammengefalteter Körperhaltung über mehrere Gepäckstücke hinweg oder idealerweise durch sie hindurch einzunehmen. Er muss überteuerte, kartonartige Fertigwürstchen vom Rastplatz und sorgsam rationierte Softdrinks klecker- und beschwerdefrei zu sich nehmen. Ebenso muss er fähig sein, in fledermausartiger Falthaltung zu schlafen. Ein überdurchschnittliches Maß an Koordination und Fitness sind beim Besuch der Bordtoilette, dem kunstvollen Übersteigen des Nebensitzers und dem Sprint zur Haltestelle unbedingt gefragt. Gegebenenfalls muss der Reisende fähig sein, mehrere Kilometer mit dem Bus mitzujoggen und sein Gepäck im Laufen in die offene Gepäckmündung zu werfen. Er darf sich von der immensen Geräuschkulisse – die sich irgendwo zwischen Kindertagesstätte, Bollywoodfilm und Fußballstadion bewegt – weder vom Tiefschlaf noch von wichtigen Geschäftskorrespondenzen abhalten lassen. Körperkontakt mit Unbekannten sollte ihn nicht annähernd abschrecken. Außerdem behält er uneingeschränkt seine Würde, wenn er mit einem »Dürfte ich mal kurz …?« zwischen fremden Schenkeln verschwindet, um sein heruntergefallenes Handy aus dem Sitzbereich des Nebensitzers zu entfernen. Ebenso irritiert es ihn höchstens kaum bis mäßig, seine Nebensitzer beim Füßemassieren und anderen intimen Sofaaktivitäten zu beobachten. Wer das alles kann, ist bereit für den Bus.

30 Dinge, die mir auf jeder Busreise passieren

- *Ich habe Probleme, die Haltestelle zu finden.*
- *Mein Sitznachbar bohrt sich in der Nase.*
- *Jemand isst schmatzend ein Brot.*
- *Ich habe plötzlich Lust auf Gummibärchen/Cola/Snickers.*
- *Ich kaufe mir einen überteuerten Artikel am Rastplatz.*
- *Ich verkneife mir den Toilettengang.*
- *Jemand hört zu laut Musik.*
- *Jemand schläft auf mir ein.*

- *Wir halten an einem trostlosen Ort.*
- *Es gibt irgendwo Currywurst.*
- *Die Toilette ist verstopft.*
- *Mein Sitznachbar kratzt sich an einer privaten Stelle.*
- *Es riecht auf einmal komisch.*
- *Ich suche mein Handy.*
- *Jemand stellt ruckartig den Sitz zurück.*
- *Der Fahrer macht einen schlechten Witz.*
- *Jemand schnarcht. Sehr laut.*
- *Ich stoße irgendwo an.*
- *Ich höre Kussgeräusche.*
- *Es fällt der Satz: »Ist hier noch frei?«*
- *Jemand sagt: »Keine Ahnung, wo wir hier gerade sind.«*
- *Ich sage: »Entschuldigung.«*
- *Ich verschütte etwas.*
- *Ich wünsche mir, ich hätte eine Jogginghose an.*
- *Der Bus hat Verspätung.*
- *Es ist zu kalt.*
- *Es ist zu heiß.*
- *Die Lüftung lässt sich nicht bedienen.*
- *Wir stehen im Stau.*
- *Das WLAN funktioniert nicht.*

2. Wo geht's denn hier zum Bus?
Vom Suchen und Finden der Haltestelle

Am Abend vor der Reise bin ich grundsätzlich entspannt. Ich bin mit Packen beschäftigt, mit Vorfreude und damit, den Inhalt meines Kühlschranks aufzuessen. Ich sitze mit einer Schüssel Nudelsalat auf dem Boden und überlege ganz in Ruhe, was ich alles mitnehmen soll. Den blauen Pulli? Oder doch lieber den roten? Vielleicht sogar beide? Und wo ist eigentlich der Regenschirm? Der Abend vor der Reise ist die Zeit der stressfreien Kontemplation.

Die Zeit für Panik ist der Morgen. Morgen, das ist am Abend vorher noch weit entfernte Zukunft, die Zeit, in der sich mein Gepäck in Sekundenschnelle auf magische Weise verdoppelt und ich keuchend Gegenstände in Seitentäschchen quetsche, bis sich der Reißverschluss mit einem unglücklichen Kratzgeräusch endlich schließt. Der Morgen ist auch die Zeit, in der ich schweißgebadet an der Kreuzung stehe, Taschen, Tüten und Gastgeschenke mehr oder weniger gleichmäßig um den Körper geschnürt, und merke: Ich hab ja keine Ahnung, wo ich hinmuss. Der Morgen ist der Moment, in dem mir so was plötzlich einfällt. Nicht der Abend vorher, wenn die Zeit sich zusammen mit der Vorfreude so wunderbar ausdehnt. Am Morgen minimiert sie sich schlagartig mit dem Weckerklingeln, zurück bleibt nur: der Stress.

Morgens geht es um Effizienz: schnelles Zusammenraffen

von Hab und Gut, ein letzter Löffel Schokomüsli und noch mal kurz aufs Klo. Nur wenige Reisende drucken sich zwischen Schokomüsli und Klogang die Wegbeschreibung aus. Das Schöne am Busfahren ist ja: Man muss den Weg nicht kennen, weil man sich fahren lassen darf. Aber dafür muss man eben erst mal im Bus sitzen. Obwohl der Weg zur Haltestelle zwar eigentlich der wichtigste Teil der Reisevorbereitung ist, aktive Eigenleistung vor all dem passiv-gemütlichen Geschaukel, verdränge ich ihn leider immer wieder bis zum letzten Moment, wenn ich schweißnass und planlos an einer stark befahrenen Kreuzung stehe.

In solchen Momenten verlasse ich mich auf grobe Streckenkenntnis und mein Smartphone. Beides stellt sich leider immer wieder als Fehler heraus. Denn so ausgestattet bin ich ein einziges Verkehrshindernis: Ich drehe mich auf der Straße ruckartig um, bleibe stehen, laufe Slalom durch die U-Bahn, steige fluchtartig ein und aus, bleibe überall hängen und quetsche mich und meine überdimensionierte Gepäckladung durch jedes Nadelöhr des Nahverkehrs.

Freitagmorgens in einer deutschen Großstadt. Autos rauschen vorbei, von der Woche ermüdete Menschen hetzen mit Kaffeebechern zur U-Bahn. Mit Gepäck in der regulären Welt unterwegs zu sein fühlt sich an, wie mit halb aufgeblasenen Schwimmflügeln in der Schnellschwimmerbahn zu schwimmen. Während alle anderen in Rekordzeit ihre Bahnen ziehen, planscht man hilflos in der Mitte herum und muss alle paar hundert Meter am Beckenrand verschnaufen. Manchmal, wenn ich nicht verreise, sondern auf dem Weg zur Arbeit bin, sehe ich solche taumelnden, schwitzenden Packesel in der U-Bahn und denke jedes Mal: du arme Sau. Ich nehme mir vor, solche Menschen ab jetzt aufmunternd anzulächeln.

Mich lächelt niemand an. Stattdessen werde ich von funktionstüchtigen Mitbürgern, die ich auf dem Weg zur Arbeit behindere, eiskalt geschnitten. Mir wird damit klar und deutlich vermittelt, dass ich als Fernbusreisende eine Aussätzige des Berufsverkehrs bin. Flugreisende haben wenigstens noch den Anstand, ihr Gepäck auf maximal zwei übersichtliche handgepäcksgroße Rollkoffer zu beschränken. Ich dagegen stoße überall an, passe nirgendwo rein und fülle in öffentlichen Verkehrsmitteln ganze Vierersitze aus. Um mich nur Aktentaschen, kleinformatige Handtäschchen und emotionale Kälte.

Dabei würde ich eigentlich ganz gerne nach dem Weg fragen. Stattdessen halte ich in einem Hauseingang mein Handy vors Gesicht. Das GPS hakt, ich bin ein kleiner verlorener Punkt auf einem Kartennetz. Genau so fühle ich mich.

Ich starre auf den Punkt, der an der Kreuzung blinkt. Auf dem Bildschirm sah es so einfach aus. Aus der Haustür raus, dann links, geradeaus, die Nächste rechts und den Bus Richtung Stadtzentrum, dann irgendeine S-Bahn und (spätestens hier endet meine Aufmerksamkeitsspanne) am Südkreuz in den nächsten Bus, oder nicht? Jetzt, hier, in der echten Welt, mit all den Ampeln, Straßenschildern und Bushaltestellenzeichen, weiß ich plötzlich nicht mehr weiter. Die echte Welt ist verwirrend. Mein Punkt blinkt unbeirrt in der Mitte der Kreuzung. Ich drehe mich um meine eigene Achse: Wo ist hier überhaupt oben und wo unten? Menschen ohne Orientierungssinn kann man übrigens daran erkennen, dass sie zu Norden »oben« und zu Süden »unten« sagen.

Die App zeigt fünf Optionen, um ans Ziel zu gelangen, die jeweils mit drei- bis achtfachem Umsteigen in diversen Randgebieten verbunden sind. Erste Regel: Zur Fernbushaltestelle führt nie ein direkter Weg. Zweite Regel: Den indirekten Weg kann man sich unter keinen Umständen einprägen. Besonders dann nicht, wenn man einen schlechten Orientierungssinn hat.

Der Weg ist das Ziel

Durchschnittlich hundertvier Minuten dauert nach eigenen Erkenntnissen der Weg von zu Hause bis zur Haltestelle. Das liegt nicht nur an meiner Unfähigkeit. Ich vermute: Der Weg zur Haltestelle ist Teil der Erstselektion. Busunternehmen wollen auf diese Weise sichergehen, dass Fahrgäste für die Reise auch wirklich geeignet sind und sich unter das Sondereinsatzkommando kein Sylter Dorfpolizist mischt.

Aus diesem Grund sind Haltestellen meist gut versteckte Orte, die man im Zweifelsfall nicht googeln kann. Es macht also absolut Sinn, dass Haltestellen mit irreführenden Decknamen versehen sind (Sportzentrum Süd, ZOB, Industriegebiet Nord, Masurenallee). Damit fängt es aber gerade erst an. Was, wenn die Haltestelle im regionalen Streckennetz gar nicht existiert? Der Zubringer in die entlegensten Winkel der Vorstadt abbiegt und durch das geöffnete Fenster ein Hauch von Bandenkrieg weht? Der Fernbusfahrer muss mit allem klarkommen, um seine Tauglichkeit zu beweisen. Wer hier schon schwächelt, übersteht die Fahrt erst recht nicht.

Je näher, desto Rucksack

Manchmal habe ich Glück: Ich treffe auf dem Fußweg von Bummelbus A zu Bummelbahn B einen ähnlich verschwitzten Menschen mit Terrorblick. Kurzer Blickwechsel, Kopfnicken: Ja, wir haben dasselbe Ziel. Ab jetzt bilden wir eine kleine Fernbuskompanie. Gemeinsam kämpfen wir uns durch das undurchsichtige Streckennetz, die Verwirrung und das Funkloch. Auch wenn wir immer noch nicht richtig wissen, wo wir lang müssen, sind wir dabei wenigstens zu zweit.

Dass wir zumindest grob richtig sind, merken wir meistens ein paar Haltestellen vorher an zunehmender Rucksackdichte: Menschen wie wir, die sich mit überladenen Rucksäcken und tellergroßen Schweißflecken wackelnd an eine Halteschlaufe der Tram klammern. Auch hier Blickwechsel, Kopfnicken: Ja, wir haben dasselbe Ziel. Mit der Größe der Fernbuskompanie wächst das Vertrauen in die eigenen Navigationsfähigkeiten wieder: Wenn wir alle hier sind, können wir ja schon mal nicht ganz falsch sein. Aber Schwarmintelligenz kann auch ihre Tücken haben.

Bei euch bin ich richtig, oder?

München, irgendwo vorm Hauptbahnhof. Ein paar Wochen vorher bin ich in die Stadt gezogen und latent stolz, dass ich überhaupt weiß, wo der Hauptbahnhof ist. Es ist meine erste Fernbusfahrt nach Hause, ins fast vierhundert Kilometer entfernte Heidelberg. Ich stehe inmitten einer Rucksackmeute in der S-Bahn und weiß nur: Irgendwann muss ich raus. Schlecht nur, dass vorm ZOB alle S-Bahnhaltestellen für »Zugroaste« ziemlich gleich aussehen: Gleise, eine Brücke, Beton. An einer Brücke setzt sich die Gruppe in Bewegung und verlässt die S-Bahn, ich renne hinterher, Treppen hoch, nach links, geradeaus. Wir sind spät dran und laufen mit bestimmtem Schritt. Nach fünfzehn Minuten immer noch kein Fernbus. Wir kommen an eine Kreuzung. Der Vorderste: »Und jetzt?« Alle: »Du weißt doch, wo's langgeht?« Wusste er nicht. Er hatte einfach nur die längsten Beine.

Der Berg ruft

In Zürich auf der Suche nach der Haltestelle. In der Tram erspähe ich eine Rucksackgruppe, die an der richtigen Haltestelle aussteigt. Ich folge ihnen durch die Stadt, es wird mir aufmunternd zugelächelt. Normalerweise internationaler Fernbuscodex. Nach zehn Minuten stehen wir an der Bergbahn – ich bin der Schläfer in der Wandergruppe.

Unterwegs in der Kompanie

Die Fernbuskompanie setzt sich meist aus einem fragilen Gefüge hochkomplexer Charaktere zusammen, die nicht immer optimal zusammenpassen.

Wir stehen an einer S-Bahnhaltestelle irgendwo an der Berliner Ringbahn. Das Gleis ist blockiert, wir müssen raus, meine Fernbuskompanie und ich. Wir sind ein halbes Dutzend erschöpfte Menschen, die nach einer Hetzjagd durch den Nahverkehr alle dasselbe wollen: einfach nur zum Bus. Leider wissen wir nicht, wie. Nach kurzer Zeit spricht *das Alphatier* der Gruppe, eine Frau mittleren Alters, die Wanderschuhe trägt und mit kritischem Blick auf die S-Bahnkarte schaut, ein Machtwort. Sie entscheidet: Wir laufen. Der Rest von uns, eine zusammengewürfelte Schar aus navigationsunfähigen Großstädtern, folgt widerspruchslos. Die Frau scheint zu wissen, was sie tut und leitet uns mit kräftigen Schritten über das Messegelände in Richtung Busbahnhof. Dabei benutzt sie selbstbewusst Phrasen wie: »Nordöstlich hinterm Funkturm«. Seit ihrer Bundeswehrausbildung orientiert sie sich vermutlich am Stand der Sonne. Für den Rest der Gruppe gilt: hinterher und Klappe halten.

Unangenehm wird es, als sich nach etwa zwei Minuten Marsch *der Lehrer* einschaltet. Er hat zwar nichts Substanzielles beizutragen, will aber seinem kritischen Urteilsvermögen mit schwammigen Verbesserungsvorschlägen Luft machen, während er parallel in seiner BVG-App nach Verbindungen sucht (»Könnten wir nicht auch in Halensee in die S-Bahn …?«). Wir entschließen uns, seine gut gemeinten Vorschläge totzuschweigen. Unsere hoffnungsvolle Wanderung wird bald zum Martyrium. Es ist Mittag, die Sonne steht hoch am Himmel, und wir laufen mit Gepäck an einer mehrspurigen Straße entlang. Ein Moment, der dazu einlädt, Charakterschwächen auszuleben.

An einer Autobahnauffahrt gestrandet versuchen wir gemeinsam die sinnvollste Route zu finden. Der Lehrer wirft ein: »Nun, aber wenn wir vielleicht doch wieder zur S-Bahn …?«

»Oh nee, nicht die ganze Strecke wieder zurück!«, mault ein hagerer Mann mit Sporttasche neben ihm.

Als *Mimose* verkürzt er sich die leidliche Reisezeit, die die anderen mit aufwändigen Lösungsansätzen beschäftigt sind, durch lautstarke Kommentare zum eigenen Wohlbefinden (»Boah, ich schwitze mir hier schon seit zwei Stunden ins Hemd! Das ist doch unerträglich! Nächstes Mal fahr ich wieder Bahn!«). Danach schaut er nach oben Richtung Sonne und seufzt.

Wir anderen stehen im Halbkreis und suchen auf unseren Navigationsprogrammen nach einem Fußweg. Vor uns rauscht ein Gewirr aus mehrspurigen Straßen. Die Diskussion ist in voller Fahrt. Nur eine junge Frau mit Blümchenschal verhält sich zur Gesamtlage ähnlich wie vermutlich zum Leben allgemein: unaufdringlich gleichgültig. Anstatt ihre Meinung kundzutun, möchte *die Mitläuferin* einfach nur ankommen. Wir fragen, ob sie zwei Taxis rufen oder lieber weiterlaufen will. Sie dazu zu zwingen, in der Situation Partei zu ergreifen, ist ähnlich erfolgreich, wie einen pubertierenden Zwölfjährigen beim Sonntagskaffee nach seiner Meinung zu Merkels Außenpolitik zu befragen. Sie zuckt nur mit den Schultern und blickt uns unbeholfen an. Wir entscheiden uns fürs Weiterlaufen. Nach ein paar Achten um den Block finden wir den Fußgängerweg.

Neben Plattenbauten ragt ein grüngelbes Schild hervor.

»Da vorne ist 'ne Haltestelle!«, ruft der Lehrer.

»Nein«, sagt das Alphatier.

Der Lehrer lässt nicht locker: »Aber von da können wir doch zur Messehalle!«

»Können wir nicht!«, keucht es.

Jetzt schaltet sich die Mimose ein: »Meine Füße tun weh!«

Der Mitläufer fragt: »Sind wir bald da?«

»JA!«, keife ich.

Plötzlich werden alle still. Bis eben war ich noch ein unauffälliger Teil der Gruppe, doch jetzt ist es raus: Ich bin *die Cho-*

lerikerin. Ich bin erst ruhig, aber explodiere dann wie ein kleiner sizilianischer Vulkan, sobald es mir zu viel ist.

Nach meinem Ausbruch laufen wir weiter, schweigend und mürrisch. Und kommen irgendwann mitsamt allen Mitgliedern tatsächlich an, verschwitzt und mit rohen Nervenenden. Unser Alphatier marschiert zielstrebig auf die richtige Haltebucht zu. Kaum haben wir einen Fuß in den Bus gesetzt, strebt die Gruppe nach dem Billardkugelprinzip in unterschiedlichste Sitzreihen davon. Anders als beim Militär entstehen in der Fernbuskompanie ganz offensichtlich keine lebenslangen Freundschaften. Nebeneinandersitzen will nach dem Spießrutenlauf durchs Industriegebiet zumindest keiner mehr.

Am liebsten ist mir deshalb, ich bin mit der Haltestelle schon vertraut. So ist es mittlerweile mit dem Münchner ZOB. Nach ersten Anfangsschwierigkeiten und mehreren Reisen weiß ich jetzt, wo er ist, wie man hinkommt und wie ich rausfinde, in welcher Bucht mein Bus fährt. Sportliche sechzig Minuten vor Abfahrt verlasse ich normalerweise das Haus, nehme die U-Bahn und den Aufzug, von dem ich weiß, wo er fährt, wechsle einmal in die S-Bahn um, deren Nummer ich kenne, und steige an der Hackerbrücke die versteckte Treppe nach oben, hinter mir eine mir blind folgende Horde verwirrter Mitreisender, die meine natürliche Autorität sofort erkannt hat. Ich stoße die Glastür zum ZOB auf und summe währenddessen »Like a boss«. Den Weg zum Berliner Busbahnhof habe ich beim ersten Mal übrigens genauso gefunden: Ich folgte einem sehr selbstbewusst schreitenden, summenden Mädchen über einen Parkplatz.

Und jetzt?

Da und doch nicht am Ziel

Fernbushaltestellen sind sonderbare Orte. Sie befinden sich an verlassenen Bahnhofsunterführungen, an Sportzentren und an Landstraßen. Was mich an der Haltestelle erwartet, weiß ich vorher nie: Ich kann irgendwo im Kölner Umland an einem einsamen Pfosten stehen oder inmitten einer brummenden Fahrzeugflotte in Berlin.

Den Busbahnhof zu betreten ist trotzdem jedes Mal ein magischer Moment. Wie eine Oase aus Schichtbeton sticht der Platz aus der Ebene hervor. Erleichterung, Stolz und Erschöpfung mischen sich mit ersten Fetzen fingierter Dankesreden im Kopf. Alle, die hier sind, haben lang dafür gekämpft. Es ist ein kleines Wunder: Irgendwie haben wir alle durch den Wust der Stadt hindurch zu diesem grauen Landeplatz gefunden, an dem wir nun verwirrt herumstehen. Bis ich mich aber in den Sitz fallen lassen kann und merke, was ich vergessen habe (die Zahnbürste! Oder doch das Geschenk für F.?), muss ich erst mal den Bus finden.

Auf das High folgt deshalb schnell der Haltestellenblues: Ich bin da und doch nicht am Ziel. Nur weil da auf den betonierten Plätzen ein paar Busse stehen, die so aussehen, als würden sie irgendwo hinfahren, heißt das noch lange nicht, dass meiner dabei ist. Die Orientierung habe ich in der Regel schon verloren, bevor ich den Platz überhaupt betreten habe. Wenigstens sind alle anderen mindestens so verwirrt wie ich. Unterhaltungen laufen deswegen oft nach folgendem Muster ab:

Herr mit Koffer (abgehetzt und schwer atmend): »Ist das hier der Bus nach Amsterdam?«
Junge Frau mit Handy: »Hä? Nee, nach Karlsruuh.«
Frau mit Brille: »Aber der fährt weiter nach Amsterdam!«
Herr mit Koffer: »Um 20.30 Uhr?«
Junge mit Döner: »20.15 Uhr. Aber der hat zwanzig Minuten Verspätung.«
Herr mit iPad: »20.30 Uhr fährt jetzt ab Gleis 18.«
Frau mit Brille: »Sie meinen Bucht 18.«
Herr mit Koffer: »Aber der war doch sonst immer grün?«
Herr mit iPad: »Die haben fusioniert.«
Herr mit Koffer: »Also muss ich zu Gleis 18?«
Frau mit Brille: »Bucht 18.«
Unverständliche Durchsage
Herr mit Koffer: »Was? Was? Was?!«
Junge mit Döner: »Irgendwas mit Verspätung von Gleis 23.«
Frau mit Brille: »Vierzig Minuten Verspätung von Bucht 22.«
Herr mit Koffer: »Bucht 22. Und wo ist das?«
Herr mit iPad: »Kann ich Ihnen auch nicht sagen.«
Frau mit Brille (mit Fingerzeig zum Servicehäuschen): »Fragen Sie mal da drüben!«

Alles nach Plan

Verwirrung am Platz

Auf dem Weg von Wien nach München. Es ist nachmittags gegen halb vier, draußen dämmert es, Regen und Sturm. Vier Fahrgäste fehlen noch, als der Busfahrer losfährt. Nach etwa zweihundert Metern schießt links ein Taxi vorbei und stellt sich vor dem Bus quer. Der Busfahrer hält an und kommentiert ungerührt: »Einer will also doch noch mit. Wär' ja nicht das erste Mal.« Aus dem Taxi springt ein junger Mann mit Koffer, der hektisch das Zielschild des Busses checkt. Breites Grinsen – er ist richtig. Während sich der Taxifahrer mit einem Lächeln verabschiedet, öffnet der Busfahrer die Ladeluke und verstaut sein Gepäck. Der gesamte Bus lacht, applaudiert und jubelt, als der Nachzügler sich erleichtert auf einen der Vordersitze fallen lässt. Vielleicht war es der Sprint zum Bus, vielleicht der Applaus – seine Wangen sind zumindest ein kleines bisschen rot geworden.

Idealerweise kann ich vom Platz aus die Anzeigetafel erspähen. Idealerweise passiert aber nie. Was eher passiert: Ich renne die zahlreichen Nebenbuchten und Seitenhaltestellen ab und versuche, möglichst schnell einzelne Schilder zu entziffern. Meine Kurzsichtigkeit und allgemeine Orientierungslosigkeit sind da eher weniger von Vorteil. Hilfreich wäre eine genaue Kenntnis des gesamteuropäischen Streckennetzes (hält der Bus der Firma X nach München auch in Köln? Oder hält dort nur der Bus der Firma Y, der fünf Minuten später in die gleiche Richtung fährt?) in Kombination mit der Ausdauer eines olympischen Langstreckenläufers.

Auf Grund der zahlreichen Variablen im komplexen Fernbusstreckennetz (Verspätung, Planungsfehler, Launen der Natur) weiß bis circa dreißig Minuten vor Abfahrt meist noch keiner, wo der Bus eigentlich fährt. Was nun folgt, ist Detektivarbeit. Anzeigetafeln und andere Orientierungshilfen liegen – sofern vorhanden – an Bushaltestellen oft strategisch versteckt. Fahrpläne sind verblichen und nicht mehr aktuell, Anzeigetafeln hängen ungünstig und, sofern überhaupt vorhanden, wenig einsichtig hinter Gegenständen, Treppen oder Bussen. Die Busreise ist eben eine darwinistische Form der Fortbewegung: In den Bus kommt nur, wer es auch wirklich verdient hat.

»Da! Ein Mann in Grün!«

Hilfestellung an der Haltestelle

Stehe ich wie immer schnaufend und grundverwirrt am Platz, scanne ich das Feld erst mal nach Neongrün. *Der Servicemitarbeiter* wird gerüchteweise dafür bezahlt, das Leben von Busreisenden einfacher zu machen. Er strahlt dank einer einstündigen Mitarbeiterschulung fälschlicherweise Vertrauen aus und erscheint in der Menge wie ein Engel in Signalfarben. Teilt mir mit, dass er von einem Busunternehmen ist, das einmal wöchentlich nach Bratislava fährt, und er leider nicht helfen kann. Da er also keine Ahnung hat, wird er versuchen, mich (wie so viele Mitreisende) zum Servicehäuschen zu lotsen. Achtung!

Denn *das Servicehäuschen* gleicht dem schwarzen Loch der Servicewüste Deutschland. Bevölkert wird es von einer Masse von Menschen, die gerade einen sehr schlechten Tag haben. Wer Pech hat, kehrt von dort nie wieder zurück. Ich mache einen großen Bogen nach links und steuere auf eine größere Gruppe Reisender zu: *Die Mitreisenden* scheinen hilfsbereit – die Betonung liegt auf *scheinen* (würde man wirklich jemandem helfen, der einem am Ende den Fensterplatz wegschnappt?). Einem aber, so habe ich aus meiner Wanderung durchs Berliner Industriegebiet gelernt, kann ich vertrauen: *dem Alphatier* der Haltestellenmannschaft. Ich suche also nach einer Gestalt in Funktionskleidung, die einen Regenschutz über dem Rucksack trägt und mit dem Finger in verschiedene Richtungen deutet (das ist in Horrorfilmen derjenige, der überlebt). Mit Händen von sandpapierartiger Rauheit, dem Koordinationsvermögen eines Pfadfinderoberleutnants und fotografischem Gedächtnis ist dieser Mensch die fleischgewordene Kompetenz, die Rettung im Bus-Chaos. Leider ist diese Spezies selten und schnell von Hilflosen umlagert, die sie mit Fragen bombardieren. Lösung: die Meute ablenken (»Da! Ein Servicemitarbeiter!«) und das Alphatier für sich selbst beanspruchen.

Wenn der Einzelne nicht helfen kann, hilft zumindest *die Gruppe*. Als grober Anhaltspunkt zu Abfahrtszeit und Fahrziel lässt sich die Ansammlung an Reisenden verstehen. Eine große Gruppe lässt darauf schließen, dass die Abfahrt kurz bevorsteht. Hilfreich ist auch ein kurzer demografischer Check: Ist die Mehrheit unter dreißig, trägt schwarze Plateausandalen, nordisch-minimalistische Muster, hervorstechend farbige Secondhandpullis und hört Musik durch ungewöhnlich schöne Kopfhörer, fährt der Bus nach Berlin. Stehen etwa fünf bis zehn Menschen im Studentenalter mit kleinem Gepäck um einen Bus herum, hören Schlager über die Lautsprecher und tragen Lederhosen neben adrett gekleideten Menschen mittleren Alters, die pikiert auf die Uhr schauen, startet der Bus in etwa zwanzig Minuten nach München. Versammeln sich vier fremde Menschen verschiedener Altersgruppen im Kreis um die Haltestelle, trinken aus Schnapsflaschen in Reisegröße und lachen dabei lautstark, so wird der Bus vermutlich in fünfunddreißig Minuten nach Köln abziehen.

Drei Mal ist kein Mal

Man kann einen Bus verpassen. Oder drei.

Ein verregneter Sonntagnachmittag am ZOB München. Ein Auto hält mit quietschenden Reifen an der Schranke. Auf den donnernden Hinweis eines Manns mit Weste, wir könnten hier nicht stehen, öffnen sich vier Türen und entleeren ihren Inhalt auf die Straße. Wir werden mit unserem Gepäck auf den Asphalt gespült, ich und meine Reisebegleitung M. Uns steht der Vorreiseschweiß auf der Stirn. Eigentlich lief alles. Wir sind früh aufgestanden und haben früh gepackt, haben auch die letzten kritischen fünfzehn Minuten vor Verlassen des Hauses irgendwie durchgestanden. Haben ans Essen gedacht. Gepäck ins Auto gehievt. Dann, an der Arnulfstraße: Stau. Zehn Minuten. Zwanzig Minuten. Schließlich, mitten in die Pufferzeit hinein, dreißig Minuten. Darauf die Debatte, ob wir die nächsten eineinhalb Kilometer mit unseren drei überdimensionierten Koffern nicht auch laufen können. Ergebnis: Können wir nicht. Stattdessen sitzen wir den Stau aus und rennen jetzt die letzten hundert Meter bis zum Busbahnhof. Das Gepäck schlackert, das Blut kocht, und in unseren Köpfen bohrt die existenzielle Frage, warum wir unser ganzes Leben lang mit fünfminütiger Verspätung leben. Wie es sich wohl anfühlt, lückenlos organsisiert zu sein? Nach siebzig Metern durchzuckt es mich: »Wo ist der Hausschlüssel?!« (Das schreie ich laut.) Es hilft nichts, ich muss nachschauen und öffne erst Koffer Nummer eins, zwei, drei und dann die Handtasche. Er ist in Tasche Nummer fünf, der Manteltasche. M. wirft mir einen vielsagenden Blick zu. Andere Menschen, die besser organisiert sind, schlagen wahrscheinlich gerade tiefenentspannt die Tageszeitung auf, während wir noch nach der richtigen Haltebucht suchen. Wie machen die das?

Wir teilen uns auf, ich renne Richtung Anzeigetafel, M. die Buchten entlang. Überall Fingerzeige und zuckende Schultern, schließlich stehen wir beide schnaufend vor derselben Bucht. Wir sind da. Der Bus ist weg. »Macht nichts, macht nichts«, sage ich, mehr um mich zu beruhigen als ihn. Der nächste Bus fährt in dreißig Minuten. Wir begehen den zweiten Fehler des Tages und schleifen uns samt Gepäck hinüber zum Servicehäuschen.

Es ist ein trauriger Ort. Zum Soundtrack einer tickenden Uhr stehen Wartende mit hängenden Schultern in der Schlange oder sitzen mit fahlen Gesichtern auf ihrem Gepäck. Wir stellen uns hinten an, als eine Reihe weiter vorne ein Hahnenkampf ausbricht.

»Ich war zuerst da!«, grollt ein kastenförmiger Mensch mit kleinen Augen, der in seiner Freizeit vermutlich Kinder zum Weinen bringt.

»Ich muss den nächsten Bus erwischen!«, blökt ihm ein anderer mit hochrotem Kopf entgegen und knallt seine Tasche auf den Boden.

Es geht langsamer vorwärts als auf der Arnulfstraße an diesem Sonntagnachmittag. Der Servicemitarbeiter, der eben noch mittelkompetent schien, verabschiedet sich Kosenamen murmelnd ans Telefon und hebt nur sporadisch den Blick. »Schneller geht's nicht«, sagt jemand, der es seinem hoffnungsleeren Blick nach zu urteilen wissen muss. Zehn Minuten verstreichen, dann zwanzig und dann, mitten in die Abfahrtszeit hinein, schon wieder dreißig! Wir sind hier. Und der zweite Bus ist weg.

Ich hantiere, mittlerweile leicht verzweifelt, parallel mit dem

Handy und versuche über signalarmes WLAN die nächste Fahrt zu buchen (wie praktisch! Geht ja alles online!). Die App informiert mich: Nur noch vier Plätze sind verfügbar. Das WLAN stockt, mein Finger tippt. Nach mehreren Nahkämpfen mit der Technik habe ich schließlich zwei Plätze gebucht. Es fehlt noch die Kontoverbindung. Der Streithahn ist dran und bekommt sein Ticket in die Hand, er will den gleichen Bus erwischen wie wir, in wenigen Minuten. Er stürzt aus der Tür. In diesem Moment hängt sich die App auf. Wir sind dran. Am Schalter heißt es: Leider nur noch ein Ticket verfügbar. Unsere zwei Tickets sind im Online-Buchungssystem blockiert – von mir selbst. Wir sind hier. Und der dritte Bus ist weg. Wir schauen uns an. Und tun das Einzige, was jetzt noch logisch erscheint. Wir kaufen das nächste Ticket für den Bus in zwei Stunden, schließen unser Gepäck ein und überqueren die Straße. Da liegt – Gott hab dich selig, Bavaria – das nächste Brauhaus.

Warten, dass die Zeit verstreicht

Busfahren für Fortgeschrittene

Eigentlich warte ich immer auf irgendwas. Einmal im Jahr warte ich auf Weihnachten und meinen Geburtstag, sehr oft warte ich darauf, dass die Sonne wieder scheint, darauf, dass mir jemand die Steuer erklärt, auf einen Anruf, auf Stille, das Mittagessen und auf den Kaffee danach. Am meisten warte ich aber beim Fernbusfahren.

An der Haltestelle warte ich auf die Abfahrt, im Bus auf die Ankunft und allgemein darauf, dass jemand aufhört zu schnarchen, mir auf die Schulter zu sabbern oder laut Musik zu hören, dass das Klo frei wird und die Zeit verstreicht. Eigentlich ist Warten der Hauptzustand der Busreise. Ich kann nichts tun, also warte ich. Darauf, dass ich endlich da bin: zu Hause oder bei einem Menschen, den ich mag, ganz woanders. Der Bus ist wie eine Zeitkapsel, in der nichts außer dem Warten existiert.

Dabei absolut nichts zu tun ist schwer. Warten ohne Ersatzaktivitäten, Zeitung im Schoß und Finger am Smartphone ist fast unmöglich – es fühlt sich nicht nur wie Zeitverschwendung, sondern wie Folter an. Wer das nicht glaubt, sollte mal eine Gruppe Wartender beobachten: Sehen so zufriedene Menschen aus? Sie tippeln von einem Bein aufs andere, gehen auf und ab, summen, telefonieren, gucken immer wieder auf die Uhr oder aufs Handy. Sie wirken, als warten sie auf einen Fluchtwagen: unruhig, fahrig und gestresst. Ich will nicht zu den Warte-Gangstern gehören. Also verbiete ich meinem Bein das Zucken, meinen Fingern das Tippen, atme tief ein und stelle mich einfach mal gerade hin. Meine Daumen kribbeln.

Ich musste mir das Warten erst mal antrainieren: Ich bin es gewohnt, effizient zu sein, E-Mails zu checken, durch Timelines zu scrollen und Urlaubsfotos anzugucken, Nachrichten zu lesen und sie zu beantworten. So bin ich zumindest nicht allein. Und das ist es: Warten ist Alleinsein, ohne Sinn und Zweck durch einen grauen Tunnel driften, in dem die Zeit viel langsamer als sonst verrinnt, Abgeschnittensein von der normalen Welt. Als Kinder fragten wir unsere Eltern: »Wann sind wir endlich da?« Heute fragen wir die Uhr, das Handy, die Anzeigetafel. Dabei wissen wir eigentlich, dass die Frage verboten ist. Denn je mehr wir auf die Zeit achten, desto langsamer verrinnt sie.

Mit jeder Busreise werde ich besser im Warten. Mittlerweile

kann ich es sogar genießen. Der Tunnel kommt mir nicht mehr grau vor, sondern hat auf einmal Farben.

Das geht so: Während ich warte, versuche ich, die Zeit zu vergessen und einfach nur zu schauen. Es dauert ein bisschen, bis meine Daumen aufhören zu kribbeln und meine Hand reflexartig in die Tasche gleitet. Irgendwann sehe ich, was alles vor meinen Augen passiert. Ich schaue nach links, nach rechts, auf den Himmel und die Wolken. Sehe Menschen, die sich begrüßen, in den Arm nehmen, sich verabschieden und sich dabei noch etwas zuflüstern. Ich sehe, wie ein Mann in eine Pfütze tritt und dabei zurückschreckt wie ein ängstliches Reh, wie sich ein Paar an den Händen hält, während die freie Hand den Koffer zieht. Nach einer Weile merke ich: Das Nichtstunkönnen ist eigentlich ein schöner Zustand. Es ist Teil der Reise. Es ist ausgedehnte Vorfreude: Warten auf das Vieltun, was nach dem Nichtstun kommt. Wer wartet, kann sich also eigentlich freuen. Aufs Nichtstun, aufs Beobachten, und irgendwann: aufs Ankommen.

3. Auge um Auge
Der Kampf an der Ladefläche

München – Stuttgart. Es ist Sommer, und der Bus ist voll von Teenies, die von einer Klassenfahrt zurückkommen. Über die Reihen werden Kopfhörer und Zeitschriften gereicht, eine Großpackung Gummibärchen von der Tanke wandert von Schoß zu Schoß. Der Geräuschpegel gleicht einem Klassenzimmer in der kleinen Pause. Die Jungs hören Hip Hop auf dem Handy, ein Mädchen mit Zöpfen schreit über die Sitze: »Ich hab voll Bock auf Pommes!« Beim Halt am Rastplatz protestiert sie: »Wo ist denn hier der Mäcces?!« Nach etwa zwei Stunden halten wir an einer unscheinbaren Bushaltestelle außerhalb von Stuttgart. Aus dem Beton erwächst ein einzelnes Haltestellenzeichen. Ein paar Erwachsene warten, darunter ein korpulenter grauhaariger Mann, Typ Harleyfahrer, dem zwei lange, sorgsam geflochtene Zöpfe über die Lederweste baumeln. Die Bustür öffnet sich, und die Teenager strömen auf den Bürgersteig, werden begrüßt und beküsst, während ihr Gesichtsausdruck zwischen cool und peinlich berührt changiert. Nur eine, das Mädchen mit den langen Zöpfen, stürmt mit einem breiten Lächeln auf die Reihe von Erwachsenen zu und fällt ihrem Vater, dem Harleyfahrer, in die Arme. Ihre Zöpfe sind fast gleich lang. Er nimmt ihr den Rucksack von den Schultern und sagt im Weggehen: »Mäcces?«

Menschen können sehr liebenswerte Eigenschaften haben: Hilfsbereitschaft, Herzlichkeit, Selbstlosigkeit, moralische Integrität. An Kinokassen, bei Schlussverkäufen und an Ladeflächen von Bussen kommen all diese Eigenschaften jedoch leider nicht zum Einsatz.

Wenn ich an der Ladefläche stehe, denke ich immer an Herrn Frisch. Herr Frisch war unser Schul-Bäcker, ein riesiger Mann mit weißem Haar, der jeden Morgen mit einem Transporter in den Pausenhof kam, der bis unters Dach mit duftenden Brötchen beladen war. Dieser Bäcker machte unter anderem die besten Donuts, die ich je gegessen habe: weich, fast noch warm und mit einer zartschmelzenden Schokoglasur überzogen. Nach der Doppelstunde Mathe waren diese Donuts so ziemlich das Einzige, was mich wiederbeleben konnte. Allerdings gab es täglich nur vier Stück davon, und das hieß leider, sich in eine drängelnde Meute von pubertierenden Kindern zu stürzen, am ganzen Körper schubsende Schultern, Ellbogen und Hände, vom Geschrei ein Klingeln in den Ohren. Denn alle wissen: Wer am meisten drängelt, bekommt den Donut.

An der Ladefläche eines Fernbusses wird die Hackordnung ähnlich festgelegt: Wer bekommt den Doppelsitz, den Donut der Fernbusfahrt? Wer sitzt später vorne, umweht von Dixieklogeruch? Zwar wird weniger offensichtlich geschrien und gedrängelt, aber auch hier herrscht eher ein ruppiges Klima: Schwer beladene und nervlich ausgereizte Reisende kämpfen um den ersten Platz an der Luke. An der Ladefläche offenbart sich deshalb der wahre Charakter der Mitreisenden. Während sie bei der Bussuche vielleicht noch hilfreich waren, sind sie beim Schlangestehen vorm Gepäckraum oft wenig zimperlich. Ellenbogen werden ausgefahren, Zehen malträtiert und

Fragen kurz angebunden abgeschmettert. Zum Ziel gelangt nur, wer sich geschickt an diversen Gegenständen durch die Menge drückt. Psst! So habe ich früher auch den Donut bekommen.

Zur Ladefläche strömen alle mit allem: Riesenkoffern, Fahrrädern, Wanderrucksäcken und Zimmerlampen. Jeder möchte »seins« zuerst in die Luke legen.

Normalerweise ist es so: Ganz vorne steht *der Drängler* und tritt mir schon im Vorbeiquetschen auf den Zeh. Er ist der Fahrgast, der an der Gepäckladefläche seine Neandertalermentalität an den Tag legt und versucht, sich mit allen Mitteln (Drängeln, Schubsen, halb grobe Verbalattacken) an die Frontlinie zu kämpfen, um sich die Führungsposition bei der Platzwahl zu sichern. Da argumentativ hier nichts zu holen ist, hilft maximal mein laut-empörtes »'TSCHULDIGUNG?!?!« – und dabei die Zehen einzuziehen. Gut, dass gerade zwei Drängler aufeinandertreffen. Sie versperren sich gegenseitig den Weg mit ihren Koffern und beginnen ein lautes Wortgefecht. Jetzt ist der ideale Moment, sich einfach am Gerangel vorbei an die Gepäckluke zu schleichen.

Die Idee habe aber natürlich nicht nur ich. *Die Ratte*, ein subtiler Gepäcktaktiker, der von seiner kleinen Körpergröße oder allgemeinen Hintergrundoptik profitiert, ist mir schon auf den Fersen. Er rückt seine mausgraue Umhängetasche zurecht und schaut beiläufig nach vorn. Kaum wende ich mich wieder dem Treiben zu, schiebt er mich mit einer federleichten Handbewegung zur Seite und schlüpft mit einer eleganten Drehung einfach so an mir vorbei. Bevor ich die Ratte anrüpeln kann, ist sie schon längst Richtung Doppelsitz verschwunden.

Während ich weiter versuche, mit meiner wenig handlichen

Kofferkombination zur Luke vorzurücken, bemerke ich eine schemenhafte Gestalt an meinen Fersen, die sich mit der Herde kaum merklich immer weiterschiebt. *Der Schatten* haftet sich mit beeindruckender Penetranz an Mitreisende und verwirrt mit der Scheinehentaktik: Er nähert sich mir so lange millimeterweise, bis er mit mir, seinem Opfer, auf derselben Höhe steht und von den Umstehenden als Teil eines Paars wahrgenommen wird. Als wir endlich fast vorne stehen, schmeißt er sein Gepäck in Sekundenschnelle über meinen Kopf in die Luke und verschwindet dann sofort im Bus. Zurück bleibe ich mit meinen Koffern. Jetzt muss ich schnell sein. Seitlich strömen immer mehr Drängler vorbei, vor mir bildet sich schon die nächste Reihe.

»Halt!«, schreit plötzlich eine Stimme von hinten. »Können wir uns hier nicht mal alle wie Erwachsene benehmen?« Es ist *die Aktivistin*, eine kleine Frau mit rechteckiger Brille, Einzelkämpferin der Menschlichkeit, die angesichts der Verrohung ihrer Mitreisenden einfach nur geschockt ist. Versucht verzweifelt, an Moral und Ordnungsgefühl der Meute zu appellieren, während der Rest drängelt, schleicht und schiebt. Am liebsten wäre ihr, alle würden sich an den Händchen halten und in ordentlichen Zweierreihen aufstellen. Da das aber schon beim Wandertag in der fünften Klasse nicht klappt, zieht sie sich nach einer Weile schimpfend und zähneknirschend in die hinteren Reihen zurück. Verfasst am Fensterplatz einen wütenden Essay auf den Verfall der Menschheit, den die FAZ aber leider wieder nicht abdrucken wird. Ich werfe ihr einen verständnisvollen Blick zu und ziehe mein Gepäck Richtung hintere Mitte. Hier sammeln sich *die Phlegmatiker*. Wie Deserteure im Zwangsdienst stehen sie in der Schlange und bewegen sich mit langsamem Schritt mit der Masse, bis sie irgendwann halt mal dran sind. Sitzen hinterher ebenso gleichgültig auf dem Arschkartensitz und schreiben ihrem »Schatz«: »Was für ein Stress hier.« Dank ihnen landet mein Koffer endlich in der Luke. Denn an ihnen lässt es sich wunderbar vorbeiquetschen.

Das passt auch noch rein

Gedanken zur Gepäckpolitik

Endhaltestelle Berlin ZOB. Jeder sucht sein Gepäck zusammen. Von hinten jemand: »Ist das Ihr Gummibaum?« Darauf ein anderer erfreut: »Oh, ja! Danke!«

Glückliche Menschen sind ja bekanntlich Minimalisten: Sie brauchen wenig und geben viel. Sie sind keine Sammler und Horter, die sich mit unnützen Besitztümern umgeben, sondern führen ganz kleinteilfrei ein federleichtes Leben. Das klingt erstrebenswert. Und eigentlich möchte ich mich zu diesen Menschen zählen. Ich habe mir vorgenommen, nur dann eine neue Hose zu kaufen, wenn meine alte Löcher hat (was erstaunlich oft vorkommt), oder stattdessen eine alte in die Altkleidersammlung zu geben. Ich bemühe mich, wenig Gepäck zu haben, auf Reisen und im Leben allgemein. Wer einmal sein Hab und Gut von einer Dachgeschosswohnung ein paar hundert Kilometer weiter in die nächste transportiert hat, wird das automatisch verstehen.

Im Urlaub bin ich stolz darauf, möglichst wenig mitzunehmen. Ich will nicht die sein, die für ein Wochenende in Madrid vier Paar Schuhe dabeihat oder Handtaschen, die zum jeweiligen Kleid passen. Stattdessen schlendere ich in mehrfach gewaschenen Einzelteilen auf immer gleichen Schuhen durch warme Gassen. Es stimmt: Ich fühle mich frei.

Anders auf Busreisen. Aus allen Ecken und Enden scheinen sich auf wundersame Weise Dinge zu akkumulieren, die an meinem Körper baumeln: meine Reisetasche, mein Rucksack, mein Schal, mein Provianttäschchen, die Wasserflasche, eine Geschenktüte. Ich bewundere gemäßigte Packer, die ihren Multifunktionskoffer elegant unter den Sitz »sliden«. Es sind wahrscheinlich dieselben Menschen, die eine zusammensteckbare Reisezahnbürste mit Minizahnpasta besitzen und sie auf Reisen auch tatsächlich mit sich führen. Ich sitze stattdessen auf einem explosionsähnlichen Gefüge aus persönlichen Gegenständen und ziehe am Ende beschämt meinen zerknitterten Schal unter meinen Beinen hervor, während neben mir sorgsam fusselfreie und gefaltete Mäntel aus der Hutablage gehoben werden. Brauche ich einfach nur eine Multifunktionstasche mit perfekten Maßen?

Dabei finde ich, dass meine Taktik Sinn macht: Ich wende beim Packen für den Bus weniger Zeit und Sorgfalt an als bei einer Flugreise, bei der jemand sorgfältig meinen Koffer beäugt und mich eventuell zwingt, mein ausgebeultes Gepäckstück durch ein genormtes Rechteck zu quetschen. Im Bus muss nicht alles in eine Tasche passen. Deshalb gebe ich mir weniger Mühe. Auf den letzten Metern fällt mir immer noch was ein, das fehlt. Wasser! Und der Baumkuchen! Nieselt es? Vielleicht sollte ich noch die Regenjacke…? Anders als auf einer zweimonatigen Rucksacktour durch Südamerika muss ich mein Gepäck bei einer Busreise durchschnittlich nur eine Spielfilmlänge mit mir rumschleppen. Also packe ich eher impulsiv als selektiv.

Bei Busfahrten ist mein Motto, was Gepäckstücke angeht:

Eins geht noch. Ich packe mehr irgendwas als nur das eine, in meinem Kopf hallt die Mutterfrage: »Willst du nicht noch was Warmes mitnehmen …?« Ich kann, also packe ich. Ich will damit auch wirklich aufhören. Aber vielleicht bin ich auf Busfahrten eben nicht Mini-, sondern Maximalistin. Ein Weg zum glücklicheren Leben ist Minimalismus. Ein anderer: Selbstakzeptanz.

GEPÄCKTETRIS, DAS

Versuch, möglichst viel Gepäck passgenau zu verstauen. Funktioniert ähnlich wie das Spiel mit den Klötzchen, ist nur weniger unterhaltsam. Sicherheitsbedürftige spielen ausschließlich mit ihrem eigenen Gepäck um ihren Sitz herum (→ »Hier sitzt mein Koffer«). Entspanntere hingegen überlassen den Kampf dem Busfahrer an der Großladefläche, wo der Koffer aber auch zerdrückt werden kann (→ 'Tschuldigung). Generell gilt: ein Gepäckstück plus Handgepäck. Hält sich aber keiner dran.

In vier Koffern um die Welt

Der Umzug im Bus

Höhepunkt meiner liberalen Gepäckpolitik war ein sehr warmer Sommer vor ein paar Jahren. Ich wohnte zur Zwischenmiete und hatte nur Koffer, keine Möbel. In München war ich nur zum Praktikum und wollte danach in eine neue Stadt weiterziehen. Ich hatte außerdem kein Geld und München einen Busbahnhof mit guter Anbindung. Warum also nicht den Umzug mit dem Bus machen? Mit einer stolzen Sammlung an

Habseligkeiten wankte ich zur Haltestelle. Dass ich die Anreise zum ZOB überhaupt schaffte, grenzt nachträglich an ein Wunder. Hundertvier beschwerliche Minuten später musterte mich der Busfahrer mit einer Mischung aus Resignation und Belustigung, ich hielt mein Ticket für knapp zwanzig Euro unter den Scanner und gratulierte mir gedanklich noch mal zu meinem kreativen Entschluss. Mit mir reisten: eine Stehlampe, ein Rucksack, eine Palme, ein Jutebeutel, eine Handtasche und ein großer Koffer.

Die Reise im nicht klimatisierten Bus nach Berlin sollte über acht Stunden dauern. Die Fahrgäste schauten etwas irritiert, als ich mein Hab und Gut verstaute. Jeder, der für einen Umzug packt, kennt diese Frage: Seit wann habe ich eigentlich so viel Zeug? Nun breitete ich gerade mein Leben vor einer Gruppe Fremder aus. Während die kritisch schauten, fuhr der Bus bereitwillig alles durch die Gegend: meine Skibrille, mein Lieblingsbuch und meine Wäschespinne im Koffer. Der Bus brachte mich und mein Gepäck verlässlich ans Ziel. Sonst lief leider nichts nach Plan: Die Palme fiel bei einer Vollbremsung aus ihrer Halterung in der Kopfleiste. Blumenerde verteilte sich zusammen mit meiner Schande im ganzen Bus. Endlich in Berlin angekommen scharrte ich hektisch an der Ladeluke, vergaß aber leider die Lampe. Als ich die U-Bahn-Station erreicht hatte, entglitt mir einer der Koffer und polterte laut die Treppe nach unten. In diesem Moment erkannte ich, dass es klüger wäre nachzugeben, und entschloss mich, mir für die letzten Kilometer ein Taxi zu nehmen. Als mich der Taxifahrer mit meinem demolierten Koffer an der Straßenecke erspähte, schaute er erschrocken. Aber immerhin: Er nahm mich mit, und ein paar Minuten später war ich da, in der neuen Wohnung und dem neuen Leben. Ein bisschen einfacher hätte ich es schon haben können, dachte ich. Aber dafür kann der Bus ja wirklich nichts.

Was man unbedingt auf einer Busfahrt dabeihaben sollte

Der Bus ist eine Falle für Unvorbereitete, denn jederzeit kann alles passieren: unvorhersehbare Luftströme und Klimawechsel, lange Wartezeiten, laute Nachbarn. Wer nicht plant, sitzt im Bus schnell fröstelnd, hungrig und genervt auf dem Sitz. Doch ein paar Dinge sind dem Busreisenden rettende Bojen im Strudel der Reise.

Packliste für alle Lebenslagen

Neurotiker:

Desinfektionsspray
Taschentücher
Nackenrolle
Ohrstöpsel

Verliebte:

Doppelkopfhörer
Kuscheldecke
Laptop mit Film
Belegte Brote (Käse-Kresse für sie, Preiselbeere-Camembert für ihn)

Routinierte:

Wasserflasche
Ladekabel
Buch
Schal

Verkaterte:
- Pommes
- Aspirin
- Schlafbrille
- Konterbier

Nicht ohne meine Playlist

Es ist einer der schönsten Busmomente: zurücklehnen und Musik hören. Mit geschlossenen Augen und Mucke im Ohr könnte ich gefühlt den halben Erdball umrunden. Wenn auf einer Busfahrt also etwas nicht fehlen darf, ist es Musik. Sie macht, wie auch sonst im Leben, alles besser: Herzschmerz, Trauer, Vorfreude. Musik ist das Zufluchtsmittel der Reiseübelkeit-Geplagten, Lärmempfindlichen, Frischgetrennten, Gelangweilten und Frischverliebten. Sie fängt auf, tröstet, lenkt ab, motiviert und unterhält.

Aber auch die Augen ganz weit aufzumachen lohnt sich. Jeder Moment, jede Empfindung wird ein bisschen größer, wenn dabei die Musik an den richtigen Reglern dreht. Zum Beispiel jetzt: Wir fahren an endlosen Rapsfeldern vorbei, dazu höre ich North von Phoenix. Ich wippe mit dem Fuß, lehne den Kopf an den Sitz, und dann, ganz kurz, habe ich Abendsonne auf der Stirn. Dann fange ich an zu schweben.

Dabei ist draußen gar nichts Besonderes zu sehen, ein bisschen Vorstadt, ein bisschen Alltag. Doch der richtige Soundtrack verleiht auch jeder Betonwüste und jedem Leitplankenbusch eine gewisse Alltagspoesie. Alles sieht schöner aus: ein Bauer, der mit einem Eimer zum Hof geht, die halbstarken Jungs, die hinter dem Parkplatz stehen und Jägermeister trinken, ein Vogel auf dem Mast. Musik taucht auch einen adipösen Vorstadtrentner beim Müllrausbringen in das Licht der Erhabenheit.

Musik und Bus sind deshalb ein unschlagbares Team: Der Bus liefert das Motiv, die Musik die Farben. Je nachdem, welches Lied ich höre, wird die Fahrt melancholisch, schön oder fröhlich. Ich fahre an Schrebergärten vorbei und höre Sir Mix-a-Lot. Der Kopf nickt, meine Finger trommeln im Takt mit. Später fahren wir durch die Stadt, ich tippe auf ein anderes Lied, das passt, zu mir, zur Stimmung und zur Tageszeit. Ich werde müde, die Lichter sind hell. Ich sinke tiefer in den Sitz. Um mich herum ist es fast still, während mir Cat Power am Rande der Großstadt ein Schlaflied singt.

Kopfhörer erfüllen auch einen ganz praktischen Zweck. Sie dämpfen den Lärmpegel im Bus. Die eigene Musik ist also ein bisschen wie die Tür zumachen, keiner stört mehr. Nur ein Problem gibt es. Während ich auf meiner Playlistwolke schwebe, tippt mich mein Nachbar an: »'Tschuldigung, können Sie mal bisschen leiser drehen?«

Hamburg – Berlin. Ein Paar teilt sich die Kopfhörer.

Sie: »Boah, Schatz, jetzt mach doch mal 'ne andere Playlist rein!«

Er: »Wir hören jetzt nicht schon wieder Adele!«

Sie: »Doch, das ist voll schön!«

Er überreicht ihr resignierend die Kopfhörer. Der restliche Bus hört ab jetzt Adele in Flachbass und Dauerschleife. Fünf Minuten später singt Adele gerade »Hello«, sie summt leise mit.

Er: »Boah, Jasmin, das Gesumme wieder …«

Sie (nimmt die Kopfhörer raus, Lautstärke steigt um dreißig Dezibel): »Findest du, ich hab keine schöne Stimme oder was?«

Er: »Doch, doch, aber das müssen die nicht alle wissen.«
Jasmin dreht sich verletzt zum Fenster. Er atmet laut aus und widmet sich seinem Handy. Im Dreisekundenrhythmus ertönen Konservengeräusche und seine Kommentare zum Spielverlauf (»Boah nee!«).
Sie (sich zu ihm drehend): »Sven, dass du scheiße in Angrybirds bist, müssen auch echt nicht alle wissen.«

Nicht ohne meine Klatschzeitschrift

Jeder hat einen. Bei manchen ist es das Putzen oder der Fußball, andere müssen bei offenem Fenster schlafen. Mein Fimmel: Ich liebe Klatschzeitschriften. Die Ursache liegt, wie bei so vielen psychischen Defiziten, in der Kindheit. Jeden Donnerstag lasen meine Mutter und ich damals in einer abgeliebten *Bunte*. Meine Mutter war Physiotherapeutin und hatte gute Kontakte. Über ein komplexes Mehr-Generationen-Netzwerk von Physiotherapeuten und ihren arthritischen Patienten kam viele Jahre lang ein Exemplar mit etwa vierwöchiger Verspätung zu uns. Die Damen, die vor uns dran waren, gingen sehr gründlich vor. Manchmal waren kleine Artikel herausgetrennt. Und auch sonst funktionierte der Informationsfluss nicht lückenlos. Durch die Verspätung erfuhren wir von der skandalösen Alkoholsucht eines deutschen Schlagerstars erst, als die aktuelle *Bunte* schon wieder seine Rückkehr aus der Suchtklinik verkündete. Auch die van der Vaarts waren schon längst wieder zusammen, als wir noch im großen Trennungsinterview lasen. War aber nicht schlimm. Wenn meine Mutter und ich gemeinsam durch die Seiten blätterten (»Fertig?«, »Mhm.«), war Aktualität egal. Es ging darum, zusammen auf dem Sofa zu liegen und für einen Moment an absolut nichts zu denken außer an die Zellulitis von Madonna.

Daher weiß ich, dass die Zellulitis von Madonna bei meiner persönlichen Stressbewältigung sehr hilfreich ist. Noch heute ist *Bunte* lesen für mich so was wie Tiefenentspannung, die mein Hirn in Alphawellen erreicht. Es wird abgelenkt von den wirklich wichtigen Dingen und konzentriert sich endlich mal auf das, was völlig egal ist.

Wie bei jedem guten Abhängigen hatte ich eine leichte Einstiegsdroge. Ich wurde als Zehnjährige mit Paul-Sahner-Interviews angefüttert, in denen die Prominenz noch geduzt wurde. Heute brauche ich mehr, beziehungsweise eigentlich weniger, ich brauche Inhalte, die mein Hirn auch noch im Halbkoma verarbeiten kann. Schlagzeilen mit den Worten Rosenkrieg, Kindermädchen und Riesenpo lösen bei mir ein Gefühl wohliger Seligkeit aus. Ich finde es wunderbar, dass sich ein ganzes Team von Redakteuren damit befasst, ob das grelle Designerkleid besser mit Federboa an Rihanna aussieht oder mit Plateausandalen an Beyoncé. Wenn meine Freunde am Zeitschriftenregal vorbeilaufen und sagen: »Wer will das wissen?«, rufe ich innerlich: »Ich! Ich! Ich will das wissen!«

Laut der Verkaufszahlen teile ich dieses Gefühl weltweit mit mehreren Millionen Menschen. Man könnte also sagen, dass das Blättern in Boulevardmagazinen keine schlimme Macke ist. Vielleicht ist es sogar eher eine sehr gewöhnliche Leidenschaft. Aber meine Umgebung sieht das anders. Bei Trivial Pursuit schweige ich zum Thema Popkultur. Nie wieder will ich, dass jemand ruft: »Du weißt doch alles über diese ganze Promikacke!«

Tatsächlich hüte ich einen großen Wissensschatz. Ich bin Freizeitexpertin im großen Themenfeld der unehelichen Kinder von US-Prominenz und kann Expartner diverser Hollywoodschauspielerinnen chronologisch aufzählen. Aber meine Liebe zum Klatsch ist nicht bedingungslos: Als Gwyneth Paltrow die Welt im März 2014 um den Begriff »Conscious Uncoupling« bereicherte und damit die Berichterstattung dominierte, verlor ich kurzfristig die Lust. Im neuen Jahrtausend trennte man sich also nicht. Man entpaarte sich ganz bewusst, nachdem man sich vorher so bewusst gepaart hatte, dass dabei zwei Kinder herauskamen. Ich fand das so bescheuert, dass mich die Beknacktheit sogar auf Alphawellen erreichte.

Aber dann kam die Lust zurück. Es geschah, wie immer, auf Reisen, auf dem Weg von München nach Wien. Der Bus hielt an einer Tankstelle, und mein Blick wanderte über sorgsam aufgereihte bunte Bilder aus der Promi-Bikinisaison. Auf einem Cover das Wort: »Barbarella-Busen«. Da musste ich zugreifen.

Ich glaube, es gibt zwei Entspannungstypen: Die einen entspannen auf intellektuelle Weise, zum Beispiel beim philosophischen Quartett oder beim Zeitunglesen, die anderen brauchen zur Entspannung möglichst wenig Inhalt. Ich gehöre eher zur zweiten Kategorie. Ich will Gehirnurlaub. Ein paar überbräunte Beine sehen, die sich in ein Leopardenkleid quetschen, und eine wasserstoffblonde C-Prominente, der auf einer russischen Yacht das Bikinioberteil aufgeht, nicht schlaue Menschen, die noch schlauere Sachen sagen.

Klatschzeitschriften sind außerdem die perfekte Buslektüre: viele Bilder, wenig Text, großer Unterhaltungswert und kleine Kotzgefahr. Mir wird dabei fast nie schlecht, auch nicht, wenn sich eine ganze Doppelseite mit der lupenvergrößerten Akne von Miley Cyrus befasst.

Aber kaum habe ich die dünnen Zeitschriftenseiten aufgeschlagen und es erscheint ein delliger Promihintern auf bonbonfarbenem Hintergrund, werde ich unruhig. Ein Kopf dreht sich, ich spüre den Seitenblick. Ich will rufen: Hier gibt es gar nichts zu sehen. Gar nichts! Ich weiß genau, was im Hirn nebenan vor sich geht. Meine Macke hat im Bus keinen Platz.

Genau genommen gibt es nur einen Ort, an dem Klatschzeitschriften lesen noch ungestört und vorurteilsfrei geht. Morgen mache ich gleich mal einen Termin. Auch wenn meine Zähne eigentlich ganz in Ordnung sind.

Nicht ohne meine Jogginghose

Hat jemals ein Jogger beim Joggen eine Jogginghose getragen? Ich glaube nicht. Der Name ist ein Paradox. Die Jogginghose wird gemeinhin mit physischer Nichtaktivität gleichgesetzt. Sie kleidet nach der Meinung derer, die auf sie verzichten, Menschen, die dahinvegetieren. Deshalb hat die Jogginghose einen unverdient schlechten Ruf. Sie soll Ehen ruinieren (Eva Mendes) und Zeichen dafür sein, dass Menschen die Kontrolle über ihr Leben verloren haben (Karl Lagerfeld). Die Jogginghose gilt als Spiegel der Seele: Sie ist genauso verbeult und verlottert wie ihr Träger selbst. Falsch.

Sie ist nicht der treue Gefährte von Menschen, die sich aufgegeben haben, sondern doch eher von denen, die zumindest kilometertechnisch weit kommen wollen – nämlich Reisenden. Denn diese verbringen ebenso wie Couchpotatos überdurchschnittlich viel Zeit im Sitzen.

Deshalb passt die Adilette fürs Bein nicht nur aufs Sofa, sondern auch perfekt in den Bus. Die Jogginghose ist Feierabend. Oder zumindest: Pause von der Welt. Genau das gilt für den

Bus. Keine Meetings und Kaffeeverabredungen, kein Kino, keine Cocktails. Einfach nur gammeln. In Ruhe und vollkommen ungestört.

In dieser Atmosphäre lässt sich auch öffentlich entspannen. Denn so richtig öffentlich fühle ich mich hier nicht. In die Bahn würde ich eher nicht mit schlabberigem Beinkleid einsteigen, in den Fernbus schon. Das spricht dafür, dass es hier sehr menschlich zugeht. Die prätentiöse Maske fällt schnell, wenn man mehrere Stunden Schulter an Schulter verbringt und mit steigender Kilometerzahl immer mehr vor sich hin müffelt. Wenn jemand mich dabei beobachtet hat, wie ich versuche, Salat ohne Besteck zu essen, ist ein Hosenanzug überflüssig.

Deswegen beginne ich die Reise genau so: unprätentiös. Wenn ich im Fernbus reise, trage ich Jogginghose. Meine ist schwarz, und ich liebe sie. Sie hat, wie jedes gute Exemplar, über die Jahre hinweg das perfekte Maß an Ausbeulung erlangt. Sie schmiegt sich in sanfter Sackigkeit an meinen Körper. Ihre Form lässt sich als irgendwas zwischen persischer Haremshose und indischem Lungi beschreiben. Vorne und hinten sind kaum zu unterscheiden. Ich trage sie mit Stolz, lehne meine Knie an die Scheibe und freue mich über meine Bewegungsfreiheit. Außerdem ist sie atmungsaktiv. Und durch ihre zahlreichen Löcher kann ich mich strategisch am Bein kratzen – ein Extrafeature, das meine Sitznachbarn jedes Mal erstaunt. Ich kann mir nicht vorstellen, wie diese Hose eine Ehe ruinieren sollte.

Eine Jogginghose ist ein strategisches Kleidungsstück: Zum richtigen Zeitpunkt kann sie absolut nichts ersetzen. Wer schon mal achthundert Kilometer in Röhrenjeans gefahren ist, weiß, wovon ich spreche. Alles zwickt und zwackt, und spätestens ab Kilometer dreihundert wird so langsam die Zirkulation zu den Waden abgeschnitten. Betroffene erkennt man im Bus an der Beinstellung: Gerade nach vorne ausgestreckt und die Jeans aus den Biegestellen ziehend.

Bei Reisen geht es um Praktikabilität: Der Koffer soll unter den Sitz passen, das Busticket in die Jackentasche und der Hintern in die Hose. Warum sich manche Leute immer noch mit Anzughosen oder Jeans in den Bus setzen? Sie haben nicht verstanden, worum es beim Busfahren geht. Um es noch mal klarzustellen: Der Bus ist ein rollendes Sofa. Und deswegen gehört der Fernbus zum Hoheitsgebiet der Jogginghose.

Die Abmachung ist ähnlich wie in einer Sofabeziehung: Draußen darf jeder wieder in seine High Heels und Low-waist-Jeans schlüpfen, aber hier drin? Da sind wir unter uns. So wie wir sind. Ganz ungeschminkt und gammlig. Der Reisemodus der Busfahrt ist kein Date, sondern die Ehe. Und die lässt sich von ein bisschen Baumwollfaser hoffentlich nicht so leicht aus der Ruhe bringen. Auch wenn Eva Mendes was anderes behauptet.

4. »Ist hier noch frei?«

Der Weg zum richtigen Platz

Drei Sekunden: keine lange Zeit, um über das persönliche Wohlbefinden der nächsten Stunden zu entscheiden. Schon beim Einsteigen in den Bus erhöht sich meine Herzfrequenz. Hinter und vor mir eine gleichmäßig vorandrängelnde Masse an Reisenden, die kein Zögern erlaubt. Jetzt keinen Fehler machen.

Die Platzwahl ist der Dreh- und Angelpunkt des Fahrvergnügens. Noch vom Gepäckkampf traumatisiert einfach mal schnell neben das Klo, das knutschende Paar oder den Technoheini gesetzt? Schlecht. Im Bus gilt: Du bist, wo du sitzt.

Ich lasse meinen Blick zügig durch die Reihen schweifen.

WC-SCHNEISE, DIE

Gefährliche Zone, die in unmittelbarer Nähe zur Klokabine verläuft. Erklärt etwa drei Sitzreihen um die Schneise zu verbotenem Gebiet, in dem sich geruchliche wie akustische Horrorszenarien abspielen. Besonders hart trifft es den Sitz direkt neben der Toilette (→ Arschkarte). Hier helfen nur Ohrhörer und Schalinhalation. Vorsicht: Entgegen populärer Meinungen befindet sich die WC-Schneise nicht immer in der Busmitte, sondern bau- und ventilationsbedingt auch im hinteren Teil.

Kurze Bestandsaufnahme: Wo ist noch frei? Wie strategisch günstig liegt der Platz? Und vor allem: Wer sitzt daneben? Das Risiko, sich im Bus neben Psychopathen, stark verschleimte Raucher oder flatulierende Rentner zu setzen, scheint mir erfahrungsgemäß relativ hoch. Vielleicht entspricht das dem erschreckenden demografischen Durchschnitt der Bundesrepublik, vielleicht sind Busfahrer besonders merkwürdige Menschen. Wahrscheinlich aber wird auch der normalste Mensch zum Grenzpsychopathen, wenn man mit ihm für einen längeren Zeitraum auf nur einem Quadratmeter zusammenlebt.

Eine Busfahrt ist so was wie eine Zweck-WG auf Rädern. Alle Idioten, die man aus dem Leben so kennt, sitzen hier auf wenigen Metern verteilt. Man kann ihnen nicht entkommen. Aber man kann zumindest versuchen, nicht neben ihnen zu landen. Wichtig ist jetzt deshalb, die Horrormitbewohner ganz schnell zu erkennen. Dabei versuche ich, typische Charakterfallen zu vermeiden: Wenn das Zusammenleben mit dem kettenrauchenden Dauerstudenten ohne Hygienebedürfnis oder der Veganer-WG in Solln (»suchen achtsamen Menschen mit Herz«) auf ein paar Zimmer verteilt schon nicht klappt, wie soll es dann auf zwei nebeneinanderliegenden Sitzen funktionieren? Denn ähnlich wie Mitbewohner lernen sich Sitzplatzpartner inklusive aller Macken kennen – ob sie wollen oder nicht. Snackgewohnheiten, Schnappatmung oder Käsefüße: Quadratzentimetermangel und Reisedauer lassen keinen Raum für Geheimnisse. Deswegen mache ich noch während des Einsteigens einen schnellen Ganzkörpercheck: Bierfahne? Riesenkopfhörer? Vor sich hin gammelnde Bananenschalen im Schoß? Selbstgespräche oder Headset?

Suche: Pflegeleichten Partner für gemeinsames Sitzen

Die Sitzplatzsuche setzt mich vielleicht auch deswegen unter Druck, weil sie mich an ein frühes Trauma erinnert, das sich noch weit vor Studententagen ereignete: den ersten Schultag, an dem ich mich mit dem gleichen mulmigen Gefühl durch die Reihen schob. Weil ich zögerte, landete ich statt neben der blondschöpfigen Caro neben dem rotznasigen Matthias, der mir zur Begrüßung sein Geodreieck in die Seite bohrte. In der Pause jagte er Mädchen. Damals wusste ich noch nicht, dass ich kurzsichtig bin.

Seit ich Schule und Studium hinter mich gebracht habe, verlasse ich mich bei der Platzwahl auf meine gut trainierte Menschenkenntnis – würde ich mit dieser Person gegebenenfalls in den Urlaub fahren oder ihr eher noch nicht mal eine gebrauchte Saftpresse abkaufen? Schaut der Nachbar *Game of Thrones* oder *Top Gear*? Liest er Zeitung oder Kontaktanzeigen? Sicher bin ich trotzdem nie: Jemand kann sehr nett lächeln und im nächsten Moment kräftig auf den Boden spucken.

Im schlimmsten Fall kommt es so: Ich sitze eingequetscht zwischen Taschen, Kabeln, einem Riesenschal und Provianttüten neben meinem Erzfeind, Typ Bügelfalte. Über seinem Knie verläuft die charakteristisch akkurate Linie. Ich weiß nicht, wo man solche Hosen kauft und wie man solche Falten dort hineinbügelt. Aber ich weiß, dass diese derart kunstvoll zurechtgebügelte Hose als persönlicher Angriff zu werten ist. Ich habe weder Bügelfalten noch Bügeleisen. Wären wir in der Schule, würde ich diesem Menschen wahrscheinlich mein Pausenbrot geben müssen, damit ich seine Mathehausaufgaben abschreiben darf. So ist das mit dem Nebensitzer, schon seit damals: Auf so engem Raum ist der Vergleich unvermeidbar. Und irgendwie muss man klarkommen: damit und miteinander.

Während ich versuche, der misslichen Lage auf meiner Seite Herr zu werden und mein Gepäck unter den Sitz zu stopfen, ohne meine Proviantbrötchen zu sehr zu demolieren, wendet sich die Bügelfalte nach dem krümelfreien Verzehr von zwei Selleriesticks wieder ihrem federleichten Macbook zu, dessen weißes Kabel ganz selbstverständlich und knotenlos in einer mir nicht zu verortenden Steckdose steckt. Die Effizienz dieses Typen stürzt mich sehr bald in eine tiefe Sinnkrise. Wir sitzen nebeneinander und führen doch völlig unterschiedliche Leben. Wäre mein Leben besser, wenn ich mir ein Macbook Air kaufen würde? Warum besitze ich eigentlich nicht auch eine gesteppte Reisetasche, die so unauffällig unter dem Sitz verschwindet, als wäre sie dafür gemacht? Und warum packe ich nicht endlich mal ein bisschen minimalistischer und verbringe die gesparte Zeit sinnvoll, zum Beispiel mit Bügeln?

ARSCHKARTE, DIE

Chronischer Zuspätkommer und mit dem Fernbussystem noch wenig vertraut, der sich auf den einzigen freien Platz im Bus setzt. Verharrt deshalb oft eingekästelt zwischen Gepäckstücken direkt neben der Toilette und lernt eine grundlegende Lektion auf unschöne Weise: Wer zu spät kommt, den bestraft das Leben.

Ich sitze da, der Inbegriff eines organisierten Lebens ist nur wenige Armlehnenzentimeter entfernt, und krame in meiner überdimensionierten Tasche. Ich muss ja noch F. schreiben, dass ich im Bus bin! Wo ist das Handy? Ich krame tiefer und vergrabe mich in meinem Gepäckwust. Ich greife erst in die linke, dann in die rechte Manteltasche. Nichts. Vielleicht in der Handtasche? Hinter der Brötchentüte? Da! Da ist es. Natürlich unter dem Pulli. Mist, Akku leer. Wo ist das Ladekabel? Ich krame noch mal. Der Schal fällt mir vom Schoß. Der Geldbeutel ist da doch auch irgendwo? Wo ist der Geldbeutel? OHGOTTWOISTDERGELDBEUTEL! Ich krame panisch. Typ Bügelfalte gibt sich betont desinteressiert ob des Überlebenskampfes zu seiner Linken. Ganz ruhig, jetzt noch mal mit System. Manteltasche rechts, links, unter der Brötchentüte, hinter der Tasche, in der Tasche, in der kleinen Tasche in der Tasche. Ah! Da ist ja schon mal das Ladekabel! Ich lache zufrieden in die Stille hinein. Zwischen meinen Schenkeln klemmt der Geldbeutel. Die Bügelfalte schaut gelangweilt auf den Bildschirm. Die restliche Fahrt achte ich peinlich genau darauf, meine Chaos- und Krümelgrenze an der Armlehne verlaufen zu lassen. Abschreiben lässt er mich sowieso nicht mehr.

Achtung, Bagger-Hans

Wer sitzt wo im Bus?

Zwischen Köln und Mannheim. Eine Gruppe Teenies lästert auf dem Rücksitz, dazu läuft laut Beyoncé auf Handy. Eine: »Ey, die Jana geht mir so auf die Nerven. Ich find, der ihr Charakter ist scheiße. Und der ihr Gesicht ist auch scheiße!«

Ganz vorne im Bus ist die Pole-Position: Hier gibt es Beinfreiheit, Snacknähe, Überblick und später kein Gerangel beim Aussteigen. Hier sitzt meistens ein nicht gerade einfacher Sitznachbar: *Der Streber* trägt auch mit dreiundzwanzig schon Funktionskleidung und hat das Smartphone mitsamt Stau-App gezückt. Vorgebeugt und mit den Unterarmen auf die Reling gestützt kommentiert er oberlehrerhaft alles von Verkehrslage bis Sehenswürdigkeiten der Region (»Ach, die Kupferstadt, wie schön!«). Er genießt, wie schon damals in der Schule, Nähe zu Autoritätspersonen und verwickelt den Fahrer wie auch seine Nebensitzer gern in zwanglose Gespräche über die Verkehrssituation. Zeitgleich checkt er die Route auf der Stau-App und scheut sich nicht, Vorschläge einzustreuen (»Oh, heute Stau am Kreuz Walldorf. Vielleicht besser auf die B10?«). Den vortragsartigen Redefluss durchbricht er nur durch knappe Telefonate mit seinem Partner (Hase/Schatzbär/Mausi), dem er im Viertelstundentakt Streckenvorankommen durchgibt. Bei Stau wendet er sich telefonisch an den Fernbus-Kundenservice. Herr Kollwitz soll schon mal das Beschwerdeformular zusenden. Die Reise mit ihm ist ungefähr so entspannt wie eine Achterbahnfahrt mit einem TÜV-Mitarbeiter.

Ganz vorne will ich also nicht sitzen, stattdessen lasse ich mich von der Masse weiter Richtung Mitte schieben. Wir nähern uns dem gefährlichen Bereich rund um die Bordtoilette, der sich bei längerer Fahrt in eine Todeszone verwandelt. Wer hier einmal saß, kehrt nie wieder freiwillig zurück. Hier lassen sich hauptsächlich Neulinge oder Fahrgäste nieder, die sehr hart im Nehmen sind. Einer von ihnen schnarcht laut, der andere sitzt am Gangplatz neben dem leeren Fensterplatz. Mit dieser Platzwahl zeigt *der Gangsitzer* dem kompletten Rest der Reisenden den Mittelfinger. Er tut so, als sei der Sitz am Fenster schon vergeben, hat aber eigentlich nur keinen Bock, seine gemütliche Doppelreihe aufzugeben. Elegant gelöst wäre das Problem, wenn er einfach nur seinen Mantel auf den Gangplatz legen würde. Dann wäre es mir überlassen, ob ich seinem zarten Hinweis nach persönlichem Freiraum nachkommen will und mich stattdessen neben dem glatzköpfigen Hooligan in Reihe elf niederlasse. Wenn ich mich jetzt aber neben ihn setzen will, unterschreibe ich einen unschönen Pakt: Erst muss ich mich zum Fensterplatz durchschlagen und dann für den Rest der Fahrt wieder an ihm vorbeiquetschen, wenn ich mal rauswill. Ist das Nächstenliebe oder was?

Ähnlich ergeht es mir mit *dem Sandmann* in der Reihe dahinter. Er ist Dauerstudent oder Bankangestellter im Burn-out, der sich schon häufig auf fremde Schultern sinkend ertappte und deswegen die Reißleine zog. Er sondert sich im Allgemeininteresse von der Gruppe ab und sucht nach dem nächsten freien Doppelsitz, um sich dort sofort in geübter Schlafposition mit funktional gerollter Nackenstütze einzurichten. Sollte nur noch ein Einzelplatz verfügbar sein, beginnt der Sandmann bald unfreiwillig kopfnickende Annäherungsversuche mit der Nachbarschulter. Er schreckt im Zweistundentakt kurz hoch, schreit »Ist das schon Köln?? Ist das schon Köln??«, justiert nach grober Orientierung sein Nackenkissen und taucht wieder ab. Bis auf seine in den Gang hinausragenden Füße und gelegentlichen Panikattacken recht umgänglich.

Mitte links sieht zwar freundlich aus, aber hat sich schon sein erstes Bier aufgemacht. Mitte rechts hat Kopfhörer drin und wippt zum flachen Bass. Kurzer Check ergibt: definitiv Death Metal. Ich lasse mich weiterschieben.

Die Meute ist lose im mittleren Teil des Busses verstreut. Da sie als Gruppe keine Plätze nebeneinander bekommen haben, sitzen sie über mehrere Reihen verteilt neben hilflosen Mitfahrern, die ab jetzt alles von Wochenendplanung bis Harndrang mitbekommen und den Rest der Fahrt Chipstüten und

Zeitschriften weiterreichen dürfen statt zu schlafen. Gerne teilt die Meute mehrfach Ohrhörer über den Gang, was das Durchkommen zum Vorderbereich zur ähnlich akrobatischen Herausforderung macht wie einen Laser-Limbo in Agentenfilmen. Während alle zu Handymucke von David Guetta abfeiern, hilft nur, möglichst tief in den eigenen Sitz zurückzusinken und sich an einen karibischen Sandstrand zu träumen. Unter Umständen vertreiben lässt sich die Meute jedoch mit Volksmusik auf voller Lautstärke und lautem Vorlesen des Feuilletons.

Wir nähern uns dem hinteren Bereich. Jagdrevier des *Bagger-Hans*, der Busfahren mit Tinder verwechselt. Hat einen wichtigen Kausalzusammenhang dabei noch nicht verstanden: Nur weil ich rechts neben ihm sitze, bedeutet das nicht, dass ich in diese Richtung auch swipen würde. Kommuniziert ausschließlich durch Zwinkern und Brunftgeräusche (»Mhhhmmmna?«). Das Einzige, was hilft: ignorieren, Hintergrundbildschirm auf Pärchenbild stellen und jedes Telefonat mit »Schatz, ich liebe dich!« beginnen.

Unbeeindruckt vom Bagger-Hans bewege ich mich weiter Richtung Rücksitz. Ganz hinten im Bus riecht es nach Anarchie, Drogen und nach ewiger Jugend. Hier sitzen *die Cool Kids*, Profis lässiger Fahrkultur, die schon in der Grundschule wussten, wie man richtig Bus fährt: versteckt vor der Autorität in den hinteren Reihen. Alternativ ist die hintere Reihe Lieblingsplatz knutschender Pärchen – aus diesem Grund sitzt hier gerne auch der Bagger-Hans. Wenn nichts klappt, kann er wenigstens zugucken.

Kurz vor der hintersten Reihe erspähe ich den *Nadelstreifenträger*. Er sitzt unvorhersehbar irgendwo im Bus (Hauptsache WLAN). Dieser immer häufiger in Fernbussen auftretende Gast unterscheidet sich vom restlichen Buspublikum durch das Tragen eines Anzugs und allgemein auffälliges Gebaren. Er versteht den Bus als fahrendes Büro: Mit Laptop auf dem Schoß und Konferenz am Ohr verbreitet er mit seinen Zwischenrufen Wallstreet-Flair (»Wir müssen dem Müller da Druck machen!« oder »Abverkaufen, abverkaufen, abverkaufen!«). Der Nadelstreifenträger hat von seinen Kollegen gehört, dass die Pendelei mit dem Fernbus von Frankfurt am Main nach Berlin ein hervorragendes Kosten-Nutzen-Verhältnis habe. Verscheuchen kann ich ihn, indem ich vor seinen Augen mein Handy nehme und einen Anruf vortäusche. Er beginnt mit »Herr Ackermann!« und enthält das Wort »Komplettliquidation«. Nach dem Auflegen halte ich sehr lange Augenkontakt. Der Nadelstreifenträger packt darauf mit einem leichten Zittern der Unterlippe sein fahrendes Büro zusammen und überlässt mir den Doppelsitz. »Vielen Dank«, sage ich und lasse den Rucksack auf den Sitz fallen. Mein Lieblingsplatz im Bus ist und bleibt der Doppelsitz.

Drei Wege zum Doppelsitz

Einen Doppelsitz für sich allein zu haben ist, ähnlich wie ein Bus mit funktionierendem WLAN, der Jackpot des Fernverkehrs. Statt sich in nächster Nähe mit den Körpergerüchen Fremder vertraut machen zu müssen, existiert hier nur die perfekte Symbiose von mir und dem Polstersitz. Auf ihm lässt es sich ausbreiten und einkuscheln, umdrehen und hinlegen. Platz und Bewegungsfreiheit sind im Bus ein seltener Luxus, um den es sich zu kämpfen lohnt. Wenig erstrebenswert ist dieses Szenario: sechseinhalb Stunden auf einem halben Quadratmeter, links ein disteliges Blumenbouquet und rechts eine Parfümschleuder.

PARFÜMSCHLEUDER, DIE

Die Parfümschleuder (männlich: Aftershaveaffe, der) ist ein Individuum mit geschädigtem Geruchs- und Geschmackssinn, das es bevorzugt, in Parfüm zu baden, anstatt es einfach nur dezent aufzusprühen. Geruchsnoten variieren von Patchouli bis Moschus, wichtig ist nur: Es muss knallen. Territoriales Einnehmen der jeweiligen Umgebung erfolgt durch Ausströmen einer penetranten Duftnote im Umkreis von zwei bis zwanzig Metern.

Der Doppelsitz entspricht gewissermaßen einem Gratis-Upgrade von Economy auf Businessclass. Kein Wunder also, dass Doppelsitze gleichermaßen umkämpft wie begehrt sind. So einen Sitzplatz zu ergattern ist nicht leicht, aber möglich. Die meisten Strategien sind dreist, aber effektiv. Besonders dreist wird es zur Weihnachtszeit.

QUADRATZENTIMETER, DER

Lebenswichtiger Stauraum zwischen Knie und Vorderlehne sowie Ellenbogen und nächster Armlehne, der entscheidend für den Fahrkomfort ist. Grundsätzlich immer zu klein. Hintensitzer, Treppensitzer und Gangsitzer erhöhen die Quadratzentimeteranzahl durch ihre taktische Sitzplatzwahl. Bei Nachtfahrten größtes Glück: eine Sitzreihe ganz für sich allein! Besonders freuen sich darüber große Menschen, deren → U-Beine sich bereits zur Brezel formen.

Parfümdunst mit Tanne

Weihnachten im Bus

München – Heidelberg. Kurz vor den Feiertagen. Wenige Sekunden, bevor sich die Türen schließen und der Bus losfährt, springt eine junge Frau hektisch vom Sitz auf und hetzt zum Ausgang. Sie ruft panisch: »Ich hab die Hamster vergessen!« und verschwindet samt Gepäck aus der Tür.

Es ist Dezember, kurz nach Ferienbeginn. Ich stehe mit Doppelgepäckladung am Bus in München. Um Weihnachten herum verreisen heißt, nicht nur das Eigene mitschleppen, sondern vor allem auch das für die anderen. Und das ist meist ganz schön viel. Manche rangieren unbeholfen mit Skiern, andere mit bunten Taschen, Blumen und großformatigen Boxen, die in rotgrünem Papier verpackt sind.

In den vorderen Reihen positionieren sich die ersten Drängler an der Luke. Ein gemütlich aussehender Fahrer nähert sich mit dem Gesichtsausdruck eines erschöpften Menschen, der in der Vorweihnachtszeit arbeitet. Die Drängler verfestigen ihre Bodenhaftung und gehen schon mal leicht in die Knie, die Luke öffnet sich.

Ein junger Mann im Parka hat sogar eine Gitarre dabei, die er nach ein paar gescheiterten Versuchen, sie im Gepäckraum zu verstauen, mit an Bord nimmt. Am Ende gleicht der Frachtraum einem Geschenkeschlitten. Eine junge Frau umklammert eine kleine Nordmanntanne, auf deren Spitze eine rote Mütze steckt. Gepäckstücke fliegen durch die Luft, die junge Frau tritt nach vorn und versucht, mit ihrem Baum in die erste Reihe zu gelangen.

Fahrer mit typischer Bürokratenstimme: »Den können Sie hier nicht mitnehmen.«

Die junge Frau setzt mit geschocktem Gesichtsausdruck zum Protest an: »Aber den hab ich doch extra… Und die Marie hat sonst doch keinen…!«

Der Busfahrer: »Dann tun Sie den doch nicht in den Laderaum. Der verknickt doch. Und die rote Mütze soll ja auch nicht abfallen, oder?«

Die junge Frau schüttelt verwirrt den Kopf: »Nee.«

Darauf der Busfahrer: »Kommen Se mal mit.« Er nimmt ihr den Baum aus der Hand, steigt in den Bus und drapiert die Tanne auf der Ablage. Zufrieden sagt er: »So.«

Die junge Frau lächelt und steigt ein. Ich folge ihr.

Drinnen sieht es ähnlich aus wie im Bauch des Busses: Taschen und Tüten quellen unter Sitzen hervor, ein paar grüne Farne, die über die Kopfleiste ragen, lassen Blumen erahnen. Der gesamte Bus riecht nach einer Mischung aus Duty-Free-Shop und Weihnachtsmarkt. Süßlich, herb und nach Tanne.

Ich trage eine riesige Tasche voller Geschenke durch den Bus, die nicht mehr in den Koffer gingen. Es ist eine Tasche aus der Parfümabteilung. Wer sich um die Weihnachtszeit Geschenke dort verpacken lässt, weiß, dass er kein minimalistisches Präsent mit nach Hause nimmt. Eine grüne Girlande windet sich um die Tragehenkel, ein paar Dekokugeln baumeln festlich klirrend an der Seite. Allgemein ist mein Paket nicht das, was man unter »dezent« oder »platzsparend« versteht.

Schon im Kaufhaus, abseits der dünn besuchten Haushaltsabteilung, wühlte sich eine konzentrierte Masse durch Duft-Geschenkboxen. Die scheint sich im Bus wiederzutreffen: Weiter hinten kämpfen sich ein Mann und zwei Frauen mit ähnlich dekorierten Paketen durch die Reihen.

»HIER SITZT MEIN KOFFER«
Taktik, in der ein beliebiges Gepäckstück einen freien Sitzplatz blockiert. Idealerweise ist dieses besonders schwer zu heben, jedoch sehr geeignet, um beim Nickerchen den Kopf darauf abzulegen. Wird zu Beginn direkt auf dem Nebensitz abgestellt, später zur Pufferzone zu Zusteigenden umfunktioniert.

Ganz vorne, hinter dem Fahrer, erste und zweite Reihe – eigentlich die besten Sitze im Bus. Heute sitzt hier ein düster schauendes Paar hintereinander auf zwei Doppelsitzen, reicht sich wortlos Kreuzworträtsel durch, bellt sich in abgehackten Sätzen Beleidigungen entgegen und schaut allgemein so unsympathisch, dass keiner es wagt, sich auf den Premiumsitzen neben ihnen niederzulassen. Vermutung: Die beiden sind glücklich verheiratet und zwei besonders schlaue Mitfahrer. Um an einen begehrten Doppelsitz zu kommen, wählen sie die strategische Sitzbelegung.

In der vierten Reihe ist ein Doppelsitz frei. Der junge Mann im Parka lässt sich nieder, parkt demonstrativ seine Gitarre auf dem Nebensitz und schaut unbeteiligt Richtung Fenster, während der Strom der Sitzplatzsuchenden an ihm vorbeizieht. Dreist, aber effektiv, wie gesagt. Die Frau mit der Nordmanntanne setzt sich hinter ihn und neben einen korpulenten Mann, der gerade damit beschäftigt ist, mit großzügigen Bewegungen seinen Schal vom roten Hals zu winden.

Über den ganzen Bus verteilt sitzen Menschen neben leeren Sitzen, die scheinbar belegt sind. Gepäck, Kleidungsstücke, Lesematerial und andere persönliche Gegenstände, die die Plätze blockieren, sollen Suchende zum Weitergehen animieren – hier sitzt ja schließlich schon jemand! Der Herr in der Mitte, auf dessen Nachbarplatz ein dicker Wollschal und ein aufgeschlagenes Buch liegen, schaut auffällig unauffällig in Richtung Rückenlehne. Sein imaginärer Sitznachbar kehrt wahrscheinlich nie zurück. Vermutung: Wenn der Ansturm vorbei ist und sich die Zugestiegenen langsam in die Reihen verteilen, nimmt der Herr das Buch vom Sitz und streckt erst mal gemütlich die Beine aus.

Zwei Reihen weiter hinten sitzt ein junges Mädchen, das seinen Doppelsitz so zugemüllt hat, dass Hinsetzen fast unmöglich ist. Chipstüten, ein angebissenes Brot und zerknülltes Kaugummipapier sind nur ein paar der Utensilien, die ich im Vorübergehen entdecken kann. Die Frage »Ist hier noch frei?« müsste sie eigentlich mit »Leider nicht, hier sitzt schon mein Müll« beantworten. Weil ich ihr und mir die unangenehme Aufräumaktion lieber ersparen will, laufe ich weiter, statt mich in einen ausgelöffelten Joghurtbecher zu setzen. Sie lächelt entschuldigend. Als ob – alles nur Taktik.

Weiter hinten, jenseits der WC-Schneise, sitzt eine Frau neben einem großen Blumenstrauß. Sie schaut mich aufmunternd an. Ich quetsche mich samt Geschenken zwischen sie und ihre Distel. Und bereue es für die nächsten zweieinhalb Stunden. Sie riecht nach kaltem Rauch, hustet, und ihre Distel sticht mir ins Bein. Aber ich werde für mein Ausharren belohnt: Als sie aussteigt, ist der Doppelsitz endlich mein. Jetzt gilt es, den Status quo zu erhalten. Ich belege für die restliche Reisezeit die gesamte Reihe. Und zwar mit der Dornröschentaktik: Ich schlafe einfach ein. Als ich aufwache, ist schon fast Weihnachten. Nur noch wenige Kilometer bis Heidelberg. An der Haltestelle angekommen raffen wir alle klirrend und knisternd unsere Girlanden, Geschenktüten und Gepäckstücke zusammen. Auch die Tanne ist bis zur Endhaltestelle mitgefahren. Als die Besitzerin aussteigt, überreicht der Fahrer ihr zufrieden den Topf: »So hatte ich auch was von.« Dann entlässt er uns in Richtung Heiligabend.

Antrag auf Versetzung

Wie entkomme ich meinem Sitznachbarn?

Jeder kann sich mal in seinen Mitmenschen vertun. Auf der Skala von One-Night-Stand bis Ehepartner liegt der Sitzplatznachbar eher auf der weniger tragischen Seite. Die Zeit, die man miteinander verbringt, ist schließlich begrenzt. Setzt man sich neben den falschen Mitfahrer, ist dennoch die Frage: Was

FAHNE IM WIND, DIE

Unsteter Sitznachbar, der auf seiner Suche nach Sitzplatzoptimierung zum Busnomaden mutiert. Setzt sich, meist unter lautem Seufzen, alle paar Ausfahrten um, bis er schließlich, erschöpft, auf einem ähnlich suboptimalen Platz wie der erste, zur unbefriedigenden Ruhe kommt. In Hotels jener Gast, der das Zimmer nach Haaren und Lippenstiftspuren absucht, um danach in ein schöneres Quartier ziehen zu dürfen – vermutet immer noch, dass es im Bus ähnlich läuft. Leidet außerdem unter Schlafstörungen, medizinisch nicht abgeklärten Lebensmittelunverträglichkeiten (»Ich hab's einfach mal weggelassen – fühle mich wie neu geboren!«) und genereller Nervosität. Fährt nur mit dem Bus, weil es so günstig ist und er bei Mitfahrgelegenheiten Platzangst/Panikattacken bekommt.

jetzt? Soll ich mich umsetzen und mein ganzes Gepäck unter skeptischen Blicken durch den Gang schleifen? Bis zur nächsten Haltestelle warten und so tun, als wolle ich aussteigen, nur um mich ein paar Reihen weiter vorne wieder hinzusetzen? Oder doch den Rest der Reise durch den Mund atmen oder mich gegen die Fensterscheibe quetschen lassen?

Meine Oma glaubt in unangenehmen Situationen an preußisches Ausharren. Nach ihrer Definition heißt das, sich nicht zu bewegen und zu warten, bis das Unheil vorüberzieht. Preußisches Ausharren ist beim Busfahren aber nicht immer die beste Option. Das Unheil zieht nicht vorüber, es sitzt direkt neben einem, kratzt sich stundenlang. Es kratzt sich an einer privaten Stelle, bohrt in der Nase, isst schmatzend ein Brot. Trotzdem harre ich meistens aus, neben Kettenrauchern und Käsefüßen, Metalfans und Flatrate-Telefonierern. Ich will keinen Stress. Nur einmal konnte ich nicht anders und ergriff die Flucht.

Im Bus von Mannheim nach Hamburg. Ein Herbsttag, es ist allgemein ungemütlich. Ich wurde an der Haltestelle schon dreißig Minuten lang nass geregnet und möchte nur rein, dahin, wo es warm ist. Der Bus fährt vor, ich kämpfe mit großem Gepäck an der Ladefläche. Als ich einsteige, sind keine Doppelsitze mehr frei. Ich laufe Richtung hintere Mitte, da, wo es sich am wärmsten anfühlt. Den freien Sitz meiner Wahl habe ich schon von Weitem erspäht, direkt neben einer Frau mit Buch, die eine Mischung aus Mütterlichkeit und Vorliebe für geringe Dezibelzahl ausstrahlt. Doch der Teenie mit Goldkette kommt mir zuvor und schnappt sich den Platz. Die Frau und ich werfen uns einen enttäuschten Blick zu, ich lande stattdessen neben einem kräftigen Mann eine Reihe weiter vorn.

Er nervt schon, bevor der Bus überhaupt anfährt: Seine extrem flache Atmung erinnert mich an einen Serienkiller, der mir ungefragt in den Nacken pustet. Seine riesigen Oberarme quellen direkt in meinen Armlehnenbereich. An der ersten Ampel kratzt er sich zum ersten Mal. Er atmet dabei laut, von hinten dringt der Bass. Dann kratzt er sich noch mal. Und noch mal. Kräftig. Und das macht er von da an alle fünf Sekunden. Sein Gekratze hat auf mich ungefähr denselben Effekt wie eine Doku über Infektionskrankheiten in 3D. Innerhalb weniger Sekunden juckt es mich überall. Während meine nasse Kleidung nur sehr langsam am Körper trocknet, rücke ich ein paar Millimeter weiter Richtung Gang und versuche, dem Kratzgeräusch irgendwie zu entfliehen. Ich höre Musik nicht zum Vergnügen, sondern um zu überleben. Trotzdem glaube ich, ein schrubbendes Kratzgeräusch durch die weichen Kopfhörerpolster zu hören. Es ist, als würde man vorm Einschlafen den Uhrzeiger ticken hören – ich kann mich auf nichts anderes konzentrieren. Es juckt immer noch, meine Klamotten sind klamm. Als ich versuche, das Gebläse einzustellen, bläst mir ein harter kalter Strahl Luft in den Schoß.

Es beginnt eine innere moralische Debatte: Wenn ich mich jetzt wegsetze, dann schreie ich meinem Nebensitzer meinen

ELLENBOGENBOGEN, DER

Fluchtähnlicher Versuch, dem Ellenbogen des Sitznachbarn zu entkommen. Der Ellenbogenkontakt fühlt sich für viele etwa so falsch an, wie sich im Schwimmbad mit einem Unbekannten das Handtuch zu teilen. Daher geheime Regel, die schon seit der Steinzeit am Feuer gilt: Ellenbogenreiben nur mit den Nächsten.

Ekel ins Gesicht. Das ist unmenschlich. Der arme Mann ist krank. Vermutlich auch noch einsam, weil wahrscheinlich dauernd Menschen vor ihm fliehen. Und es wäre von mir persönlich nicht okay, ihn nur wegen eines Hautproblems vereinsamen zu lassen. Fände meine Oma nicht gut. Und ich auch nicht. Ich harre aus. Als mein Blutdruck langsam zu sinken beginnt – mein Brötchen schlummert unangetastet in der Tasche – und ich versuche, mich mit einem Buch abzulenken, entscheidet sich der Fahrgast vor mir, sein Nickerchen zu halten und fährt mir seine Rückenlehne ins Gesicht. Oma, wir sind nicht mehr in Preußen. Ich bin jung und vom Wohlstand verweichlicht. Ich halte das nicht aus. Vielleicht kann ich an der nächsten Haltestelle so tun, als ob ich aussteigen muss? Aber dann müsste ich trotzdem nach vorne durch den Bus, und der Mann würde mich sehen. Das geht nicht.

Zu Hause stand bei uns früher der Pschyrembel im Schrank, ein medizinisches Lexikon aller Krankheiten, die ein Mensch so haben kann. Ich machte oft eine Mutprobe daraus, durch die Seiten zu blättern und mir die Bilder anzuschauen: riesige Gliedmaßen, Ausschläge und Akte-X-ähnliche Gesundheitszustände aller Art. Danach juckte es mich jedes Mal am ganzen Körper. Der Ausschlag des Mannes hätte dort gut abgebildet sein können. Der Effekt beim Draufschauen ist jedenfalls derselbe. Nur nicht kratzen, keinen Ekel zeigen. Ich atme laut.

Zwei Stunden später. Wir halten an der nächsten Haltestelle. Ich bin mittlerweile durchgekühlt, mit den Nerven am Ende und überzeugt, eine schwere ansteckende Hautkrankheit zu haben. Ich rechne mir hohe Chancen aus, in der nächsten Psychrembel-Ausgabe abgebildet zu sein. Es juckt an Stellen, die ich noch nie bewusst wahrgenommen habe, zum Beispiel an der Oberseite des großen Zehs. Moralisch korrekt ist mir mittlerweile egal. Der Bus hält, die Tür geht auf. Menschen reihen sich im Gang auf. Vorne wird eine Doppelreihe frei. Jetzt oder nie. Ich raffe mein Hab und Gut zusammen, stehe auf und verkünde zum Hautkranken gerichtet: »Ich setz mich mal da vorn ans Fenster.« Er, irritiert über mein Bedürfnis, diese Information mit ihm zu teilen, schaut mich still und verwundert an – und kratzt sich am Kopf.

Der Doppelsitz kommt mir vor wie ein idyllisches Kleinod. Es ist friedlich hier. Und still. Niemand kratzt sich. Ich ziehe einen neuen Pulli an und versuche, das Geschehene der letzten Stunden zu vergessen. Ich denke an die Hafenstadt, Kneipentouren und gutes Essen. Irgendwann steigt der Mann aus. Bevor er aus der Tür verschwindet, kratzt er sich noch einmal kräftig am Hinterkopf. Mich durchzuckt es kalt. Dann setzt

BUSMATISCHE STÖRUNG, DIE

Plötzlich einsetzendes ungutes Gefühl der Panik/Angst, das in Verbindung mit Busreisen auftritt. Die Reaktion Betroffener lässt sich meist auf ein Trauma im Busumfeld zurückführen, das sich durch bestimmte Reize oder Erlebnisse wieder einstellt (Warten an der Haltestelle, defekter Reisekoffer, Zurückstellen des Sitzes).

RUCKSCHULD, DIE

Schuldgefühl, das auftritt, wenn man die Lehne zurückstellt und dem Hintermann wichtige Höhenzentimeter nimmt. Hier entscheidet sich: Was für ein Mensch bin ich? Ebbt ab, sobald sich mit der sich entspannenden Rückenmuskulatur warme Wohligkeit ausbreitet.

sich ein neuer Mitfahrer neben mich: ein gut aussehender Typ mit Baseballkappe und ohne Hautkrankheiten. Der sitzt einfach da und lächelt nett. Es juckt immer noch, überall, an der Kopfhaut, an den Beinen und den Armen. Ich lächle nett zurück. Jetzt. Nicht. Kratzen. Er holt ein Buch aus der Tasche. Klar. Der junge nette Typ ist nicht nur nett, sondern auch schlau. Wir halten an der ersten Ampel. Ich kratze mich sehr laut. Ich kann nicht anders. Alle paar Minuten holt mich der Hautkranke in Gedanken wieder ein, es juckt wie verrückt. Ich kratze. Der junge nette Typ schaut mit schönen Augen in sein schlaues Buch und überlegt sich wahrscheinlich, ob er sich nicht lieber da vorne ans Fenster setzen will.

Der Feind von nebenan

Er ist mir sofort unsympathisch. Der Mann, der gerade auf den Platz neben mir zusteuert, trägt Einstecktuch und Hemd, ich T-Shirt und Jogginghose. Mein neuer Sitznachbar sieht aus wie jemand, den Mami im Sommer nicht zum Spielen rausgelassen hat. Puddinghaft, rosa, wohl behütet und gut gekämmt. Ich habe schon entschieden, ihn zu hassen, da holt er die Nackenrolle raus. Meine Augen lodern. Er ist noch nicht mal Mitte zwanzig und greift schon auf Sanitätshausartikel zurück! Ich rücke den Schal unter meinen Kopf und schaue wieder in mein Buch. Das passiert also, wenn der Bus in Düsseldorf hält.

Er steckt sich Ohrhörer ins Ohr, dem feingelaserten Schriftzug nach zu urteilen eine deutsche Qualitätsmarke. Warum fährt der überhaupt Bus? Kann der kein Taxi nehmen? Ich warte auf klassische Geigensoli und Klavieroktaven. Seine

Kopfhörer kosten wahrscheinlich so viel wie ein WG-Zimmer im Stadtzentrum. Auf seinem Smartphone sehe ich, dass er das erste Album der Kings of Leon hört. Die waren mal meine Lieblingsband.

Nach einer Weile dreht er sich zu mir und deutet auf mein Buch. »Habe ich grade fertig gelesen.« Ich denke erst, es ist ein Spruch. Kings of Leon hin oder her, vor ein paar Minuten hatte ich ihn sicher in einer Schublade verstaut und den Schlüssel umgedreht. Darauf stand: Düsseldorfer Bonzenkind. Aber wir fangen an, uns zu unterhalten. Wir mögen ähnliche Bücher, Filme und Musik. Ich schreibe ein paar Bandnamen auf, er tippt drei Filme ins Handy. Es ist offenbar nicht überall Düsseldorf drin, wo Düsseldorf draufsteht. Wir können ja nichts dafür, dass er in Salem sozialisiert wurde und ich in meinem behüteten Neckartal, wo meine Freunde eher Jogginghosen trugen als Einstecktücher.

»Willst du mal?«, fragt er. Alles wird warm, alles entspannt sich. Die Nackenrolle schmiegt sich an meinen Hals, als gehörte sie dort hin. Wir halten in Köln. Ein junges Mädchen steigt ein, sie trägt Palischal statt Einstecktuch. Sie schaut erst auf ihn, dann auf mich, dann auf die Nackenrolle. Ich höre gerade noch, wie sich leise der Schlüssel in der Schublade umdreht.

Der Bus-Knigge: Immer höflich bleiben

Es gibt Situationen im Leben, in denen sich Menschen ungewollt ein bisschen zu nah kommen. »Zu nah« ist der Grundzustand im Bus. Er ist ein Quetschgefährt, in dem man weder die Armlehne noch den Sitzplatz für sich hat. Das ist für niemanden besonders leicht zu ertragen, egal, wie robust sein

Gemüt ist. Einfacher wird es, wenn man nett zueinander ist. Zumindest oberflächlich. Deswegen ist »Entschuldigung« die häufigste Busvokabel. Hinter ihrem Gebrauch steckt eine sehr menschliche Doppelmoral: Wir sagen etwas Nettes und sind trotzdem fies zueinander. Aber würden wir uns anschreien, ginge die Reise auch nicht schneller vorbei.

Denn eigentlich weht hier zwischenmenschlich ein rauer Wind. Wer ist zuerst an der Rampe, am Platz, an der Kühlbox oder auf dem Klo? Der innere Modus des Fahrgastes ist der Einzelkampf. Er fährt seine Ellenbogen aus und bekommt im Gegenzug Absätze auf seine Zehen gedrückt. Gegen diese Sommerschlussverkaufsmentalität wird zumindest verbal angekämpft. Würde ich auf einer Busfahrt ein Aufnahmegerät mitlaufen lassen, wäre das Ergebnis ein Entschuldigungsmedley in Dauerschleife. Je nach Intonation kann dieses kleine Wort alles von »Tut mir wirklich leid!« (»Oh, 'Tschuldigung!«) bis »Tut mir wirklich leid, dass du so scheiße bist!« (»Äh, 'Tschuldigung?!«) bedeuten. 'Tschuldigung ist Wortfüller, Aggressionsventil oder Beschwichtigungsmittel – kurz: der Allrounder des Fernverkehrs.

In 24 Entschuldigungen zum Ziel

Eine Durchschnittsreise: Ich sprinte von Bus zu Bus, versuche, in der Windschutzscheibe zumindest den Wahlkreis meines Busses zu finden. Finde ihn nicht. Verfalle in Panik. Erspähe an der Ladefläche einen netten Mann in Grün. Ich frage: »Entschuldigung, wo fährt denn hier der Bus nach Hamburg?« Er deutet nach hinten links, das sind noch mindestens fünfhundert Meter und eine Minute bis zur Abfahrt, ich raffe meine

Taschen zusammen, sprinte wieder los, diesmal mit dreißig km/h über den Beton, eine Tasche windet sich langsam zu Boden und schlackert nun in der Knieregion, egal, jetzt nicht nachlassen. Ich schlage Haken um die Menge, schreie dabei sirenenartig (»'TSCHULDIGUNGTSCHULDIGUNGTSCHULDIGUNG!«) und hoffe, dass ich den Bus erwische und hier niemanden jemals wiedersehen muss. Mit einem »Pfffscht« samt mahnendem Blick von Fahrerseite öffnet sich die Bustür, ich grätsche schwitzend zwischen die Stufen und hauche entkräftet: »'Tschuldigung.«

Der Fahrer, vollkommen unbeeindruckt: »Die große Tasche noch hinten rein, ja?« Ich: »Oh! Entschuldigung!« Pffscht, macht die Ladeluke, chrrrr, macht mein rasselnder Atem. Mit zwei verbleibenden Taschen quetsche ich mich durch den Gang, nicht ohne anzustoßen (»'Tschuldigung!«), finde einen Sitz neben einem Mann mit Pudelmütze (»'Tschuldigung, ist hier noch frei?«), mache es mir unter Schnaufen und Gepäckwühlen gemütlich, wobei mein Ellenbogen mehrmals unfreiwillig Richtung Sitznachbar ausschert (»'Tschuldigung«) und mir ein Snickers aus der Tasche fällt, das zwischen seinen Füßen landet (»'Tschuldigung!«). Irgendwann muss ich aufs Klo (»'Tschuldigung«), quetsche mich nicht ohne Anstoßen durch den Gang (»'Tschuldigung…, 'Tschuldigung…, 'Tschuldigung…«) und kehre genau so zurück zum Fensterplatz. Irgendwann kriege ich Hunger. Ich animiere meinen Nebensitzer zum Aufstehen (»'Tschuldigung, dürfte ich kurz…«) und quetsche mich wieder durch den Gang (»'Tschuldigung…, 'Tschuldigung…, 'Tschuldigung…«) Richtung Kühltrühe (»'Tschuldigung, haben Sie noch Bifi?«) und zurück (»'Tschuldigung…, 'Tschuldigung…, 'Tschuldigung…«, »'Tschuldigung, dürfte ich kurz…«) zurück zum Platz. Der Mann neben mir hat es nicht leicht. Ich öffne meinen Sprudel mit lautem Zischen und verschütte etwas in Richtung seines Schoßes (»'Tschuldigung!!«). Dann, am Rastplatz, haue ich ihm meinen Schal ins Gesicht (Er: »'Tschuldigung?!«, ich: »Oh, 'Tschuldigung!!«). Als wir wieder am Platz sitzen, will er sein Ladekabel in die Steckdose zu meinen Füßen stecken. »'Tschuldigung!«, sagt er. »Kein Problem«, erwidere ich.

Die Zerreißprobe

Gemeinsam reisen

Hamburg – Berlin. Ein älteres Paar sitzt im Doppeldeckerbus rechts oben am Fenster. Sie lesen Zeitung und tauschen mit jahrzehntelanger Selbstverständlichkeit nach fünfzehn Minuten die Seiten. Er: »Der Hollande hat einfach keinen Schneid.« Sie: »Mhm.« Sie sitzen in stillem Einverständnis nebeneinander, wie man es nur nach einem gemeinsam gelebten Leben kann. Später wird es kühl, und die Scheiben beschlagen. Sie fischt ein besticktes Taschentuch aus ihrer Handtasche und wischt den Tau von der Scheibe. Dabei malt sie zwei Kreise: einen für sich und einen für ihn.

Bill Murray ist ein weiser Mann. Als ihn ein Fan fragte, wie man die Liebe seines Lebens erkennt, sagte er: Schnapp dir den Menschen, in den du verliebt bist, und schleif ihn zum Flughafen. Dann flieg mit ihm um die ganze Welt. Wenn ihr danach noch zusammen sein wollt, heirate ihn, an Ort und Stelle, am Flughafen. Zweimal war der Schauspieler verheiratet. Beide Ehen sind gescheitert. Auf die Idee mit der Weltreise kam er vielleicht erst später.

Zumindest so viel ist wahr: Man sollte sich gut überlegen, mit wem man verreist. Reisen schweißt zusammen oder entzweit. Busreisen sind da keine Ausnahme. Alltägliche Reisemomente: Einer vergisst das Ticket oder das Essen, der andere ist müde und quengelt rum. Statt sich nur um das eigene Gemüt zu kümmern, muss man sich nun um zwei im Einklang bemühen. Eigenschaften des anderen, die einen sonst kein bisschen nerven, können in dieser besonderen Situation zur Zerreißprobe werden: Nägelkauen, Summen, lautes Atmen. Wenig Platz und Stress mischen sich mit Schlafmangel zu einem tödlichen Cocktail.

Gerade, eine Reihe weiter vorn. Ein häufiges Reisepaar, Mutter und Tochter, zischt sich schnelle Gemeinheiten ins Ohr. Familie sucht man sich nicht aus, dass man mit ihr reisen muss, noch weniger.

Die pubertierende Tochter setzt ihre Kopfhörer auf und schnappt sich ihr iPhone: »Wenn du mir so kommst, Mama, dann red ich echt nicht mehr mit dir.«

Die Mutter: »Umso besser.«

Vom In-der-Kälte-Warten bis zum Endlosstau, immer sitzt ein Mensch nebenan. Ich glaube, ähnlich wie Bill Murray: Mit wem man gut Bus fahren kann, mit dem kann man auch gut durchs Leben gehen. Die Entfremdeten haben sich auch im Bus nichts zu sagen, die Frischverliebten nerven den gesamten Bus mit ihrer Kamasutra-Trockenübung, die Laberbacken schreien, lachen und fahren den Geräuschpegel auf Stammtischniveau hoch. Doch irgendwann wird es auf jedem Sitz still. Ob man richtig sitzt, erkennt man, wenn das Licht angeht: Wen man auch morgens zerknautscht und übermüdet gerne anschaut, den kann man behalten.

Laterne, Laterne

Zusammen durch die Nacht

Es ist so spät, dass es schon wieder früh ist. Mein Freund und ich kommen aus einem Konzert, verschwitzt und glücklich, müde. Wir laufen durch die Kälte, und ich verspüre immer mehr das Bedürfnis, im Stehen einzuschlafen. Unser Bus soll in zehn Minuten fahren, mitten im Industriegebiet. Die Straßen sind leer. Wir kommen an einem Park vorbei, Nebel hängt über der Wiese. Dahinter ist unsere Haltestelle. Hier stehen wir, ganz allein, und warten. Meine Strumpfhose ist viel zu dünn, ich hüpfe von einem Bein aufs andere. Wir haben vier Stunden Fahrt vor uns. Andere Menschen nehmen sich in solchen Momenten ein Hotel in der gleichen Stadt, aber es ist Wochenende, und wir haben kein Geld. Lieber morgen auf dem Sofa schlafen als in einem teuren Hotelbett, in einer Stadt, die nicht gerade als sehenswert bekannt ist.

Wir warten bis weit in die Nacht hinein. Nach einer halben Stunde kommt ein Nachtbus, der zum anderen Ende der Stadt fährt. Bis auf ein paar schlafende Gestalten in Hoodies ist er leer. Wir fragen den Fahrer – ja, wir sind hier richtig. Ja, unser Bus kommt bald. Also warten wir. Noch mal zehn Minuten. Noch mal zwanzig. Noch ein Nachtbus. Der Fahrer sagt: Die Haltestelle für unseren Bus wurde um die Ecke verlegt. Wir haben ihn verpasst. Der nächste Bus kommt in einer Stunde. Noch mehr Warten, noch mehr Kälte. Ein paar Vögel singen. Es ist schwer zu beschreiben, wie man sich fühlt, wenn man eine Nacht durchgetanzt hat, vor etwa acht Stunden ins Bett gehen wollte und seit drei Stunden in einer Feinstrumpfhose an einer Straßenecke in einem Industriegebiet steht. Die Bässe hallen noch immer in unseren Körpern. Wir sind erschöpft und fühlen uns trotzdem ganz leicht, erfüllt vom Glück der vergangenen Nacht. Vor uns große Hallen, spärliches Licht, ein paar Menschen, die mit schnellen Schritten in Seitenstraßen verschwinden. In den Fabrikhallen gibt es ein paar Clubs. Immer wieder kommt ein Schwall Partygänger um die Ecke, die sich an der einzigen Pommesbude riesige Berge Fritten mit Ketchup und Mayo teilen. Dann rufen sie ein Taxi und verschwinden. Sie wohnen hier, wir nicht. Wir haben noch ein ganzes Stück Weg vor uns. Mein Freund und ich stützen uns aneinander ab und schweben irgendwo zwischen Schlaf- und Wachzustand. Jedes Mal, wenn ein Bus auftaucht, zucken wir zusammen. Irgendwann, als ich meine Beine schon lange nicht mehr spüre und mein Freund gerade zur Seite wegknickt: Lichter. Und diesmal ist es unser Bus. Wir steigen ein, sinken in die Sitze und sind ganz schnell weg. Die vier Stunden vergehen wie im Fluge, wir verschlafen unsere kleine Reise. Zu müde, um die Polster unbequem zu finden. Als wir endlich zu Hause ankommen, ist es hell. Alle sind schon wach. Aus den Bäckereien riecht es nach frischem Kaffee, ein Kellner trägt einen Brötchenkorb an uns vorbei. Wir schauen uns an, vom Schlafmangel aufgekratzt von unserem nächtlichen Ausflug. Stoßen die Tür zu unserem Lieblingscafé auf und bestellen uns ein riesiges Frühstück. Nachdem wir den letzten Krümel vom Teller gewischt haben, gehen wir nach Hause und fallen endlich ins Bett.

Gut unterhalten

Begegnungen im Bus

Gute Gespräche mit Fremden kann man überall führen, außer im Aufzug. Vorausgesetzt, man traut sich, einander anzusprechen. Besonders schön ist dabei der Zufall. Man sitzt neben jemandem, mit dem man erst mal nichts teilt außer der Sitzreihe. Irgendwann kommt der Moment, in dem sich entscheidet, ob wir die Stille überwinden oder nicht. Vielleicht holt der andere ein spannendes Buch raus, hört ähnliche Musik oder fragt einfach nur, wie man die Lüftung ausschaltet. Nach den ersten Worten fällt langsam die Scheu, vielleicht für ein paar Sätze, vielleicht für eine ganze Fahrt. Wir tauschen uns aus und merken: Auch der Kettensägenschnarcher kann sich als weiser Lebensberater entpuppen, wenn man ihn lässt. Mitfahrer sind nicht immer schlimm, sie sind oft auch wahnsinnig nett. Und interessant. Und haben viel zu erzählen. Wenn man großes Glück hat, hört man dabei gern zu, erzählt auch ein bisschen und steigt etwas leichter aus.

Mit jemandem, den man nicht kennt, ein langes Gespräch zu führen ist so besonders wie Liebe auf den ersten Blick. Eigentlich ist es unmöglich. Aber wenn es doch passiert, wissen es meistens beide sofort. Solche Begegnungen zählen für mich zu den schönsten Momenten beim Busfahren: plötzlich mit einem Fremden zu sprechen wie mit einem guten Freund.

13 Ausreden dafür, warum ich im Bus nicht mit Fremden rede

Es kostet Mut, jemanden anzusprechen, den man nicht kennt. Gelegenheit, sich darin zu üben, gibt es im Bus eigentlich immer. Gelegenheit, sich davor zu drücken, aber auch. Ich bin von Natur aus scheu und finde oft sehr absurde Gründe, warum ich den Menschen, der nebenan gerade in meinem Lieblingsbuch liest, während er an meinem bevorzugten Snack knabbert, nicht ansprechen sollte.

- Weil ich müde bin.
- Weil er Kopfhörer drinhat.
- Weil er wahrscheinlich ein krimineller Psychopath ist.
- Weil ich nicht will, dass der Fremde mich nach unserem Gespräch auf Facebook hinzufügt, ich seine Freundschaftsanfrage ignorieren muss und mich deswegen schlecht fühle.
- Weil die Stille, nachdem eine Unterhaltung zwangsläufig versickert, sehr unangenehm ist.
- Weil ich mich danach gezwungen fühle, diese Stille zu füllen.
- Weil ich diese Stille wahrscheinlich mit einem doofen Witz fülle, über den der andere nicht lacht.
- Weil ich Angst habe, in die Stille hinein einen doofen Witz zu machen, über den der andere so heftig lacht, dass er mir aus Versehen ins Gesicht spuckt.
- Weil ich nicht angeflirtet werden will.
- Weil ich nicht will, dass einer denkt, ich wolle ihn anflirten.

- Weil ich jemanden anflirten will, aber dabei nicht belauscht werden möchte.
- Weil wir uns vielleicht gegenseitig anflirten und uns dann nicht trauen, vor allen anderen die Handynummern auszutauschen.
- Weil wir uns vielleicht gegenseitig anflirten, die Handynummern austauschen, uns verlieben und dann eine Fernbeziehung führen müssen.

»Ich liebe dich, wie heißt du noch mal?«

Und dann holt sie auch noch die Saftbären raus! Wir sitzen auf einem Doppelsitz, die Knie angezogen und zueinandergedreht, die Köpfe leicht zusammen. Sie hält mir wie selbstverständlich die Tüte hin und sagt: »Nimm ruhig die roten, die sind die besten.«

»Ja«, hauche ich, »ich weiß.«

Ich bin verliebt.

Alles begann vor zwei Stunden, als sie sich mit drei Taschen und einem Riesenschal neben meinen Platz setzte. Jeder, der im Bus nur halb so bescheuert beladen ist wie ich, ist mir auf Anhieb sympathisch. Zu meinen Füßen ein zusammengequetschter Gepäckberg, auf ihm ruht mein Riesenschal. Im Kino wäre dieser Moment in Zeitlupe zu sehen: Sie setzt sich, ihr Schal fällt neben meinen, ich hebe ihn auf. Wir lächeln uns an. Sie bedankt sich, wir fangen an zu reden und hören nicht mehr auf.

Wir reden über die Multifunktionalität von Schals, Reisen im Bus, was wir hier machen, Fernbeziehungen, erste Jobs, EU-Politik und Zusammenwohnen. Für einen Moment sind wir mehr als nur zwei Fremde, die sich in einem Bus unterhalten. Wir sind auch mehr als Freundinnen, wir sind Vertraute und Gefährten. Denn auf einmal sind wir zu zweit auf einer Reise, die wir einzeln begonnen haben. Wir schauen zusammen aus dem Fenster, lachen über das Gasthaus »Zur wilden Isolde«, einen Opa, der auf einer Dorfbank in der Sonne schläft, und die Rockergang, die am Hähnchengrill Schokomilch trinkt. Ich denke: Das soll bitte immer so weitergehen.

Aber das geht es nicht. Wir sind wie zwei Linien in einem Koordinatensystem, die sich an genau einem Punkt kreuzen: dem Bus. Weil wir wissen, dass danach jeder seinem Leben weiter folgt, bekommt die Begegnung eine besondere Bedeutung. Sie lässt sich nicht wiederholen. Und in gewisser Weise ist egal, was danach passiert, was der andere denkt und davon behält. Die Zukunft ist ausgeklammert. Ob wir Nummern austauschen, uns danach wöchentlich anrufen oder nie wieder voneinander hören, ist gerade nicht wichtig.

Vielleicht wird dadurch das Gespräch so besonders: Wir erzählen uns Dinge, die ich bei einem ersten Treffen sonst nicht erzähle, weil in der Regel noch einige folgen. Ich vertraue ihr Dinge an, die ich Freunden so nicht mehr erzählen würde,

BUSFREUNDSCHAFT, DIE

Zarte Bande zwischen Fremden auf Reisen, die sich wie jahrelange Vertrautheit anfühlen kann. Auslöser sind oft Gemeinsamkeiten im Snackverhalten oder ähnliche Interessen im Entertainmentbereich. Statt einsam starrend verbringen Busfreunde die Fahrt fortan in friedlicher Symbiose. Unausgesprochenes Gesetz: Ist einer am Ziel, ist die Freundschaft auf Reisezeit meistens vorbei.

weil sie sie schon zu oft gehört haben. Die Beziehung, die Probleme im Studium, bei der Arbeit oder in der WG – mit allem fangen wir von vorne an. Gespräche mit Freunden sind ein Kontinuum. Für all das bleibt mir und meiner Reisefreundin nur der Moment. Die Reise.

Es gibt eine ganze Liebesfilmtrilogie, die auf so einer Begegnung basiert. Ein Amerikaner trifft eine Französin auf dem Weg nach Wien. Sie steigen aus dem Zug, reden die ganze Nacht lang, verlieben sich. Damals waren es die Neunziger und Bahnfahren. Aber vielleicht säßen Ethan Hawke und Julie Delpy heute im Fernbus. Was dieser Film einfängt, ist der Zauber des Reisegesprächs, und das ist kaum auf den Alltag übertragbar. Zwei Jahrzehnte und zwei Filme später ergeben der Amerikaner und die Französin ein desillusioniertes Paar, deren Realität die Romantik ganz schön angeknabbert hat. Ich versuche mir vorzustellen, wie wir, meine Reiseliebe und ich, uns statt im Bus später im Café treffen und versuchen, an den Zauber anzuknüpfen, wie wir versuchen, füreinander im Leben Platz zu machen, skypen oder in ihrer Stadt feiern zu gehen. Es ist schön, vor dem geistigen Auge zu sehen, wie wir zusammen in bunten Lichtern die Hände zur Decke heben, aber das Bild verwischt schnell. Ich glaube nicht daran. Beim Verlieben ist die Realität erst mal ausgeklammert. Nur deshalb schwebt die Reisebekanntschaft in diesem zauberhaften Dauerzustand.

Unsere Freundschaft hat noch einen weiteren Vorteil. Auf Reisen gibt es immer was zu reden, zu sehen oder zu tun. Wir können schlafen, Musik hören oder zusammen Filme schauen. Es herrscht kein Zwang. Unsere Begegnung hat nicht schon im Vorhinein den Stempel »Potenzielle gute Unterhaltung« aufgedrückt bekommen, anders, als wenn man sich mit Bekannten zum Kaffee trifft. Die Unterhaltung fließt, sie stockt nicht, ich glaube, gerade weil sie nicht fließen muss und stocken darf. Die Zufälligkeit nimmt uns den Druck. Und schenkt uns im Gegenzug ein wunderbares Gespräch. Wir sagen mehr als bei einem Mittagskaffee mit guten Bekannten, sind ehrlicher. Ich kann vieles vor einer Fremden viel klarer formulieren als vor meinen besten Freunden. Sie kennt den Kontext nicht, also muss ich alles kurz zusammenfassen und kann meine Gedanken dabei sortieren. Dabei bringe ich die Dinge mehr auf den Punkt. Über meinen anstrengenden Mitbewohner sage ich nicht: »Und dann sitzt er gestern schon wieder in meinem Zimmer auf dem Sofa, jammert über seinen Chef und kapiert nicht, dass er mal gehen soll!« Sondern ich erkläre in einem Satz, dass er einsam zu sein scheint und sich deshalb ziemlich aufdrängt.

Es tut gut, mit ihr zu reden, mit jemandem von außen, der das alles noch nicht kennt. Sie hat andere Ideen und Vorschläge als die Menschen, die mich besser kennen. Auch sie erzählt von ihrem Leben, ihren Problemen und ihrer Familie. Wenn wir nicht wissen, was wir antworten sollen, hören wir einfach zu.

Als sie aussteigt, dreht sie sich um und winkt. Ich bin immer noch verliebt. Auf ihrem Platz nimmt ein blutarm wirkender, knapp zwanzigjähriger IT-Spezialist Platz, der mit zarten Gliedmaßen einen dicken schwarzen Laptop aufklappt. Die zweite Phase setzt ein: Reise-Liebeskummer. Wenigstens die Gummibärchen hat sie dagelassen. Auch wenn ich ihren Namen immer noch nicht weiß.

Die Quelle der Weisheit

Unterwegs mit Elise

Ich weiß nur ihren Namen: Elise. Menschen wie Elise begegnet man nicht oft. Ich treffe sie im Bus, elfte Reihe links, auf der Fahrt von Freiburg nach Heidelberg. Sie streckt die Hand aus und schüttelt meine, ihre Finger sind dünn und zart. Ihre Haut hat viele Flecken. Ich habe ihren kleinen Lederkoffer auf die Kopfablage gelegt, er ist genauso federleicht wie ihre Hand in meiner.

Elise hat graue Haare, ist Anfang achtzig und fährt leidenschaftlich gerne Bus. Ich frage sie, wo sie hinfährt. Da beginnt sie zu erzählen. Sie besucht ihre Enkel, der Bus fährt nur ein paar Gehminuten von ihrem Haus entfernt und ist für sie bequem zu erreichen. Als Kind ist sie jeden Tag zwei Stunden mit dem Bus zur Schule gefahren, im Winter, wenn der Bus ausfiel, nahm sie manchmal die Skier. Sie lebte in einem Dorf im Schwarzwald, wuchs auf mit viel Wald und wenig Straße. Jetzt wohnt sie in der Stadt, damit sie näher an allem ist, was sie im Alter so braucht: Bäckereien, Ärztehäuser, Physiotherapiepraxen. Wenn im Winter die Wasserleitungen im Schwarzwald zufroren, machten sich ihre Kinder Sorgen.

Was sie am Bus mag? Die Langsamkeit. Früher, als Kind, hat sie genau die gehasst.

»Es konnte nie schnell genug gehen«, sagt sie und schaut aus dem Fenster.

Sie und ihre Freunde fuhren nach dem Unterricht manchmal bis zur Endhaltestelle, spielten Fangen und Verstecken im Bus, bis der Fahrer sie ermahnte. Der ruckelnde Bus war ihr Schulhof. Heute ist sie selbst langsam geworden. Nur die Zeit verstreicht immer schneller; was früher gemächlich verging, rast heute davon. Deswegen liebt sie den Bus. Am liebsten schaut sie einfach nur aus dem Fenster.

Sie sagt: »Dann habe ich Zeit. Wenn man älter wird, ist man manchmal den ganzen Morgen damit beschäftigt, sich anzuziehen. Dann hat man es endlich in die Hose geschafft und muss schon wieder aufs Klo. Dann kommt die Physiotherapeutin und will, dass ich zwanzig Minuten lang meine Beine anhebe. Danach bin ich furchtbar müde. Und dann ist der Tag fast vorbei.«

Trotzdem fährt Elise Bus. Sie hat keinerlei Scheu, ihre Mitreisenden um Hilfe zu bitten. Jemand stützt sie beim Ein- und Aussteigen, der Fahrer reicht ihr zu Beginn eine Apfelsaftschorle. Er kennt sie seit vielen Fahrten. Der ganze Bus ist ein Fanclub von Elise.

Wir gehen auf dem Rastplatz zwischen den Lastern ein bisschen spazieren, »die Beine verdrehen« nennt sie das. Sie hat einen kleinen Stock mit einem silbernen Knopf, aber ihre Schritte sind bestimmt und sicher. Die Autobahn rauscht neben uns, doch Elise setzt sich in die Sonne und lächelt.

Dabei fällt mir auf: Ich lerne nie alte Menschen kennen. Meine Oma ist der einzige alte Mensch, mit dem ich regelmäßig Kontakt habe. Mit ihr rede ich über ihr Mittagessen, was sie zum Frühstück will, den Krieg und ihre Erinnerungen. Ich schüttle ihren Freundinnen auf Geburtstagsfeiern die Hand, frage, wie's der Hüfte geht und setze mich an meinen Platz. Die Alten links, die Jungen rechts. Jetzt sitze ich aber neben Elise.

Sie sagt so viele kluge Dinge, dass ich mitschreiben will. Wenn jemand ein ganzes Leben gelebt hat, sammelt er automatisch Weisheiten an – Prinzipien, nach denen Elise gelebt hat und die gut für sie funktioniert haben. Entscheidungen zu treffen, ohne zu zögern. Nicht mehr zurückzuschauen. Niemandem etwas nachzutragen. Sie kommt aus einer Generation, in der die Rollen noch traditionell definiert waren.

»Ich wollte immer arbeiten«, sagt sie. »Das konnten viele nicht verstehen.« Aber: »Ich habe nie versucht, alles gleichzeitig zu können.«

Ich denke an mein Leben und muss ein bisschen lachen, als sie das sagt. Das Problem kenne ich. Irgendwann muss ich aussteigen.

»Bis bald«, sage ich.

»Alles Gute«, sagt Elise.

Bald sitzt jemand Neues auf meinem Platz neben Elise. Ich hoffe, er fragt sie was.

»Hallo, liebe Fahrgäste«

Der Mensch am Mikrofon

Der Lautsprecher knackt, kurzes Räuspern. »Hallooo, liebe Gäste, mein Name ist Gregor«, flötet eine gut gelaunte Stimme durch den Bus von München nach Berlin. »Sind Sie heute alle ausgeschlafen?« Es ist 7.30 Uhr, und den fahlen Gesichtern in den Reihen nach zu urteilen Gregor der Einzige, der hier wirklich schon fit ist. Ich kuschle mich tiefer in meinen Schal und drücke innerlich noch mal auf Snooze. Währenddessen verkündet Gregor in fröhlichem Singsang die Sicherheitsbestimmungen. Ich lächle verschlafen in die weiche Wolle, die meinen Kopf umhüllt. Genau das will ich um diese Uhrzeit: jemanden, der für mich denkt, lenkt, wach und gut gelaunt ist.

Manchmal bleibt der Fahrer ein ominöses Wesen mit Raspelstimme, das Koffer durch die Gegend schmeißt. Gregor aber ist ein echter Bus-Papa. Er verstaut Kinderwägen in der Luke, macht Scherze (»Und jetzt nur noch acht Stunden bis Koblenz…«), raucht in der Raucherpause mit seinen Gästen und repariert das kaputte Schloss an der Toilette. Wir sind auf der Autobahn, ein Laster bremst uns aus, der Bus ruckelt. »Hoppla, da ist wohl jemand böse«, sagt Gregor durchs Mikrofon. Ich habe das Gefühl: Wir sind gut bei ihm aufgehoben.

Der Fahrer ist für die Stimmung des Busses so entscheidend wie der Animateur für den All-inclusive-Club. Auch wenn uns Gregor nicht zum In-die-Hände-Klatschen auffordert, ist seine Laune ansteckend. Was er ins Mikro spricht, könnte nervig sein, stattdessen freue ich mich jedes Mal, wenn die Lautsprecher knacken. Die Ansagen sind der rote Faden der Fahrt. Gäste steigen ein, andere aus, aber Gregors fröhliche Stimme bleibt. Ich hätte gerne auch im echten Leben einen Gregor an meiner Seite: jemand, der für mich denkt, lenkt, wach und gut gelaunt ist.

Von Automat bis Serienmörder

Ein paar Haltestellen später weckt mich Gregors Stimme wieder: »Halloooo, liebe Fahrgäste!« Ich bin seit fünf Stunden mit ihm unterwegs und finde seine Ansagen mittlerweile mehr nervig als lustig. Bei den Sicherheitsbestimmungen macht er jedes Mal dieselben Kalauer (»Mund zu und Ohren auf!«, »Wer keinen Flugschein machen will, schnallt sich bitte an, hehe!«). Ich vermute: Gregor hatte früher mal eine Stand-up-Gruppe (»Olle Karamelle« o.Ä.), die sich vor ein paar Jahren leider aufgelöst hat. Ort der Selbstverwirklichung ist für ihn heute der Bus. Seine Kamellen schleudert er mit beachtenswerter Hartnäckigkeit seinem Zwangspublikum entgegen: »Sooo, ihr reisenden Deutschländer! Wer nicht da ist, hebt bitte mal die Hand, hahahaha!« Das Grillenzirpen nach seiner Performance stört ihn wenig. War vorher ja auch nicht anders.

Durchsagen informieren eben nicht nur über Stau und Sicherheit. Nein, sie entscheiden, ob man glücklich einschlafen oder sich lieber aus dem fahrenden Bus werfen will. Manche Fahrer versprühen statt Fröhlichkeit eher Friedhofsflair. Ich höre Gregors hysterisches Lachen und denke: Bleib ruhig. Es könnte schlimmer sein.

Denn immerhin: Gregor ist das Gegenteil eines sehr weit verbreiteten Ansagentyps, *dem Automaten*. Dieser Fahrer rattert seine Durchsagen mit derselben monotonen Atemlosigkeit herunter, mit der er schon in der dritten Klasse Gedichte aufgesagt hat: »HerzlichwillkommenbeiFlixbusmeinNameistPeterundichfahreSieheutenachKassel.« Nimmt selbst den Worten »Snacks« und »Gummibärchen« ihren Zauber. Im Fahrerzeugnis würde stehen: »Er hat sich stets bemüht.« Leider gibt es dieses Mal kein Fleißsternchen, nur wegnickende Passagiere. Mit Gregor fühlt es sich im Gegensatz zum Automaten an, wie auf dem Unterstufenfasching eingesperrt zu sein.

Ein Busfahrer, der angenehme Ansagen durchgibt, ist selten. Wer inhaltlich keine Experimente macht, haut mit Sicherheit bei der Stimmlage oder Lautstärke irgendwie daneben. *Der Schüchterne* zum Beispiel: Er bekommt beim Einschalten des Mikrofons Lampenfieber. Die Folge sind knarzende Stille und abgehackte Sätze, die an Colin Firths Darbietung in »The King's Speech« erinnern. Einfache Durchsagen werden für die Fahrgäste zur Tortur: »Und... wir haben... für... unsere, äh … kleinen Gäste … auch, äh, äh … also, es gibt Stifte … und Mal … Malbücher an Bord, äh. Ja.« Gerne würde man ihn unterbrechen und rufen: »Ja, alles klar, Malbücher! Snacks gibt's vorn, und die Toilette ist in der Mitte, danke!« Ich frage mich jedes Mal, ob er wirklich so nervös ist oder nebenbei einfach SMS tippt.

Einige Kollegen müssten ihre Passagiere eigentlich mit einem Wörterbuch »Fernbusfahrer – Deutsch« ausstatten. Ein besonders verbreiteter Typ Fahrer, *der Nuschler*, nuschelt seine Ansagen so schräg durch die Backen, dass nur unverständliche Wortfetzen herauskommen. Bei Standardansagen sind meist Reizworte wie Sitzgurt oder Toilette vernehmbar. Problematisch wird es bei außerplanmäßigen Durchsagen: Nervtötend ist der Versuch, Stauinfos zu verstehen, wenn das Gesagte klingt, als hätte jemand das Radio auf der falschen Frequenz eingestellt: »HalloschmchhhrrFahrgäste … shhmpfffff … Stauwjguschhhshchmmmpff … Verspätung. Danke!«

Klar und deutlich hingegen sprechen *die Hotline-Mitarbeiter*. Sie geben Antwort auf die Frage, was eigentlich aus Susi von Herzblatt wurde. Vermutlich wurde sie vom Arbeitsamt für die Mitarbeiterschulung von Fernbusunternehmen eingesetzt. Nur so lässt sich erklären, warum manche busfahrende Männer und Frauen in Minimaldezibelzahl auf das Mikro eingurren, als wären sie bei einer Pornohotline. »Mhhhallo, liebe Gäste. Mmherzlich willkommen beim Fernbus! Bei Mmmfragen und Anregungen wenden Sie sich jederzeit an mich und mmmeine Kollegen.« Wirkt irgendwie fehl am Platz, lässt jedoch trotzdem auf vielen Sitzen Passagiere mit einem Grinsen zurück. Das wäre mir jetzt zumindest lieber als das gequälte Lachen, das sich manche von Gregors Passagieren aus der Kehle pressen.

Wir halten am Rastplatz in Münchberg. Gregor verkündet:

»So, ihr Lieben, Fahrerwechsel, wer will mal, wer hat noch nicht, hihi!« Vorm Bus wartet schon die Ablöse. Gregors Kollege ist ein hagerer Mann mit Augenringen, der über die maßgeschneiderte Ankündigung keine Miene verzieht. Ich bin erleichtert. Doch sobald wir losfahren wird klar, dass an Gregors Stelle kein Busfahrer Platz genommen hat, sondern jemand, der seiner Stimme nach zu urteilen hauptberuflich Kleintiere mit bloßen Händen erdrosselt. Sein »Hallohh… und herzlich willkommennnn… im Fernbussss!« könnte auch die Einstiegsszene eines Horrorfilms sein. *Der Serienmörder* untermalt seine kehligen Ansagen durch heftiges Atmen, als würde er parallel auf dem Stepper performen. Vermutlich ist er nur Asthmatiker oder Kettenraucher, ich bin aber sicher: Er ist Teil des Wiedereingliederungsprogramms für Straftäter. Mir läuft es bei seinen Ansagen eiskalt den Rücken runter. Jetzt macht er auch noch die Klimaanlage an. In kürzester Zeit weht eine eisige Kälte durch den Bus. Es fühlt sich an, als würde er mir die gesamte Fahrt über seinen Todeshauch in den Nacken pusten. Ich schrumpfe auf meinem Sitz zusammen, ziehe meinen Schal übers Gesicht und wünsche mir Gregor zurück.

»Someone need of English?«

Die schönsten Fernbus-Ansagen

Der Bus fährt an einem Rastplatz ein. Der Fahrer flötet in samtigem Servicehotline-Singsang: »Liebe Fahrgäste, wir legen nun eine fünfzehnminütige Pause ein. Bitte stellen Sie sicher, dass Sie rechtzeitig zurück sind und lassen Sie keine Wertsachen im Bus.« Als die Gäste aussteigen, dreht er sich zu seinem Kollegen und tönt in breitem Berlinerisch: »So, wat meenste, Rudi, jetze 'ne Wurst?«

Fahrer, als wir an der Haltestelle einfahren: »So, wir machen Pause bis halb zwei. Wer dann nicht da ist, kann mich mal.«

Fahrer nach der Willkommensansage in Würzburg: »Und jetzt das Ganze noch mal auf Fränkisch!«

»Liebe Fahrgäste, ich mache jetzt die Klimaanlage an. Melden Sie sich, bevor Sie zu Eiswürfeln werden.«

»Musikwünsche bitte auf Zettel schreiben und dann bei mir abgeben.«

»Kurzer Sicherheitshinweis: Wir haben nur noch eine Tüte Gummibärchen an Bord.«

»Wir steuern jetzt meinen Lieblingsrastplatz an. Hier hat der McDonald's noch eine Rutsche.«

»Bitte legen Sie Ihre Sicherheitsgurte an. Gesetzlich herrscht Anschnall... Ach, scheißegal, Sie machen's ja doch nicht.«

Wir halten an der Haltestelle neben einem Rentner-Reisebus. »Wenn hier jemand an Tupperware interessiert ist, bitte den Rollator nehmen und sofort aussteigen.«

Fahrer nach der Begrüßungsansage, als sich keiner anschnallt: »Wie in der Schule, hinsetzen und Klappe halten hat da auch keiner gemacht.«

»Ich bin Ihre Fahrer bis Bayreuth. Dann kommt neue Fahrer mit Frischkopf.«

Fahrer nach der Standard-Begrüßungsansage: »Someone need auf Englisch?«

Fahrer in gebrochenem Deutsch: »Auf dem Rastplatz Sie können benutzen … Volkstoilette!«

»Die Bremse ist rechts!«

Beifahrer im Bus

Die goldene Regel des Beifahrers: Klappe halten. Auch, wenn neben einem jemand mit Hundertachtzig über kirschgrüne Ampeln schießt oder in großmütterlichem Schritttempo über die Kreuzung kriecht. Viel gefährlicher als ein eigenwilliger Fahrstil ist nämlich ein nörgelnder Beifahrer, der den Fahrer aus dem Konzept bringt. Dass sich in manchen Bussen der Hinweis »Während der Fahrt bitte nicht mit dem Fahrer sprechen« findet, hat also einen guten Grund. Hier sitzt eine ganze Armee an Beifahrern an Bord, die alle gerne ihren Senf zu Fahrverhalten und Streckenverhältnissen abgeben würden. Die Anschnallpflicht ist vermutlich auch nur ein Versuch, den Fahrer vor seinen Passagieren zu schützen. Anders als in der Bahn oder im Flugzeug sitzt der nicht abgeschottet von seinen Schäfchen: Er lebt, leidet und lenkt mit ihnen im Rücken.

Gerade fährt uns ein Mann namens Carlo, Mitte fünfzig und leicht reizbar. Er mag es gerne kalt und hört SWR1. Schon beim Einsteigen sehe ich an seinem Gesicht, dass seine Freude am Beruf ihn vor langer Zeit verlassen und dass an ihrer Stelle dumpfer Hass Platz genommen hat. Carlos Augen sind klein und müde, er schmeißt die Koffer wortlos in die Luke. Als ich es mit »Danke« probiere, reißt er mir meine Tasche aus der Hand. Alle weitere Kommunikation besteht aus einsilbigen Kurzbefehlen (»Raus!«, »Pause!«, »Rein!«). Von meinem Sitz aus starre ich in Carlos wackelnde Nackenfalte und frage mich, wo sich sein weicher Kern versteckt.

Seine Willkommensansage klingt wie eine Morddrohung. Sein Fahrstil ist eine. An jeder Ampel bremst er stockend, alle paar Meter ruckelt es. Auf der Autobahn kommt uns das Kennzeichen des nächsten Lasters so nah, dass mein linker Fuß mitbremst. Mein Frühstück ist noch unverdaut, der Magen rebelliert gegen den Schleudergang. Carlo weckt uns heute unsanft.

Dass Beifahrer im Bus zu sein besonders schwerfällt, ist klar: Nur ein paar Momente an der Luke, eine Stimme durch Lautsprecher und Fahrverhalten in Kurvenlage lassen darauf schließen, wem ich da gerade mein Leben anvertraue. Dass ich ein schlechter Beifahrer bin, liegt aber auch am Bus selbst. Er ist größer, behäbiger und schwerer zu lenken als das handelsübliche Gefährt. Außerdem: Ich weiß, wer von meinen Freunden im Schneegestöber die Spur halten kann; dass ein Fremder das mit einem riesigen Bus genauso gut macht, weiß ich nicht. Deswegen halte ich es mit der Beifahrerregel wie mit vielen goldenen Regeln. Ich kenne sie, entscheide mich aber bewusst, sie zu ignorieren.

Ich beobachte, wie Carlo den Blinker zu spät setzt, einen Corsa abdrängt und über einen Bordstein fährt. Im Bus funktioniert Beifahrer sein ganz anders. Ich bin vor allem Passagier. Wer sich beschweren will, kann nicht einfach zur Seite greifen, dem anderen beschwichtigend den Arm auflegen und kurz flüstern: »Hey, mach bisschen langsam.« Hier regiert vor allem der Gruppenzwang. Sagt keiner was, sind alle still.

Das liegt auch daran: Der Fahrer ist gleichzeitig Autoritätsperson, Hassobjekt und Muttertier. Der, der das Schiff in den Hafen steuert, zu schnell fährt und zu scharf bremst, Klimaanlage und Radio bedient und die Kühltruhe bewacht. Kurzfristig hat er Aufsichtspflicht für eine Busladung Fremder, die eigentlich alle nur eines denken: Was macht der denn da? Würde jeder seine Gedanken aussprechen, käme der Bus vermutlich an der nächsten Haltebucht zum Stehen.

Plötzlich eine Vollbremsung, wir haben ein Stauende erreicht. Wasserflaschen rollen klappernd durch den Bus, meine Tasche fällt um, es knallt laut, das war der Laptop. Ich schaue alarmiert zu meinem Sitznachbarn. Er guckt kurz schläfrig auf und widmet sich dann wieder seiner Angelfachzeitschrift. Eine Stunde später fängt es an, in Strömen zu regnen, der Stau ist vorbei, Carlos Fuß klebt auf dem Gaspedal. Ich finde, wir fahren ziemlich schnell dafür, dass sich die Straße plötzlich in einen reißenden Strom zu verwandeln droht. Immer wieder sehe ich rote Bremslichter aufleuchten. Mein Gasbein zuckt, ich trete jedes Mal gegen die Fußleiste, wenn Carlo schwungvoll einer Lasterstoßstange entgegenrollt. Ich schaue nach links und rechts. Ein paar schlafen, lesen oder haben den Kopf zur Seite gedreht. Ich sitze mittlerweile kerzengerade auf dem Sitz, meine Müdigkeit ist blanker Panik gewichen. Merkt denn keiner, dass wir gerade dem sicheren Tod entgegenbrettern?

Der Regen wird heftiger, ich kann keine paar Meter weit sehen. Dann, vorne rechts: ein ebenso gerade durchgedrücktes Kreuz. Der Mann auf dem Strebersitz lehnt sich nach vorn und hat die Hände in Gebetsstellung vor den Lippen gefaltet. Vorhin hat er noch ruhige Kommentare zur Stausituation abgedrückt, jetzt ist er still. Ich sehe uns beide von außen, zwei Menschen, die ihr Leben nicht leben können, ohne jemanden am Ärmel zu zupfen. Ich kann mich entscheiden: Will ich mit

Bluthochdruck und schweißnassem T-Shirt zu Hause ankommen, oder will ich ganz entspannt und ausgeschlafen sein?

Carlo hängt mit gefühlten zwanzig Zentimetern Abstand hinter dem nächsten Lkw. Wieder bremst er scharf. Jetzt reicht's. Ich stehe auf und laufe durch den Gang zu ihm, mein Puls schlägt schneller.

Ich komme mir vor wie ein Vollhorst: »Ähm, Entschuldigung, können Sie vielleicht ein bisschen vorsichtiger fahren?«

Carlo lacht, seine kleinen Augen verengen sich: »Würdest du gern den Bus lenken?«

»Nee, danke«, sage ich.

Aus den Reihen um mich herum nur eisiges Schweigen.

Zurück auf dem Sitz schließe ich die Augen und wiederhole das Mantra: Carlo macht das schon. Und er macht es wirklich. Er fährt uns durch Regen, Stau und Sturm. An den Ausfahrten nimmt er noch ein paar Bordsteine mit. Und ja, geblitzt werden wir auch. Ich bin nicht entspannt und auch nicht ausgeschlafen. Aber am Ende bringt er uns ans Ziel. Ich denke an die Momente in meinem Leben, in denen ich am Steuer saß und neben mir vermutlich jemand auf die imaginäre Bremse gedrückt hat. Meistens blieb es auf dem Beifahrersitz still. Andere Menschen haben die eine unumstößliche Wahrheit wohl bereits akzeptiert: Wer in ein Fahrzeug steigt, muss dem Fahrer vertrauen – oder zumindest so tun.

Flutlicht und Schichtbeton

Liebeserklärung an den Rastplatz

Ich liebe einen Ort, der auf den ersten Blick viel dafür tut, mich schnell wieder loszuwerden. Neonlicht von oben, Fliesenboden von unten, dazwischen Radiogedudel, überteuertes Essen und schlechter Kaffee. Über alledem hängt eine flüchtige Gemütlichkeit. Wer schon mal in einem Ferienressort war, weiß, wovon ich rede: Die Menschen sollen sich an diesem Ort kurzzeitig wohlfühlen, aber nicht heimisch werden. Wer genauer hinschaut, entdeckt den Schimmel an den Wänden, die schlecht sitzende Perücke der Animateurin und die abgelaufene Wurst am Buffet. Ein Ort, der eigentlich keiner ist.

Nichts hier ist einfach so entstanden, es wurde hingesetzt: die Betonplatten und Neonschilder, die Holzbänke und Reklametafeln. Denn genau dort sind wir, die Reisenden: im Nichts. Wir sind auf der Durchreise. Hier ist alles nur auf Kurzlebigkeit und Zweckmäßigkeit ausgerichtet.

RASTPLATZPERLE, DIE

Besonders absurder Fund an der Rastplatztankstelle, manchmal belletristischer, häufig kulinarischer Natur von großem Seltenheitswert (Bsp.: erotische Lektüre, Puk-Kekse, Bum-Bum-Eis). Existiert nur im Orbit rund um Rastplatz und Straße, wo die Rastplatzperle als Relikt aus scheinbar längst vergangenen Tagen zirkuliert. Wird häufig fotografisch festgehalten und mit Freunden geteilt (→ Felfie, das).

Und trotzdem habe ich ein Strahlen im Gesicht, wann immer ich auf einem Rastplatz Halt mache. Die Tür geht auf, von ganz allein. Würstchengeruch mischt sich mit Benzin. Hier begegnen sie sich alle, die Gestrandeten und Übermüdeten, die mit Panne und zu niedrigem Reifendruck, die Hungrigen und die, die die Autobahn eben sonst noch aufgesammelt hat. Eine Mutter versucht auf der Toilette, einen großen Tomatenfleck vom T-Shirt ihrer weinenden Tochter zu waschen, daneben putzt sich eine junge Frau die Zähne, spritzt sich Wasser ins Gesicht und lässt die kalte Hand kurz im Nacken ruhen. Draußen stehen drei Lastwagenfahrer neben dem Kaffeeautomaten zusammen und reden, sie lachen laut und kehlig. Ein Mann nähert sich unauffällig den Herrenmagazinen, während ein bleicher Teenie nach einer Computerzeitschrift greift. Komprimiertes Leben. Der Rastplatz ist ein Ort der Zufälligkeit. Er fängt Menschen und Momente ein, die sich zufällig hier über den Weg laufen. Deswegen liebe ich ihn.

Genauso liebe ich, was sich dort in den Regalen sammelt. Hier finden sich Geschenksträuße, Feuerholz und Eiswürfel neben Müsliriegeln, Schokomilch und Würstchen. Der Rastplatz ist ein absurdes Universum aus allem, was der Mensch auf Reisen so brauchen könnte. Das macht ihn zur Schatztruhe. Zwischen München und Berlin finde ich mein altes Lieblingseis, das es fast nirgendwo sonst mehr gibt. Es ist von einer dicken Schicht Eiskristalle überzogen. Ich kaufe es trotzdem und esse es genüsslich auf dem Sitz. Einmal, irgendwo vor Hamburg, entdecke ich Haselnusswaffeln namens Aschenbrödel und flache Schokokekse namens Puk. Ich schicke einer Freundin ein Foto. So etwas finde ich nur hier, in der Schatztruhe. Wer einen Rastplatz nicht schön findet, der schaut nicht richtig hin.

Als Kinder haben wir zwischen den Regalen kichernd in Schmuddelheftchen geblättert, während mein Vater den Ölstand kontrollierte und meine Mutter – nur dann, am Rastplatz – ein paar Klatschmagazine kaufte. Jeder bekam ein Eis. Rastplatz war Ausnahme, der erste Ansatz von Urlaub. Ein paar Jahre später, auf der ersten langen Fahrt mit dem eigenen Auto, hat uns der Rastplatz wieder gerettet. Mit Kaffee, als uns am Lenker die Augen zufielen (»Die Strecke fahren wir in einem Rutsch!«), uns kurz vorm Brenner das Benzin ausging, und wir merkten, dass wir uns gerade gnadenlos verfuhren. Ein Atlas für die Alpen und ein paar Liter Öl später verstand ich zum ersten Mal, dass es am Rastplatz nicht nur Eis und Klatschzeitschriften, sondern auch extrem Nützliches gibt. Der Rastplatz ist ein Freund, eine Insel im Meer aus Straßenasphalt. Wir trafen an dem Platz in den Alpen viele halb wache, zerknautschte Gestalten, die, genauso wie wir, versuchten, sich hier kurzfristig wieder in Form zu bringen. Das allein war beruhigend. Der Rastplatz lässt die Stunden auf der Straße nicht schneller umgehen, aber er sagt zumindest: Die anderen sind auch unterwegs. Und alle kommen an.

Und das ist der Charme des Rastplatzes. Er ist das Sprungbrett in die Reise, ein Ort zum Lufthölen und Verschnaufen, aber auch zum Weiterziehen. Ich mag ihn, gerade weil er versucht, mich schnell wieder loszuwerden. In gewisser Weise gibt mir der Rastplatz bei jedem unserer Treffen einen nett gemeinten Tritt in den Hintern: Da, nimm deine labbrige Currywurst und geh – und komm verdammt noch mal heil an.

Das Rastplatzparadies

An manchen Orten der Welt ist alles besser. Zum Beispiel in Österreich. Bessere Luft, bessere Wurst, höhere Gipfel. Manche machen dort Urlaub, ich jedoch fahre gerade daran vorbei. Ich habe einen Freund in Wien besucht. Auf der Rückfahrt nach München sitze ich nun zufrieden und um einige Schnitzel und Marillenknödel schwerer im Sitz. Die Zeit ist reif für einen ausgiebigen Verdauungsschlaf. Eine besonders gute Ausgangssituation für eine lange Reise.

PAUSENSAUSE, DIE

Zwanzig Minuten Pause: In diesem Moment der Freiheit liegt dem Passagier endlich wieder die Welt – oder zumindest der Rastplatz – zu Füßen. Das zelebriert jeder auf seine Weise: Manche rennen über die Wiese, andere stecken sich eine Zigarette an. Die Möglichkeiten scheinen endlos: Es gibt Frischluft, Beinfreiheit und Snacks. In der Raucherecke vollziehen sich Grüppchenbildung und Anbandeln. Endlich wieder ein Ort für den kribbeligen Blickkontakt durch Rauchschwaden, siehe Pausenhof, achte Klasse.

Vor dem Fenster das volle Postkartenprogramm: blauer Himmel, weiße Bergspitzen und strahlende Sonne. In der Scheibe sehe ich viele gedrehte Köpfe, die sich in der Landschaft spiegeln. Alle schauen raus. Ich höre die richtige Musik dazu und fühle mich super. Gitarre und Raspelstimme im Ohr, ein herrliches Alpenpanorama um mich herum. Die Welt ist schön, so schön. Ein besonders vorteilhafter Ausschnitt zieht vorbei. Kleine Dörfer, Kirchtürme und Bachläufe reihen sich an Kühe, immer wieder Kühe, die zufrieden kauen, Berge, die immer höher werden und plötzlich aufreißen, spiegelglatte Seen. Was für eine Idylle! Wohnen hier wirklich Menschen? Ich notiere in Gedanken: Österreich – sehr gut. Und dann wird es sogar noch besser.

Der Bus nimmt eine Ausfahrt und schaukelt gemächlich

durch den Kreisverkehr. Wir biegen ab und fahren direkt auf eine Raststätte zu. In dem Moment, in dem sich die Schiebetür öffnet und mir Schlager um die Ohren weht, weiß ich: Das ist ein ganz besonderer Ort. Der Kaffee ist hier dicker als Wasser, der Milchschaum schaumig. Es gibt Echtholz, Tischdecken und ein riesiges Buffet. Knusprige Hähnchen, frischen Kartoffelsalat, Braten, alle möglichen Suppen, Spätzle und Beilagen. Gebratene Zwiebeln. Ein traumhaftes Kuchenbuffet inklusive Sacher- und Linzertorte. Frisches Obst und Säfte. Es gibt Landmilch und riesige Schinken am Stück. Ich bin mir sicher, dass die Schweine sehr glücklich waren.

Dass hier alles besser ist, konnte ich aus dem Bus bis jetzt nur erahnen. Nun habe ich die Gewissheit. Das Paradies heißt Österreich, und das Schlaraffenland ist eine österreichische Autobahnraststätte. Ich habe dreißig Minuten Aufenthaltszeit an diesem magischen Ort. Aufgeregt laufe ich von links nach rechts, von Häppchen zu Hähnchen. Wie soll ich mich da nur entscheiden? Was nehme ich zuerst? Gehen die Sahnekringel auch noch rein? Den anderen Fahrgästen scheint es ähnlich zu gehen. Wie Zombies auf Zuckerentzug geistern wir in Zeitlupentempo durch die Reihen, an den Torten und frisch gepressten Säften vorbei. »Echte Bauernmilch« steht auf einem handgeschriebenen Schild, einem etwa Vierzehnjährigen in Trainingsanzug entfährt ein beeindrucktes »Boah!«. Ich nehme ein Tablett, darauf landen eine Markklößchensuppe und Kartoffelsalat. Ich laufe am Kuchenbuffet vorbei und deute, bevor ich verstehe, warum, auf ein Stück Linzertorte. Die Bedienung fragt in melodischem Singsang: »Mit Schlag?« Ich nicke. Mein volles Tablett balanciere ich zu einem Fensterplatz. Hinter rotweißen Gardinen leuchten mir die schneebedeckten Berge entgegen. Ich löffle meine Suppe, schaufle den Kartoffelsalat in mich rein und überlege mit jedem Bissen, ob ich umziehen soll – hierhin, direkt auf den Rastplatz. Die Torte passt kaum noch rein, aber ich blicke auf die Alpen, lasse mich von Blasmusik berieseln und schiebe noch eine Gabel mit Schlag hinterher. Noch nie war ich an einer Autobahnraststätte so glücklich wie hier, in Tauernalm.

Der Weg nach draußen führt am Geschenkeshop vorbei. Auch hier scheint es alles zu geben, was das Herz begehrt. Und plötzlich habe ich das Gefühl, auch alles zu brauchen: die handgeschöpfte Schafsmilchseife und die Hausschuhe mit Edelweißstickerei, die kleinen Holzfiguren und Kerzenhalter, die Schlüsselanhänger und besonders die Kochschürze mit Kuheuter. Auf einmal ahne ich, was Heimat wirklich heißt. Es ist ein Ort, an dem glückliche Kühe mit Hilfe glücklicher Menschen vor Panoramablick den perfekten Schlag produzieren. Ich schichte gerade mehrere Pakete Schafsmilchseife aufeinander (Lavendel, Limone und Natur), als mir auffällt: Die Raststätte ist leer. Wo sind die anderen? Ich schrecke hoch, eine Kuckucksuhr zeigt: halb zwei. Mein Bus soll genau jetzt losfahren. Ich stopfe die Seifen zurück, renne aus der Tür, die Blasmusik verklingt, und schlage einen Haken. Der Bus ist noch da. Ich habe keine Zeit mehr zurückzuschauen. Eine halbe Minute später fahren wir auf die Autobahn in Richtung Deutschland. Zurück bleibt, zusammen mit dem Nachgeschmack von Linzertorte, Knödel und Haxe, ein unvergessliches Gefühl von Heimat, das ich nie wieder vergessen will.

5. My Sitz is my Castle

Auf einem halben Quadratmeter häuslich werden

Ich würde behaupten, dass ich ganz gut ohne viel Platz auskomme. Ich wurde quasi im Wohnmobil großgezogen. Frühstück gab es im Fahrerhäuschen, Mittagessen auf der Autobahn Richtung Puglia. Ich bin es gewöhnt, dass die Essecke gleichzeitig ein Bett ist und die Mini-Küchenzeile sich neben dem Mini-Klo befindet, über dem die Mini-Dusche hängt. Dass sich auf ein paar Quadratmetern vieles abspielt, ist für mich also nichts Neues. Dass sich auf einem halben Quadratmeter alles abspielt, schon. Im Bus ist der Sitz gleichzeitig Ess-, Wohn- und Schlafzimmer, Entertainmentstation und Ruhestätte. Hier wird gewhatsappt, gestritten und telefoniert, gegessen, gekrümelt und schlaftrunken auf Schultern gesabbert. Ganz schön viel Leben für so wenig Platz.

Da sich in der Regel das Leben nicht gerade platzsparend zusammenfalten lässt, ist Busfahren eine Herausforderung – und jeder entwickelt hier seine eigene Überlebenstaktik, um sich auf seinem halben Quadratmeter häuslich einzurichten. Auf dem Sitz kann man erkennen, wer erfahrener Langstreckenpendler ist und wer nur mal eben zum Sonderpreis mitfährt. Sind Gepäckstücke spurenlos unter Sitz und Kopfleiste verstaut? Die Jacke säuberlich gefaltet? Oder herrscht apokalyptisches Chaos?

Ein Koffer, ein Rucksack, eine Handtasche, eine Tüte voller Essen, Mitbringsel für die Oma, ein Schal, ein Regenschirm, eine Wasserflasche, ein Handy und ein Geldbeutel – all das habe ich auf einer durchschnittlichen Reise dabei. Wie soll man da den Überblick behalten? Es ist kein Zufall, dass »Ich packe meinen Koffer« ein geeignetes Spiel für Gedächtnistraining ist.

Meine ersten Busreisen waren von einem konstanten Gewühle bestimmt. Ich fand nichts, saß auf vielem und knüllte Pulli und Schal in kleine Bündel zusammen, die ich unter den Sitz stopfte. Mein Gepäck hing anfangs an mir herunter oder quoll über den Sitz Richtung Gang und Nachbar hinaus. Handy und Ladekabel waren grundsätzlich nie in der gleichen Tasche, und manchmal fuhr das Kabel im Gepäckraum mit, während meinem Handy obendrüber der Saft ausging. Heute bin ich ein bisschen organisierter. Trotzdem passiert es mir immer noch, dass ich im kühlen Hauch der Klimaanlage sitze, während der warme Pulli wohlverstaut im Koffer liegt.

Die Reise, auf der ich nichts fand, aber dafür alles vergaß

Frühmorgens zu reisen ist besonders brutal: Alles kommt mir kälter, anstrengender und länger vor. Die Zeit verrinnt nicht, sie rieselt wie Staubflocken. Ich sollte eigentlich bewusstlos im Bett liegen. Stattdessen stehe ich viel zu früh an einer Bushaltestelle im Nebel und fühle, wie die Kälte meine Zehen taub werden lässt. Es ist ein trüber Morgen im Herbst, meine Augen sind noch halb zu. Ich habe im Morgengrauen gepackt, ein paar Kekse in die Tasche geschmissen und mir meinen Schal um den Kopf geschlungen.

Als der Bus aus dem Nebel auftaucht, lasse ich mich einfach von der Herde treiben, hieve meine Koffer auf die Ladefläche und vergrabe mich auf einem der hinteren Sitzplätze neben einem schlafenden Mädchen. Setze ich mich vor 8.30 Uhr irgendwo hin, stehe ich aus Prinzip so schnell nicht mehr auf.

Der Bus ist ruhig, ans Fenster tropft Regen, und mein Kopf ist noch ganz in Watte gehüllt. Um mich herum ist mein Chaos verteilt: eine Tasche, zwei Tüten, eine Handtasche, eine Wasserflasche und ein Regenschirm. Alles stopfe ich relativ provisorisch irgendwie um und unter den Sitz, sodass meine Beine auf einer Gepäck-Tüten-Konstruktion liegen und ich jedes Mal an irgendetwas anstoße, sobald ich mich bewege. Den Schal habe ich mittlerweile zur Decke umfunktioniert und bin kurz davor, meine Position gemütlich zu finden. Plötzlicher Ruck von vorne. Mein Gepäck klemmt mir die Knie zwischen die Sitze, der Regenschirm verabschiedet sich seitlich. Ich habe

RUCKMOMENT, DER

Unschöner Überraschungseffekt auf Busreisen, in dem sich der Vordersitzer spontan für ein Nickerchen entscheidet und dem Hintensitzer die Rückenlehne ruckartig in den Schoß katapultiert. Führt nicht nur zu Verbrennungen dritten Grades inklusive Kaffeeflecken, zerquetschtem Mittagessen und herunterfallenden Laptops, sondern allgemein unmenschlicher Einschränkung des Lebensraumes auf der anderen Seite. Als einziger Ausweg bleibt dem Hintersitzer das Zurückstellen des eigenen Sitzes, das sich von dort dominoähnlich in die hinterste Reihe fortsetzt (→ Arschkarte).

Verständnis für Menschen, die um diese Uhrzeit schlafen wollen, nur nicht für Menschen, die das auf meinem Schoß vorhaben. Ich grabe mich aus dem Gröbsten heraus, beuge mich in den Gang und wische unkoordiniert mit der Hand auf dem Boden herum, bis ich den Regenschirm finde und an langen Fingern zurück zum Platz ziehe. Dabei zerknautscht meine Nase am Rücksitz meines Vordersitzers. Ich murre kurz in den Sitz hinein (zu müde für Streit) und wende mich meiner Tasche zu. Frühmorgens beim Busfahren der einzig akzeptable Zustand: Musik hören und sich irgendwo zwischen Schlaf- und Wachzustand treiben lassen.

FLASCHENGEIST, DER

Herrenlose Wasserflasche, die, über den Teppich rollend oder unter Gepäck versteckt, gezielt fremde Beine ansteuert. Wird die eigene wiedergefunden, scheint sie sich auf geisterhafte Weise geleert zu haben. Der Finder muss sich fragen: trinken oder nicht? Profis beschriften Wasserflaschen mit Namen und Adresse.

Musik also. Wo ist das Handy? In der Manteltasche? Der Mantel ist links neben mir zusammengefaltet und zwischen Sitz und Fenster gestopft. Meine Bewegungsfreiheit ist durch Gepäck und Vordersitz extrem eingeschränkt. Mit unnatürlich verdrehtem Arm ziehe ich den Mantel heraus, falte ihn, so gut es auf zehn Zentimetern geht, auf dem Schoß auseinander, bis er mir über den Kopf wächst, fingere blind nach der Tasche, ertaste das Handy. Mit ruckartigen Bewegungen stopfe ich den Mantel zurück. Ich sitze eingeklemmt auf meinem Gepäckberg, beim Mantelrangieren entgleitet mir der Fuß, die Wasserflasche fällt – und rollt bis nach vorn. Es ist noch vor 8.30

Uhr, und ich überlege ernsthaft aufzustehen. Entscheide mich jedoch dagegen, beim nächsten Gasgeben kommt mir die Wasserflasche zwischen fremden Füßen sicher gleich entgegengerollt. Zweites Problem: Der Handy-Akku ist fast leer. Wo war noch mal das Ladekabel? Ich krame zwischen Schal und Proviantüte in der Handtasche. Nichts.

MEERESGRUNDPRINZIP, DAS

Ungeschriebenes Gesetz, das besagt, dass sich der gewünschte Gegenstand immer im untersten Teil der Tasche befindet. Dort versteckt er sich so lange, bis der Inhalt vom entnervten Besitzer entweder komplett auf den Boden entleert oder ein- bis dreimal umgepflügt wird.

Mittlerweile ist mein halbes Gepäck durchgewühlt, ich fange an zu schwitzen und bin weit von sanftem Halbschlaf entfernt. Ich ziehe die Tragetasche unter dem Sitz hervor. Ich krame nicht mehr, ich wühle – durch Klamotten, Bücher und Kosmetiktäschchen. Da ist es, ganz unten, das Ladekabel.

Ein Bündel zu meinen Füßen, der Schal schlängelt sich unregelmäßig um mein Bein. Der Magen grummelt, es ist Zeit

U-BEINE, DIE

Beinstellung, die durch im Fußraum platziertes Gepäck auftritt. Einziger Ausweg bleibt die frontal breitbeinige Auslagerung der Füße. Praktisch, da sich das Ladekabel, Snacks oder die Jackentasche unmittelbar erreichen lassen, ohne dass man die Tasche mühsam unter dem Sitz hervorziehen muss. Aber spätestens nach der zweiten Ausfahrt setzen Wadenkribbeln und Kniescheibenstarre ein.

für Frühstück. Immerhin: An Proviant habe ich gedacht. Beim Griff in die Tasche stellt sich aber heraus, dass die Kekspackung nicht nur halb leer, sondern ihr Inhalt auch völlig pulverisiert ist. Egal. Ich schlürfe Keks aus der Packung, es krümelt. Auf den Schal, den Sitz, mein Gesicht und in mein T-Shirt hinein. Genug. Ich beschließe aufzuräumen, die Krümel auf dem Sitz und ganz allgemein in meinem Leben.

Ein Teil meines Gepäcks, das mit Laptop und Ladekabel, kommt unter den Sitz, eingekästelt von der Provianttüte, Regenschirm und Schal. Es ergibt sich ein tetrisähnliches Konstrukt zu meinen Füßen, das ich mit den U-Beinen umschließe. Ladekabel, Wasserflasche, Pulli: Was auch immer ich

»JA NICHTS VERGESSEN!«

Gedanke, der sinuskurvenförmig verläuft: Kurz nach der Abfahrt wird hysterisch in der Tasche gekramt (»Scheiße, wo ist mein Perso/Ladekabel/Handy?!«), um dann zu entspannen. Kurz vor Ankunft geht die Kurve wieder nach oben (»Hab ich auch unterm Sitz geschaut?«).

BUSHEIMER, DAS

Gedächtnisschwäche, die nur auf Busreisen auftritt. Betroffene beginnen, systematisch Gegenstände zu verlegen. Erkennbar ist dieses Krankheitsbild an der charakteristischen Wühltechnik, mit der sich Betroffene um ihren Sitz herumgraben, um das verlorene Gut zu finden. Nicht selten übertreten sie dabei die Grenzen des Persönlichkeitsrechts und finden sich unter fremden Sitzreihen wieder. Leider tritt diese neurologische Störung zyklisch auf, das heißt, sobald ein Gegenstand wiedergefunden wird, ist oft bereits der nächste verlegt.

in den kommenden Stunden brauche, befindet sich in der hintersten Tasche, die ich erst hervorziehen und dann durchwühlen muss. Ich überlege, ob es sich lohnt, in eine Hüfttasche oder einen Brustbeutel zu investieren.

Kurz vor der Ankunft durchzuckt mich abermals panisch der Gedanke: Ist das Handy da? Das Ladekabel? Ein letztes Mal noch krame ich mich durch mein sorgfältig geschichtetes Universum. Das Ladekabel ist ganz unten. Ich schultere meine Taschen, Tüten und den Müll und wickle mir den Schal ums Gesicht. Als ich endlich aussteige und Richtung Bahn laufe, höre ich eine Stimme rufen: »Sorry, ist das dein Koffer?«

Hautnah

Die Grenzen der Nachbarschaft

Der Bus ist ein Ort zum Gehenlassen: Schuhe aus, Jogginghose an. Vielleicht liegt es daran, dass für manche die Grenzen der Intimität verwischen. Auf dem Weg von Heidelberg nach Köln gegen 10.30 Uhr: Neben mir sitzt eine Frau, die sich gerade ihr Gesicht aufmalt. Ihre gesamte Morgentoilette, von den Nägeln (!) bis zur Wimper, dauert etwa vierzig Minuten. Sie malt und zupft, ich lese und starre. Zum Schluss legt sie eine großzügige Parfümwolke über sich und unsere Reihe. Sie prüft noch mal, der Lidstrich sitzt. Kurz schürzt sie die Lippen, verstaut dann ihre handgepäcksgroße Kosmetiktasche unter dem Sitz und nimmt eine Zeitschrift zur Hand, als wäre nie was gewesen. Eine halbe Stunde später zwickt sich ein breitschultriger Mann vier Reihen vor uns die Nägel. Hab ich da irgendwas nicht mitgekriegt? Ist das jetzt normal?

Ich liebe ja das Familiengefühl im Bus: das gemeinsame Reisen, zusammen leiden und irgendwie miteinander auskommen müssen. Aber in jeder Familie braucht es Hausregeln. Es gibt Dinge, die gehen, und Dinge, die gehen nicht. Während der YouTube-reifen Schmink-Tutorials auf dem Nachbarsitz frage ich mich, ob mir das jetzt zu viel ist oder ob ich irgendwie verklemmt bin, weil ich meiner Nachbarin nicht auch längst meine Nagelreste in den Schoß schnippe. Intimität ist wunderbar, aber sie hat Grenzen.

Das gilt auch für Menschen, die ich gut kenne: Ich finde es schön, wenn ich mit meiner Familie verkatert im Bademantel frühstücken kann, ohne dass es einen stört. Oder wenn ich verheult vor der Türe stehe und darauf zählen kann, in den Arm genommen zu werden. Weniger schön finde ich es, mit der gesamten Familie nackt campen zu gehen. Grenzen gibt es auch in einer Beziehung: Ich finde es schön, wenn mein neuer Freund mich zum ersten Mal mit Schnupfen sieht und trotz-

SCHMINKE-INKE, DIE

Nebenerscheinung der Fernbeziehung (→ Knutschwolke), bei der ein weiblicher Fahrgast etwa zwanzig Minuten vor Ankunft beginnt, den Bus kurzzeitig zum rollenden Schminktisch umzufunktionieren. Ungeachtet von Schlaglöchern und Überholmanövern gelingt es ihr, sich mit sicherer Hand großflächig ihr Gesicht aufzumalen/die Nägel zu lackieren/die Haare zu machen, um dann ihrem »Schatz« als perfekt frisierter Schwan in die Arme zu fallen. Führt gesamte Stylistenausstattung inklusive Parfüm/Deo (→ Parfümschleuder) und Alternativoutfit im Handgepäck mit sich. Zieht regelmäßige Seitenblicke von Mitfahrern auf sich, die fasziniert die Verwandlung beobachten.

dem küsst. Weniger schön ist, wenn er sich aufs Sofa fläzt und mit den Worten »Boah« erst mal einen fahren lässt. Manchmal ist die Grenze hauchdünn, aber sie ist auf jeden Fall vorhanden.

Normalerweise kann diese Grenze jeder selbst definieren. Es gibt Paare, die nach zehn Jahren noch nie voreinander gepinkelt haben, und solche, die ab der ersten Woche die Badezimmertür auflassen. Jedem das Seine. Im Bus aber hat diese Grenzen niemand deutlich definiert. Für manche ist der Bus so was wie ein verlängertes Badezimmer. Sie fühlen sich darin ein bisschen zu wohl. Das liegt auch daran, dass der Bus ein undefinierter Zwischenraum ist: Er ist weder Büro noch Zuhause. Trotzdem ist er öffentlich.

Ich finde es schön, dass hier alles ein bisschen weniger förmlich ist. Das muss auch so sein: Keiner kann auf 0,5 Quadratmetern acht Stunden verbringen und komplett die Contenance bewahren. Wir schlafen, krümeln, schnarchen und stolpern im Bus. Und wir lernen uns dabei verdammt gut kennen.

Vielleicht ist das eine gute Regel: Was man nur vor Familienmitgliedern machen würde, sollte man nicht unbedingt im Bus machen. Und was man vor dem Partner in den ersten sechs Monaten nicht machen würde, erst recht nicht. Ich schaue den Mann an, der sich vorne rechts gerade die Fingernägel stutzt. Irgendwie habe ich das Gefühl, als hätte er das beim zweiten Date wahrscheinlich auch schon gemacht.

6. Trockenbrot und Totgekühltes
Kulinarische Genüsse

Frankfurt – Tübingen. Eine ältere Dame während der Fahrt zum Fahrer: »Haben Sie auch belegte Brötchen?« Er: »Ja, aber die ess ich selbst.«

In einer idealen Welt wäre es so: Ich würde die Brote schon frühmorgens schmieren, während die Stadt vor meinem Fenster aufwacht, duftende Sauerteigscheiben in Butterbrotpapier einschlagen und ein paar Servietten dazulegen. Vielleicht schriebe ich dann »Salami« darauf oder »Kresse«. In einer idealen Welt hätte ich natürlich beides im Kühlschrank. Ich würde ein paar knackige Äpfel waschen, wie selbstverständlich in gleich große Schnitze schneiden und vielleicht noch einen kleinen Salat in Tupperware mitnehmen, für die Gesundheit. In der Realität jedoch träume ich von Apfelschnitzen und beiße in etwas, das wenig mit ausgewogener Ernährung zu tun hat. Ich bin ein fehlbarer Mensch, und zu meinen Fehlern gehört, dass ich, statt Apfelschnitze zu schneiden, noch mal auf den Snooze-Button drücke.

Die zwei wichtigsten Fragen, die sich vor der Abfahrt stellen, sind: »Wo ist das Ticket?« und »Habe ich auch genug zu essen dabei?«. Eine Reise ohne Verpflegung erscheint mir völlig sinnlos. Es ist doch eigentlich der Höhepunkt der Reisevorbereitungen, sich unverhältnismäßig mit Verpflegung einzudecken, um sich dann in wenigen Stunden körperlicher Nichtaktivität durch ganze Wochenvorräte an Snickers, Gebäck und Chips zu fressen – das ist, zusammen mit der Musikauswahl, das Highlight jedes Roadtrips. Essen scheint das unangefochtene Recht, wenn nicht sogar die Pflicht des Reisenden zu sein. Vielleicht ist es die Luft, das Schlaraffenlandangebot von sonst nur unter Gewissensbissen in den Einkaufswagen wandernden Süßigkeiten an der Tanke, die Inspiration auf dem Nachbarschoß oder der Belohnungsmechanismus (»Wenn ich mich schon um sechs aus dem Bett quäle, um mich in einen zu weichen Sitz zu quetschen, dann …«). Was auch immer dahinterstecken möge, fest steht: Nie esse ich so viel wie auf Busreisen. Wissenschaftlich betrachtet macht das Sinn: Während ich mich als Fahrgast im Bus scheinbar bewegungslos durch die Filmauswahl scrolle, lege ich auf der Straße im Schnitt schließlich hundert km/h zurück – und verbrauche dabei Unmengen an Energie.

ZUCKERSCHOCK, DER

Resultat allgemein erhöhter Snacklust auf Reisen und dem kulinarischen Angebot im Bus. Über mehrere Stunden verteilt wächst durch Mangel an Beschäftigungsalternativen der Essensdrang, wodurch auch ein totgekühltes Mars aus der Tiefkühlbox des Fahrers oder andere traurige Rastplatzsnacks immer attraktiver werden. Dabei dreht sich die Ernährungspyramide um: Interessant werden langsam, aber sicher Zucker, Fett und Ketchup, sehr uninteressant hingegen Salat, Obst und Keimlinge. Schuld könnte diese Sonderregel sein: Im Urlaub (und Reisen ist Urlaub) werden keine Kalorien gezählt. Führt, neben einem ungleichmäßigen Herzschlag, zur Verschärfung des → Müllproblems.

Busfahren hat mit gesunder Nahrung wenig zu tun. Unterwegs hat man nicht Hunger, sondern Heißhunger. Besonders schlimm ist das, da man ständig vom Essen anderer umgeben ist.

WURSTBROTFALLE, DIE

Spezielle Form von Futterneid, die durch den mitgebrachten Proviant anderer Passagiere ausgelöst wird. Faustregel: Einer von ihnen hat immer, immer ein Wurstbrot oder anderes Vesper dabei, dessen Duft irgendwann die eigene Nase erreicht. Führt zu Magenknurren, Frustkauf beliebiger Riegel beim Fahrer oder völliger und sehr schneller Vernichtung der eigenen Snackvorräte (→ Zuckerschock). Wirklich Abhilfe gäbe es aber nur, dürfte man beim Nachbarn einfach mal kräftig abbeißen.

Ich tappe auf der Fahrt meistens in einen gefährlichen Kreislauf: Nach etwa fünfzehn Minuten des Stillsitzens setzt die erste Heißhungerphase ein. Eigenvorräte werden verzehrt. Nach weiteren fünfzehn Minuten isst jemand ein appetitlich belegtes Brötchen. Futterneid. Ich horte alles Essbare auf dem

MÜLLPROBLEM, DAS

Auf wenigen Quadratzentimetern Platz ist es nur eine Frage der Zeit, bis sich jeder Millimeter mit Snickers-Verpackungen und Apfelbutzen gefüllt hat. Ist der Bordmülleimer voll oder außer Reichweite, sind eigene Lösungsansätze gefragt: Verdrängungstaktik (alles zurück in die Tasche), Babuschka-Methode (das Nächstkleinere in das Nächstgrößere) oder Kindergarten (alles auf den Boden).

Schoß und vernichte systematisch alles von Apfel bis Zimtstern. Viel ist es meistens nicht. Deshalb setzen an dieser Stelle meist Ersatzhandlungen ein (WhatsApp, Nägelkauen, Fensterstarren). An der Raststätte kaufe ich eine Bifi. Dreißig Minuten später isst jemand Schokolade. Erneute Welle von gnadenlosem Futterneid. Beim Fahrer kaufe ich einen Schokoriegel. Zuckerschock. Jetzt wieder was Herzhaftes? Dieser Kreislauf führt, neben dem ungleichmäßigen Herzschlag, zu erhöhter Kariesgefahr.

Die unmittelbare Nähe zu anderen Fahrgästen erschwert die Nahrungsaufnahme noch auf andere Weise: Ich fühle mich beim Essen beobachtet. Das führt zu Konfliktgefühlen, die sich zwischen Fresslust und Selbstverbot bewegen: Nein, nein, ich habe vielleicht gerade einen Joghurt großflächig auf meinem Schoß verteilt, aber das heißt nicht, dass ich den nicht ganz schnell mit dem Löffel … Soll ich nicht noch ein Schokobon? Oh, da guckt der Karottenfresser schon wieder so abwertend von der Seite … Egal, soll der ruhig blöd gucken, ich ess jetzt noch eins …

KRÜMELZONE, DIE

Die Welt teilt sich in Menschen, die krümeln, und Menschen, die nicht krümeln. Im Bus wird sofort erkennbar, wer zu welchem Lager gehört. Erstere verteilen innerhalb kürzester Zeit in einem Radius von dreißig Zentimetern großflächig Brotkrumen, Keksbrösel und andere pulverisierte Nahrungsmittel. Landen sie auf dem Nachbarschoß eines Nichtkrümlers, werden sie mit energischer Geste vom fusselfreien Bein gewischt. Glück: Wenn zwei Krümler sich treffen, einen sich ihre Krümelzonen zu einer Speiseresteföderation. Ihr Nachlass piekt nachfolgende Fahrgäste noch stundenlang am Hintern.

Die Unvorhersehbarkeit von Fahrstil und Straßenbeschaffenheit sowie die unnatürliche Nähe zum Nebensitzer addieren sich zur allgemeinen Platzproblematik, die Essen an sich zur Herausforderung macht. Niemand kann wie ein arthritischer Neunzigjähriger über seinen Proviant gebeugt Schlürf- oder Kaugeräusche vermeiden, ungesehen mit den Haaren ein paar Krümel auffangen und sich ungestört Schokoflecken aus dem Pulli reiben. Sehen wir es positiv: Man lernt sich ganz ungezwungen kennen.

Heiße Maroni mit Caprisonne

Das Zufallsmenü

Berlin – Köln. Wir sind gerade fünf Minuten unterwegs, da bewegt sich ein junger Mann mit Beanie Richtung Snack-Kühltruhe. Nach kurzem Wortwechsel mit dem Fahrer kommt er mit enttäuschtem Gesicht zurück. Er zu seinem Freund: »Die haben noch nicht mal Twix.« Darauf sein Freund: »Sind wir hier in Ostberlin?«

Es ist offensichtlich: Ich bin kein besonders organisierter Mensch. Nirgendwo ist diese Schieflage meiner inneren Beschaffenheit so ersichtlich wie im Fernbus. Überall in meinem näheren Umfeld rascheln Tüten, aus denen es duftet, zufriedene Menschen beißen in ihre Brote und Brezeln. Ich starre auf das zusammengewürfelte Snackangebot in meiner Tasche.

Was ich im Bus esse, entscheidet dasselbe Last-Minute-Zufallsrädchen, das auch sonst mein Leben gestaltet. Ist noch Käse im Kühlschrank? Sind Nachos in der Vorratskammer? Laufe ich an einer Dönerbude vorbei oder an einem Straßenverkäufer mit heißen Maroni? Kulinarisch bin ich im Niveau flexibel. Mein Busessen ist Zufallsessen. Die eigenwilligen Kombinationen, die in meinen Mund wandern, werden von meinen Mitfahrern nicht selten amüsiert bestaunt.

Manche essen im Bus organisiert (Typ Karottensticks), andere sind mehr der Punk. Mir ist der Punk viel lieber. Denn das Zufallsmenü erzählt auch immer eine unterhaltsame Geschichte: Hat jemand auf einer WG-Party Hackbällchen abgestaubt? War zu Hause Familienfeier, und jetzt gibt es Geburtstagskuchen zum Mittag? Ist derjenige über den Weihnachtsmarkt zum Bus gesprintet und hat eine Tüte heiße Mandeln dabei oder doch Lahmacun von der Sonnenallee? Menschen, die essen, was da ist, haben eins verstanden: Ein schlechtes Menü gibt es nicht. Sie geben die Kontrolle ab und überlassen dem Zufall, was in ihrem Magen landet. Ihre Proviantüte gibt ihrem Gegenüber eine Kostprobe von ihrem Leben.

Wenn also neben mir jemand Hackbällchen und ungeschälte Karotten auspackt, während ich in eine alte Kinopopcorntüte greife, ist das der Beginn einer wunderbaren Busfreundschaft. Wir wissen beide sofort: Bei uns ticken die Uhren ähnlich. Wir heften unsere Bankbelege nicht gleich ab, haben uns über die Rentenversicherung noch nicht genügend Gedanken gemacht – und werden trotzdem satt. Das Zufallsmenü ist der Triumph der Unorganisierten. Bei uns klappt es nur knapp – aber es klappt.

Merkwürdige Kombinationen verschiedener Essensreste, die ich im Bus schon gegessen habe:

- Ein Osterei und eine Handvoll Schokorosinen
- Eine Tomate und drei Snickers
- Kalte Pizza vom Vorvortag

- Rote-Bete-Salat und Chickenwings
- Banane und Erdnussflips
- Falafel und saure Apfelringe
- Vertrockneter Blaubeermuffin und Schokomilch
- Reiswaffeln und Briespitze
- Currywurst und Radieschen
- Erdnüsse und Gummibärchen
- Heiße Maroni und Caprisonne
- Gebrannte Mandeln und Bifi

In voller Fahrt

Ich und mein Snickers

Ganz im Zeichen der Selbstoptimierung plane ich, für die nächste Busfahrt eine sorgsam befüllte Tupperbox mitzunehmen. Am Tag der Abreise habe ich aus unvorhersehbaren Gründen genau zehn Sekunden Zeit, um aus den Resten meiner Küchenvorräte brauchbaren Proviant zusammenzustellen. Soll ich die gut durchgereifte Banane und eine halbe Tüte Chips zusammen mit dem Joghurt und den Rosinen in die Tupperdose packen? Ich entscheide mich dagegen. Stattdessen kippe ich einen Salat vom Vortag hinein und denke in den verbleibenden 0,3 Sekunden sogar an die Gabel. Ein warmes Gefühl in der Magengegend setzt ein, so fühlt sich also Erfolg an. Ich bin jetzt einer von ihnen, den Apfelschnitzschneidern und Gabeleinpackern.

Stolz will ich meine gesunde Snackalternative im Bus präsentieren und hebe erwartungsvoll den Plastikdeckel an. Leider bietet sich kein besonders eindrucksvolles Bild: Der Salat ist durch den Transport zu einem unappetitlichen glitschigen

Etwas verschmolzen. Die Rote Bete ist außerdem in die Tasche gesuppt, offenbar habe ich die Dose nicht richtig verschlossen. Die ganze Brühe tropft mir auf den Schoß. Hektisch hantiere ich mit einem Tempotaschentuch herum. Bedrückende Stille von meinem Nebensitzer rechts. Jetzt ist es auch schon egal, denke ich und tupfe auf meinem Schoß herum, bis sich meine Gabel unter den Sitz verabschiedet. Der Fahrer beschleunigt, die Gabel ist weg – für immer. Es ist sehr unschön, einen Salat unter Beobachtung mit den Fingern zu essen, und ich gebe auf. Ich wische mir die Finger an der Jogginghose ab, lasse die Tupperdose unauffällig wieder in meiner Tasche verschwinden und warte geschlagen auf die nächste Ausfahrt. Genau jetzt entscheidet sich mein Nebensitzer, sein ordentlich geschmiertes Wurstbrot zu präsentieren. Wann steigt dieser Unsympath endlich aus? Ich drehe mich zum Fenster und versuche das Geschehen um mich herum auszublenden. Nach zwei Stunden meint es das Schicksal schließlich gut mit mir. An der nächsten Haltestelle gibt es einen kleinen italienischen Kiosk. Ich kaufe mir Kaffee und ein Panini. Endlich. Von meinem Sitz duftet es herrlich nach warmer Milch und Parmaschinken. Mein Nachbar kommt ganz ohne Proviant zurück. Er setzt sich und guckt auf mein frisch getoastetes Brot. Ich glaube, er würde gerne mal abbeißen.

Falafeltasche

Mein Leibgericht!

Gegen Mittag in Berlin. Ich verlasse wie immer ohne Apfelschnitze das Haus, auch für die Resteverwertung der Süßigkeitenschublade bleibt dieses Mal keine Zeit, von Frühstück ganz zu schweigen. Auf dem Weg durch Neukölln scheint meine einzige Rettung ein Falafelladen zu sein. Unter den müden Augen des Dönerbudenbesitzers brutzeln die kleinen Bällchen eine gefühlte Ewigkeit im Fett, während der Minutenzeiger gefährlich weitertickt und ich immer unruhiger werde. Doch meine Mission glückt. Als ich mich endlich irgendwann auf dem Bussitz niederlasse, bin ich unglaublich hungrig und will den Falafelteller, der mir schon in der U-Bahn verheißungsvoll aus der Tasche entgegenduftete, essen. Jetzt sofort. Ich ignoriere die Schnupperbewegungen meines Platznachbarn, greife unter dem unauffälligen Seitenblick meines Mitfahrers in die Tasche – und ziehe meine Hand von Hummus bedeckt wieder hervor. In meiner Tasche war, vermutlich beim letzten Sprint zum Anschlussbus, ein halbes Fladenbrot voller kleiner Falafelbällchen explodiert. Von der Seite bekomme ich stummen, kleinbürgerlichen Ekel zu spüren. Aus ordentlich gefüllter Tupperware stiert mir die Verachtung entgegen. Ich lasse das Malheur dort, wo es sich zugetragen hat, und warte unter Magenknurren zwei Stunden bis zur nächsten Ausfahrt. Geschützt von der Anonymität des Rastplatzes knie ich hinter dem Hähnchenstand, um das Falafelmassaker zu beenden. Leider tobt ein ziemlich heftiger Sturm, und in einem unachtsamen Moment trägt ein besonders forscher Windstoß mein Essen davon. Ich berge unter den Blicken einiger irritierter Lkw-Fahrer das letzte Falafel aus dem Busch. Ich fühle mich widerlich, verroht und verachtenswert. Dann, als ich mir den restlichen Hummus an der Hose abwische und die Alufolie in meiner Hand vom Wind erzittert, während alle anderen sich mit ihren Kaffees und Wurstbroten am Bus zum Einstieg bereit machen, wird es mir endlich bewusst: Es macht keinen Sinn, sich gegen sein Schicksal zu wehren. Nächstes Mal kaufe ich mir wieder Snickers.

Der perfekte Proviant

München – Berlin. Fahrer, als ein Fahrgast den dritten Cappuccino bestellt: »Junger Mann, das hier ist keine Kaffeefahrt.«

Auf der Rückfahrt von Heidelberg nach Berlin. Ich schaue in meine Tüte und sehe lauter Boxen und Butterbrotpapiere gefüllt mit Köstlichkeiten: Brötchen mit Salatblatt und Kresse, ein kleiner Schokoriegel, Rote-Bete-Salat, Nudelsalat, Radieschen. Endlich habe ich es geschafft. Stundenlang kann ich nun Dinge essen, bei denen jede Rastplatz-Currywurst beschämt in die Mikrowelle zurückwandern würde. Ich habe Apfelschnitze dabei! Nicht einfach nur lieblos in den Beutel geworfenes Fallobst, sondern mit scharfer Klinge filetierte Scheiben. Und sogar Karottensticks, den Snack der Supermodels und Ökokistentreuekunden! Ich fühle mich gut. Kein Falafelmassaker in der Tasche, keine vertrocknete Brezel und keine halbe Tüte Gummibärchen, kein Versuch, Salat mit den Fingern zu essen. Die Snacksituation habe ich voll im Griff. Sind das anerkennende Blicke auf meiner elegant getrimmten Karotte? Zufrieden krame ich nach den Apfelschnitzen. Auf der weißen Tüte steht: Gute Fahrt. Meine Mutter, die mir seit zehn Jahren kein Schulbrot mehr gemacht hat, hat sich dieses Mal wirklich selbst übertroffen.

Zwei Hamsterbacken

Neben mir sitzt ein hagerer Mann in grünen Cordhosen. Er trägt Trekkingschuhe und eine schwarze Fleecejacke, die so aussieht, als hätte sie schon viele Reisen überstanden. Vor ihm liegt ein Nokia, Generation Dino. Er schenkt sich seit einer Stunde immer wieder Tee aus einer großen Thermoskanne ein. Es riecht nach Bergkräutern. Er könnte auch unterwegs in die Alpen sein, doch er sitzt im Bus nach Berlin. Gerade schiebt er sich sein zweites Duplo rein.

Er ist mir sympathisch, allein deshalb, weil er dauernd isst. Da haben wir schon die erste Gemeinsamkeit. Meine Tasche ist prall gefüllt. Die Fahrt ist lang, und mein Kühlschrank war voll. Ich habe einen Rest Chips, mehrere Brötchen, ein halbes Croissant, Apfelschorle und Joghurt dabei. Acht Stunden bis zum Ziel. Es kann losgehen. Langsam fresse ich mich durch meine Vorräte. Mein Nachbar ist ähnlich gut versorgt. Auf wundersame Weise zieht er in etwa zwanzigminütigen Intervallen irgendwas zu essen hervor. Kaum ist ein Snack verputzt, packt er schon den nächsten aus. Immer wenn ich denke, jetzt ist er fertig, greift er erneut in eins der zahlreichen Fächer seines Multifunktionsrucksacks.

Unfreiwillig wird unser Busgemampfe zur Realsatire. Er holt ein Käsebrot heraus. Ich pelle mein Ei. Er kaut Apfelschnitze. Ich schäle eine Banane. Ich habe das Gefühl, wir sind die Einzigen im Bus, die essen. Plastiktüten rascheln, Butterbrotpapier knistert. Unter uns wächst der Müllberg. Es ist fast wie ein Wettkampf. Aber irgendwann sind meine Quellen versiegt. Ich schaue ihm beim Essen zu. Er schenkt sich erneut Tee ein.

Dann greift er in die Oberschenkeltasche seiner Cargohose, zieht ein Duplo hervor und fragt: »Auch eins?« Hamster halten zusammen.

7. »Ich bin in zehn Stunden da!«

Impulsivität für Anfänger

Samstags, 12 Uhr in Nürnberg. Ein abgehetzter Typ hechtet über den Platz und klemmt sich an die Servicemitarbeiterin vor unserem Bus: »Sorry, aber könnt ich noch schnell ein Ticket kaufen?«

Ein schöner Gedanke: einfach im Altbekannten einsteigen und wo ganz anders wieder aussteigen. Derselbe Gedanke zog wahrscheinlich schon Entdecker über die Meere.

Der Entdecker der Moderne ist der Spontanurlauber. Jemand, der sich in einem kurzen Moment dazu entschließt, nach der Arbeit einfach eine Tasche zu packen und seine Heimat für ein paar Tage zu verlassen. Auch wenn der Spontanurlauber heute keinen neuen Kontinent entdeckt und sich statt Skorbut eher eine Erkältung einfängt, erfordert Spontanurlaub eine gewisse Abenteuermentalität. Und das ist ganz grundsätzlich gemeint: So richtig weiß ja keiner, was passiert, wenn er verreist. Wer sich dann auch noch einfach so entschließt, den Abend nicht in Aachen vor dem Fernseher, sondern in einer Hamburger Hafenkneipe zu verbringen, ist schon ziemlich nah dran am Abenteuer.

Spontanurlauber erwartet man im Bus allerdings nicht unbedingt: Hier sitzen die kalkulierten Pendler, die vernünftigen Sparpreisfahrer, die treuen Fernbeziehungshälften und all jene

Eventfans, die von Konzerthalle zu Konzerthalle schaukeln. Dabei kann hinter jedem einzelnen dieser Typen von Mitfahrern ein Spontanurlauber stecken. Der Bus ist das perfekte Spontaneitätsvehikel für vorsichtige Abenteurer: Es ist nicht so teuer, und die Reiseziele klingen, anders als am Flughafen, nicht nach Heimat und trotzdem angenehm vertraut. Busfahren macht Spontanverreisen für alle möglich: arme Studenten, Frischverliebte und Pfennigzähler.

Spontanverreisen passiert gerne an Tagen, an denen einem der Alltag besonders grau vorkommt. Meist gibt es einen Auslöser, den letzten Tropfen, der das Fass zum Überlaufen bringt. Eine SMS, der Anruf eines guten Freundes, dessen Stimme man vermisst hat, eine Nachricht auf Facebook, dass jemand Tickets für das Konzert der Lieblingsband in einer anderen Stadt übrig hat oder ein Wetterbericht, der ein verregnetes Wochenende voraussagt. Dann packen Spontanverreiser schnell ihre Tasche, klicken auf ein paar Symbole und machen sich auf den Weg zur Haltestelle, ganz ohne den Kühlschrank abzutauen.

Anleitung zum Spontanverreisen

»Haben uns getrennt.« Die SMS von meinem besten Freund reißt mich aus der Samstagslethargie. Ich bin noch im Schlafanzug, habe gerade mühevoll den Übergang von Bett zu Sofa vollzogen und starre auf den leuchtenden Bildschirm. »Scheiße«, sage ich in die Stille hinein. Mein Freund kann es nicht hören. Wir fangen an zu tippen, und nach einer Viertelstunde ist klar, er braucht Sofortbetreuung, nicht am Telefon, sondern am Tresen. Ich überlege. Mein Wochenende ist frei bis auf ein Frühstück. Er ist in Wien, ich in Berlin. Uns trennen neun Stunden mit dem Bus. Wir sind uns schnell einig: Heute ist das nicht zu viel. Ich scrolle durch Abfahrtszeiten. In zwei Stunden fährt ein Bus, es gibt noch freie Plätze. Mein Herz klopft.

»Kommst du? Jetzt echt?«, fragt er.

»Ja«, schreibe ich und klicke auf »Buchen«.

Es kribbelt. Ich mache das wirklich. Ich sitze noch ein paar Sekunden auf der Couch, fast wie im Schock. So ist das mit Spontanideen. Ich verabschiede mich innerlich von dem Wochenende, das gerade noch vor mir lag. Ich und das Sofa, ein Film, ein Buch, möglichst wenig bewegen und viel Tee, das seit Langem vereinbarte Frühstück. Stattdessen stehe ich auf und werfe hektisch einen Haufen Klamotten in meine Tasche. Adrenalin schießt durch meine Adern. Ich packe wie nach drei Espresso.

Was ich packe, macht wenig Sinn: zwei Hosen, vier Paar Socken, ein Sommerkleid. Ich werfe eine Tafel Schokolade dazu, mache Musik an und renne durch mein Zimmer. Mit der Dusche kommt die Klarheit zurück. Zurück im Zimmer packe ich Sommerkleid und drei Paar Socken wieder aus und ersetze sie durch zwei Flaschen Wein. Zeit ist relativ, wenn Blut schneller durch die Adern pumpt. Auf der Straße verschwimmt alles zu einem Schleier. Ich laufe Slalom durch die Menschenmasse auf dem Bürgersteig, und fast will ich rufen: »Lassen Sie mich durch! Das ist ein Notfall!« Mein Schritt ist bestimmt, ich habe eine Mission: Ich will zum Bus, zu meinem Freund. Und weil ich genau weiß, warum, weil es so dringend ist, fällt mir alles leichter. Das Nahverkehrsverbindungen googeln und in der Kälte warten, das an der Gepäckluke anstehen und durch die Gänge schieben.

Als ich dann tatsächlich auf dem Sitz lande, fühle ich mich

wie ein blinder Passagier. Ich schaue mich um, nach rechts und nach links. Keiner merkt etwas. Keiner weiß, dass der Bus für meinen besten Freund heute ein Rettungswagen ist. Ein Mann beißt unbeeindruckt in sein Käsebrot, eine Mutter zeigt nach draußen auf die Wolken, während ihr Kind mit seinem Blick ihrem Finger folgt. Ein normaler Samstag, Menschen in den Straßen fahren zum Einkaufen, trinken Kaffee oder schauen Fußball. Die Welt geht gewohnt ihren Gang. Nur ich bin statt auf dem Sofa plötzlich am Fenster, sechste Reihe links.

Unterwegs sage ich meine Frühstücksverabredung ab. »Bin auf dem Weg nach Wien.«

Meine Freundin schreibt zurück: »Wegen T.?«

Sie weiß Bescheid.

Während wir an der klassischen Buskombination aus Seitenstreifen, Buschwerk und Himmel vorbeifahren, denke ich an unser Frühstück, das kleine Café und den Kellner mit dem langen Zopf, an die duftenden Brötchen, die lauten Stimmen und die leise französische Musik im Hintergrund, den Markt mit den bunten Schirmen, die Oliven, die sich türmen, und die leckere Paprikacreme. So wäre es, so ist es noch, genau jetzt. Ich denke an mein Sofa mit der zurückgeschlagenen Decke, die Serie, die ich zu Ende schauen wollte. Mein Wochenende. Stattdessen Ausnahmezustand. Ich mache mir Sorgen um meinen Freund, während wir langsam Kilometer machen. Verbarrikadiert er sich im Zimmer, oder ist er mit einem Kumpel unterwegs? Ich schreibe: »Keine harten Drogen ohne meine Aufsicht.« Durch all die Sorge hindurch freue ich mich auch. Darauf, ihn zu sehen und in den Arm nehmen zu können.

Ein bisschen packt mich dabei auch das Reisefieber.

Es ist ein wunderbares Gefühl, Dinge zu tun, die man eigentlich nicht geplant hat: im November schwimmen. Nachts über Zäune klettern. In Las Vegas heiraten. Einfach so verreisen. Es gibt einen Moment, da macht es klick im Hirn, das ist die Sicherung, der Schalter wurde umgelegt. Plötzlich sagt die Stimme nicht mehr: Das geht doch nicht! Sondern einfach nur noch: Klar geht das. Dieses Gefühl macht glücklich. Im Adrenalinrausch scheint alles möglich, ich bin grenzenlos. Und so sitze ich auf meinem Sitz und grinse einem Bauzaun entgegen. Normalerweise ebbt das Gefühl ab, sobald der Kuchen gegessen, das Eiswasser abgeperlt ist und Elvis seinen Segen geschenkt hat. Am Ende sagt man: Das war schön. Oder: Das war scheiße. Die Spontanreise ist eine Travelsize-Portion vom Adrenalinrausch, der Menschen dazu bringt, im November in Eiswasser zu springen. Sie kann beides sein, Schnapsidee oder großes Glück.

Ich denke daran, wann mein bester Freund und ich uns das letzte Mal gesehen haben. Wie wir unsere Treffen planen, nach Terminkalendern und Klausurplänen, und die Abstände dazwischen immer größer werden. Früher waren es fünf Minuten auf dem Fahrrad. Eine SMS mit Uhrzeit hat gereicht. Aber irgendwann, mit mehr Kilometern zwischen uns und mehr Punkten auf der To-do-Liste, haben wir aufgehört, spontan zu sein. Wir haben ganz vergessen, wie das geht. Dabei geht es doch.

Das Problem mit der modernen Welt: Die Menschen, die man gern hat, wohnen meistens überall auf ihr verteilt. Das Gute an der modernen Welt: Eigentlich sind sie trotzdem nah. Man muss sich nur entscheiden, sie zu besuchen. Auch wenn der Anlass gerade ein trauriger ist, schwöre ich mir, das nicht zu vergessen.

Ich klappe meinen Laptop auf, darauf ist noch eine Serienfolge vorgeladen. Ich stelle den Sitz zurück, knabbere an meiner Schokolade und schaue auf den Bildschirm. Mein Mantel ist die Decke. Ich trage immer noch Jogginghosen. Eigentlich gar nicht so anders als geplant. Nur lege ich mit jeder Sekunde ein paar mehr Meter zurück, anstatt auf dem Sofa zu liegen. Ich habe ein Ziel. Ich schreibe ihm: »Noch sieben Stunden. Wie hältst du dich?« Er schickt mir ein Foto von einer Flasche Bier. Der Bus ist ruhig, die Samstagmorgenstimmung hat sich auf den Sitzen ausgebreitet. Viele schlafen, lesen oder schauen Serien. Die Reise ist normal. Sie weiß ja nichts davon, dass sie eigentlich gar nicht passieren sollte. Zumindest nicht für mich.

Nach der Serie schaue ich noch einen Film. Langsam färbt sich der Himmel. Als der Film zu Ende ist, bleiben noch zwei Stunden. Ich schließe die Augen, träume ein bisschen, und dann sind wir da.

Ich steige aus, es ist Abend. Da steht er, bleich wie Papier, die Augen rot, und lächelt ein bisschen. Ich lächle auch, nicht, weil ich das Gefühl habe, geflohen, sondern genau im richtigen Moment angekommen zu sein.

Alles für die Katz

Es war Anfang des Jahres, da hatte meine Freundin F. einen beschissenen Tag. Es war ein Mittwoch kurz vor einem Brückentag, und wie immer kurz vor Brückentagen war strahlendes Wetter. F. hat einen rothaarigen, sehr strengen Chef und außerdem einen roten, sehr dicken Kater. Ihr Chef war schlecht gelaunt und ordnete an, die Arbeit einer Woche auf drei Tage zu verteilen. Kurz vor der Mittagspause bekam F. eine SMS von ihrer Mutter: Ihr dicker roter Kater, der noch bei den Eltern lebte, sei sehr krank und werde heute Nachmittag operiert – Ausgang ungewiss. F. blickte auf die Papierstapel und Post-its auf ihrem Schreibtisch, auf den Bildschirm und nach draußen, auf den wolkenlosen Himmel. Sie dachte an ihren Kater. Und an ihren Chef.

F. verreist ab und zu mit dem Bus. Zum Beispiel immer dann, wenn sie alle Vierteljahre nach Hause fährt, ihre Eltern in der vier Stunden entfernten Heimat besucht und den sehr dicken Kater streichelt, der auch noch sehr laut schnurren kann. F. tippte ein paarmal auf den Bildschirm. Wegen der Feiertage waren die späteren Verbindungen ausgebucht. Aber am frühen Nachmittag gab es noch ein paar günstige Tickets. Um 15.30 Uhr zum Beispiel. Dann müsste sie ziemlich genau in einer Stunde los. Auf einmal kam ihr der Himmel noch blauer vor.

Sie stand bei ihrem Chef im Büro und sprach von einem familiären Notfall. Sie erwähnte die Worte »dick«, »rot« und »Kater« nicht. Der Chef war zwar mies gelaunt, aber kein schlechter Mensch, also nickte er und seufzte einmal tief. F. buchte das Ticket, verließ ihr Büro mit schnellen Schritten und stand eine knappe Stunde später vorm Bus, der sie nach Hause zu ihrem Kater bringen würde. Sie schrieb ihren Eltern. Irgendwann auf der Strecke dachte sie an die OP und das ungewisse Schicksal ihres Katers. Da musste F. ein bisschen weinen.

»Der junge Mann hat Ihre Tränen nicht verdient«, sagte eine ältere Dame, die neben ihr saß, aufmunternd.

»Der junge Mann ist ein roter dicker Kater«, sagte F. durch ihre Tränen hindurch.

»Oh«, erwiderte die alte Dame.

Der Kater überlebte, und F. verbrachte nach langer Zeit mal wieder das ganze Wochenende bei ihren Eltern, mit dem sich regenerierenden Tiger auf dem Sofa und dampfendem Tee vor ihrer Nase. Am Sonntag fuhr sie mit einem leichten Gefühl zurück, der Erinnerung an lautes Schnurren und ein ganz ungeplant schönes Wochenende. Am Montagmorgen war ihr Chef immer noch schlecht gelaunt und der Papierstapel nicht kleiner, aber es war alles nicht mehr so schlimm. Dafür hatte F. ein neues Motto. Wann immer es ihr auf der Arbeit zu viel wird oder sich eine Freundin bei ihr ausheult, sagt sie nun: »Der junge Mann hat Ihre Tränen nicht verdient.«

8. »Wo ist hier die Steckdose?«

Entertainment auf Rädern

Der Bus rollt, das Gepäck ist verstaut, der Stress vorbei. Zeit, sich zurückzulehnen, zufrieden zu sein darüber, die nächsten paar Stunden einfach so über den Asphalt zu rollen. »Einfach so« bedeutet allerdings unter ständigem Einsatz beliebiger Hilfsmittel, die vor der bald einsetzenden Langeweile retten sollen: Bücher, Handy, Film schauen oder, für alle Nadelstreifenträger, arbeiten. Nichts zu tun zu haben bedeutet: Sitzfolter.

Sonst befindet sich ein Mensch, der Fernbus fährt, nämlich sozial gesehen in einer sibirischen Wüste. Alle tippen, lesen oder schlafen. Wie die Zeit, die man auf dem Klo verbringt, ist eine Busfahrt in den Augen vieler verronnene Lebenszeit, die

WLAN-INFARKT, DER

Fatale Schrecksekunde, in der das WLAN urplötzlich aussetzt. Mögliche Gründe: Einfahrt in deutschen Nadelwald, schlechtes Karma, göttliche Grausamkeit. In besonders netzarmen Gebieten hält die Infarktgefahr die gesamte Fahrt über an und lässt den Busfahrer in einer Art Vorhölle zurück, die ihn nervlich an den Rand des Wahnsinns treibt (lautes Fluchen möglich). Grundregel: Ist das Foto/die Nachricht/das Video fast vorgeladen, setzt das WLAN aus.

man auf keinen Fall mit Nichtstun füllen darf. Was der Busreisende auf der langen Fahrt von Kaff zu Kaff also dringend benötigt, ist Unterhaltung und Kontakt zur Außenwelt. Das lässt sich mittlerweile in einem Wort zusammenfassen: Internet.

Obwohl Busunternehmen die Unterhaltung ihrer Passagiere an jeder Busecke anpreisen (Free Wifi! Mediathek!), ist es doch wesentlich problematischer, als diverse Aufkleber erahnen lassen. Menschen, die sich früher noch vor das Modem knien und die Einwählmelodie mit aufgestellten Nackenhaaren ertragen mussten, wissen, dass das Internet harte Arbeit ist. Wie soll auf der Strecke durch die Ödnis der drahtlose Empfang im Bus gesichert sein, wenn der Einsiedlerhof nebenan noch nicht mal warmes Wasser hat?

NACKENSTOCKEN, DAS

Schmerzender Nacken, der durch konstantes Bildschirmstarren auftritt. Auf langen Busreisen breitet sich dieses Phänomen besonders bei Smartphone-Usern der Altersgruppe bis dreißig wie ein Lauffeuer aus, sodass Betroffene bald mit einer Hand tippen und mit der anderen die Wirbel massieren.

Das WLAN-Signal ist der Pulsschlag der Busfahrt. Es ist überlebenswichtig, verläuft aber ähnlich gleichmäßig wie Kammerflimmern. Fällt das WLAN aus, treten sofort typische Symptome ein: panisches Starren auf den blanken Bildschirm, wildes Tippen auf den Refreshbutton. Es tut sich nichts. Der Draht zur echten Welt ist abgerissen. Genauso gut könnte der Reisende jetzt auch auf einem Einsiedlerhof ohne Warmwasser sitzen.

Ghostwatching und Fensterstarren

Improvisieren im Bus

Auf die Frage, ob ich Stephen Hawkings Biografieverfilmung »The Theory of Everything« gesehen habe, kann ich mit einem klaren »Jein« antworten. Eigentlich wollte ich den Film im Kino sehen, in groß, mit viel Bass, Popcorn und auf einem weichen Sitz. Ich sehe den Film mit Nackenstarre, in klein, ganz ohne Sound oder Popcorn im Bus, seitlich auf einen fremden Laptopscreen blickend. Trotzdem ist es besser als nichts. Denn nichts wäre die Alternative gewesen.

Es ist eine lange Fahrt von Heidelberg nach Berlin, gefühlte

GHOSTWATCHER, DER

Arme Wurst, die sämtliches Entertainment entweder vergessen oder aufgebraucht hat und nun auf der Suche nach intellektueller Stimulation jeglicher Form am Bildschirm von Mitreisenden hängen bleibt. Wird er enttarnt, tut er so, als schaue er interessiert aus dem Fenster in die schwarze Nacht hinein.

DUNKELHEIT, DIE

Wichtigste Voraussetzung, um im schaukelnden Bus ein heimeliges Mutterschoßgefühl zu empfinden. Ermöglicht ungestörtes Sichgehenlassen (Chipstüte auf, Schuhe aus). Hochphase des → Cineasten, meist einhergehend mit ersten Problemen im Bereich → Quadratzentimeter. Der Moment, in dem das Licht wieder angeht, ist ähnlich ungemütlich wie im Club.

zwei Tage auf der Straße. Ich habe vorgesorgt. Ich habe ein Buch dabei. Leider ein gutes und leider eins, das nur noch sehr wenig Stoff hergibt. Die letzten vierzig Seiten waren innerhalb der ersten zwei Stunden ausgelesen. Restfahrzeit: 7,5 Stunden. Nicht schlimm. Als Digital Native trage ich natürlich auch noch ein Handy mit mir. Und weil die Außenwelt sowieso irritiert ist, wenn ich als unter Dreißigjährige nicht mit abgeknicktem Nacken über ein paar Zentimetern Smartphone-Screen hänge, mache ich eben genau das. Ich scrolle durch Bilder und Timelines, Twitter und meine Nachrichten-App. Mein Handy kann alles: Freunden schreiben, Bilder vom schlafenden Sitznachbarn oder Soundnachrichten von seinem Schnarchen schicken, Bilder von absurden Tankstellensnacks oder Felfies. Mache ich auch alles.

FELFIE, DAS

Selfie aus dem Fernbus, auf dem man meist möglichst bemitleidenswert im Bus abgebildet ist, umringt von Gepäckbergen oder neben auf die Schulter sabberndem Koloss, wahlweise auch wartend in der Pampa (→ Keine Ahnung, wo ich bin), das dann mit Freunden/Verwandten geteilt wird. Sinn: Hoffen auf Zuspruch und warme Worte von den Lieben (»Du arme Sau«), die in der Isolation während der Reise als Ersatz für zwischenmenschlichen Kontakt dienen.

Parallel höre ich Musik, bis der Balken der Batterieanzeige von Grasgrün zu Scharlachrot wechselt. Ich krame nach dem Ladekabel und suche südlich der Sitzfläche nach dem kleinen Plastikquadrat, von dem mein Glück abhängt. Pech: Ich sitze natürlich da, wo die Steckdose nicht ist. Ein halber Film geht, dann ist der Laptop tot. Restfahrzeit: 6,5 Stunden. Und jetzt?

Es bleibt nur archaische Reiseunterhaltung: Fensterstarren. Zeit für Kontemplation. Der Himmel wechselt von Blassrosa zu Pinkorange, schön, kontempliere ich, mein Leben, die Reise, ich denke ans Abendessen, dann wird es schwarz. Ich starre ins Nichts. In der Schwärze spiegelt sich eine Wasserzeichenversion des Busses: Mein Nebensitzer, der gerade scheinbar unbeobachtet in der Nase bohrt, eine schlafende Frau mit wilden Locken, ein Handystarrer und dann, ganz vorne, meine Augen, die in die unendliche Weite blicken. Plötzlich glimmt mir aus dem Fenster ein Bildschirm entgegen. Siebte Reihe links, ein Cineast, zum Glück. Ich drehe mich um. Wenn ich den Nacken ein bisschen strecke und meinen Ellenbogen in Denkerpose aufstütze, reicht es gerade für ein viertel Kinoerlebnis. Anderthalb Stunden verharre ich so. Niemand soll sehen, dass ich gerade fremdstarre. Wenn jemand vorbeigeht, kratze ich mich alibimäßig am Kopf, schaue zum Fenster und fühle mich wie ein verdeckter Ermittler. Zurück bleiben: leichter Verfolgungswahn (bloß nicht erwischen lassen), Nackenschmerzen und das vage Gefühl, unterhalten worden zu sein. Dafür bin ich meinem Mitreisenden so dankbar, dass ich eine neue Taktik entwickeln will. Schaue ich in Zukunft im Bus einen Film und entdecke aus dem Augenwinkel einen sich verdächtig reckenden Hals, werde ich die Untertitel anstellen. Wir leben schließlich in einer Share-Economy.

Was guckst du so?

Eine Reise von Berlin nach Hamburg zur besten Feierabendzeit. Wir fahren ins Wochenende hinein, mir ist nach leichter Unterhaltung. Am Busbahnhof habe ich mich mit einer

Klatschzeitschrift versorgt, die ich jetzt genüsslich vor mir ausbreite. Über den Zeitschriftenrand schauend fällt mir auf: Im Bus gucken alle, aber jeder anders. Einer von ihnen meint es mit dem Bus-Entertainment besonders ernst, der Mann aus der vierten Reihe links, der gleich mehrere Bildschirme vor sich positioniert hat. Statt einzelner Schmankerl (Buch, Zeitschrift, ein Laptop) hat sich *der Hacker* für die Komplettverkabelung entschieden. Über seine voll durchsynchronisierte iCloud verfügt er über eine technische Ausstattung, die sich anderorts maximal in Vans der CIA finden lässt. Mit sich führt er die gesamte tragbare Produktpalette eines Elektronikkonzerns. Er schreibt beim Filme schauen parallel E-Mails mit dem Handy, auf dem Tablet bringt er währenddessen noch schnell ein Pokermatch zu Ende. Seine Multimediastation macht ihn glücklich, wenn auch handlungsunfähig. Er kann sein komplexes Kabelgebilde nur unter großem Aufwand verlassen und minimiert deshalb Toilettenbesuche, was sein Wohlbefinden allgemein aber nur leicht einschränkt – Ablenkung hat er ja genug.

Während der Hacker regungslos in seiner Schaltzentrale sitzt, lasse ich den Blick schweifen. Neben mir tippt eine junge Frau meines Alters unaufhörlich auf ihrem Handy herum. Sie ist ein *Smartphone-Suchti*, der die gesamte Fahrt mit schmerzender Nackenstarre verbringt, während er seine ganze Aufmerksamkeit ein paar animierten Quadratzentimetern widmet. Sein Smartphone ist einzige Freudenquelle bei der Reise durch die analoge Welt, der er mit blitzschnellen Wisch- und Tippbewegungen zu entkommen hofft. Meine süchtige Nebensitzerin steigt am Ende aus, ohne mir einmal ins Gesicht geschaut zu haben, navigiert mit Blick nach unten zielsicher zur S-Bahn und setzt sich in gleicher Position auf die gemusterten Sitze.

Ganz anders der Herr vorne rechts. Als *Intellektueller* greift er gleich zu Beginn der Fahrt räuspernd in sein Ledersatchel, aus der er das neuste Meisterwerk abendländischer Belletristik hervorzieht. Anstatt vor sich hin zu vegetieren, zieht er es vor, ohnehin verlorene Lebenszeit mit Kulturprogramm zu füllen. Hält das Buch zwischendurch demonstrativ in Richtung Nebensitzer, besonders, wenn dieser banausenhaftes Entertainment (Handy, Film) vorzieht. Er zelebriert seinen Status als gebildeter Einzelkämpfer umgeben von der verrohten Allgemeinheit. Lacht zwischendurch gern und laut über Lieblingspassagen, um Einssein mit der literarischen Substanz zu demonstrieren. Zwischendurch löst er als Fingerübung das Kreuzworträtsel der *New York Times*.

Eingeschüchtert von diesem Schauspiel schlage ich meine Klatschzeitschrift zu und ziehe meinen Laptop aus dem Rucksack. Serienjunkie zu sein ist im Bus ein Vorteil. Das Browserfenster ist noch offen. Ich lade in Erwartung des miesen Internets schon zu Hause immer exakt so viele Serienfolgen vor, wie ich während der Reise anschauen kann. Gibt es dazu noch Snacks, fühle ich mich fast wie im Heimkino. Ich habe es mir gerade mit einer Packung Erdnüsse gemütlich gemacht und bin schon voll im Sofamodus, als von vorn eine penetrante Stimme tönt. Es ist eine ältere Frau mit einem roten Bob. *Die Laberbacke* nimmt das Wort »Reiseunterhaltung« wörtlich. Sie will auf der Fahrt offensichtlich ihren gesamten Bekanntenkreis durchtelefonieren und hat dabei keinerlei Scheu, ihr Privatleben vor einer Gruppe Fremder auszubreiten.

»Entschuldigung«, sagt der Intellektuelle und beugt sich mit bestimmter Haltung zu ihr, »ich würde ganz gerne lesen.«

Danke. Ich lehne mich zurück und drücke auf Play.

Smartphone Romance

Liebe für Millennials

Sie sitzt neben mir und schaut aus dem Fenster. Ich sehe ein paar dunkle Haarsträhnen und den Ansatz eines ziemlich breiten Lächelns. Sie berührt den Smartphonebildschirm und macht etwas lauter. Ich sehe, dass sie eine Playlist hört. »Für Fräulein K.« steht da. Ich bin mir ziemlich sicher: Fräulein K. ist verliebt.

Wie viele Lieder wurden über die Liebe geschrieben? Kein Wunder, dass Musik das Medium der Liebenden ist. Sie schweben mit Musik doppelt auf Wolken. Die Welt glänzt hinter dem rosa Schleier und vibriert. Das Verliebtheitsgefühl lässt sich auf Reisen besonders zelebrieren: Die Welt ist so wie immer. Nur innen ist alles anders. Das Herz schlägt bei Verliebten schneller zum Takt.

Da fast alle modernen Paare früher oder später auch mal Fernbeziehungspaare sind, greifen wir tief in die digitale Trickkiste. Wir schauen gemeinsam Filme über Skype, schicken uns Gute-Nacht-Selfies über WhatsApp oder nutzen den gemeinsamen Spotify-Account als musikalischen Liebesbeweis. Das Mixtape erlebt dank Fernbus ein Comeback. Der geliebte Pendler bekommt für die nächste Fahrt keine sorgsam mit Edding verzierte Tracklist mehr, sondern eine digitale Liste der schönsten Reiselieder seines Partners. Der Grundgedanke ist der gleiche: Hier, Geliebter, hör in meine Seele rein. Diese Playlist sagt dasselbe wie schon Haarlocke und Liebesbrief vor ihr. Auch wenn ich weg bin, bin ich bei dir. Der Fernbus ergänzt dies um eine weitere romantische Komponente: Lass dich zu mir tragen, während du meine Lieder hörst. Fernbeziehungspaare haben damit die Chance, die Romantik vergangener Jahrzehnte auf Millennialniveau zu heben. Wenn das nächste Mal jemand nebenan entrückt lächelnd aus dem Fenster schaut und mit dem Fuß wippt, könnte das ein Hinweis sein, dass hier gerade eine Playlist à la Fräulein K. gehört wird.

Das Fernbus-Mixtape ist der Beweis: Wir haben die Romantik nicht einfach aus unserem Leben geswiped. Stattdessen hören wir sehr genau hin, wie schnell unser Herz so zum Takt der Musik schlägt.

Die Playlist-Apotheke für jeden Gemütszustand

Frisch verliebt im Agrargebiet:
Grizzly Bear – Two Weeks
Florence + the Machine – Cosmic Love
Disclosure – You & Me (Flume Remix)
The Black Keys – Lonely Boy
The Cure – Friday I'm In Love

Verkatert in der Betonwüste:
Pixies – Where Is My Mind
David Bowie – Space Oddity
The Rolling Stones – Sympathy for the Devil
Jamie xx – The Rest is Noise
Phoenix – North

Frisch getrennt in der Ödnis:
Adele – Someone Like You
Rage Against the Machine – Killing in the Name

Bon Iver – For Emma, Forever Ago
Daughter – Youth
Beyoncé – Single Ladies

Ungewöhnlich gut gelaunt im Industriegebiet:
Alpine – Gasoline
The Beatles – Strawberry Fields Forever
Notorious B.I.G. – Hypnotize
The Strokes – 12:51
Beirut – Gibraltar

Das fahrende Büro

Vom Versuch, im Bus zu arbeiten

Ich führe ein Leben der Gleichzeitigkeit. Ich kann gleichzeitig einparken und telefonieren, E-Mails schreiben und Lebensmittel kaufen, Urlaub machen und Fotos auf Instagram posten, Zähneputzen und Nachrichten lesen.

Die größte Errungenschaft der Gleichzeitigkeit: das fahrende Büro. Während sich unsere Vorväter noch in Bürotürmen hinter sterbenden Topfpflanzen verschanzen mussten, erleben wir die Arbeitswelt aus einer ganz neuen Perspektive. Wir sind draußen, auf den Straßen, in unseren Wohnungen, im Café, manchmal in anderen Ländern, und was machen wir? Wir arbeiten. Eigentlich arbeiten wir immer. Wir stehen beim Bäcker an und beantworten Büromails, wir sitzen in der U-Bahn und scrollen durch Posteingang und Newsfeed. Arbeiten ist keine Tätigkeit für einen einzelnen Ort mehr. Arbeiten kann und muss man mittlerweile von überall. In einer Gesellschaft, in der ganze Firmenphilosophien auf mobilen Arbeitsplätzen basieren, ist es kein Wunder, wenn den Begriff »mobiles Büro« irgendwann mal jemand wörtlich nimmt. Das Büro scheint ein Ort zu sein, an dem eigentlich keiner mehr regelmäßig sein will, das man aber trotzdem überallhin mitnimmt.

Mein Büro ist grün und fährt mit einer Durchschnittsgeschwindigkeit von etwa hundert km/h über deutsche Straßen. Es ist 8.30 Uhr, normale Arbeitszeit an einem normalen Arbeitstag, und ich bin bereit, so zu tun, als wäre das hier mein Büro. Mein Schreibtisch ist kantinentablettgroß, aus vergleichbarem Material und lässt sich im Vordersitz verstauen. Er hat genau Platz für einen Dreizehn-Zoll-Laptop. Neben mir sitzen keine Kollegen, sondern Fremde, die frühstücken, schlafen oder Kaffee trinken. Also in vielen Punkten nicht anders als im Großraumbüro.

Ich finde die fleißigen Durcharbeiter, die im Bus Büroformeln ins Telefon schreien, statt ein Buch zu lesen, eigentlich verachtenswert. Ihr unermüdliches Tippen, die zur Schau gestellte Effizienz, das Augenrollen und schwere Atmen, wenn man einmal kurz zum Klo an ihnen vorbeimuss oder die Steckdose braucht. Demonstrative Großkotzigkeit. Innerlich spielt sich bei mir dazu immer folgender Dialog ab:

Arbeiterbiene: »Hier wird effizient gearbeitet.«

Ich: »WARUM BIST DU DANN NICHT IM BÜRO?«

Arbeiterbiene: »WEIL ICH GANZ DRINGEND WO HINMUSS.«

Ich: »WARUM FLIEGST DU DANN NICHT BUSINESS-CLASS?«

Warum bin ich jetzt einer von ihnen? Wahrscheinlich aus demselben Grund: Weil ich muss. Ich erzähle einer Freundin von der Deadline, die mit einer Busreise kollidiert.

»Mach's doch von unterwegs«, sagt sie.

Das klingt nach modernem Leben: Arbeiten im Mobile Office. Tatsächlich fühlt sich daran nichts modern an. Ich sitze zusammengequetscht zwischen Taschen auf einem zu weichen Sitz und versuche, irgendwas auf meinem Bildschirm zu erkennen, der sich mir in einem unnatürlichen Winkel entgegenneigt. Wir fahren ein Überholmanöver. Der Laptop rutscht, und mir wird schlecht.

Außer mir scheint das keinen der zahlreichen Verkabelten zu stören. Der Mann zwei Reihen links vor mir zum Beispiel trägt einen roten Kapuzenpulli und haut in hohem Tempo Befehle auf die Tastatur, irgendein Code erscheint. Rechts von ihm sitzt eine blonde Frau mit Pferdeschwanz, sie scheint an einer Powerpoint-Präsentation über Wasserenergie zu feilen. Auch sie tippt schnell. Alle sind so unglaublich effektiv! Plötzlich wirken sie nicht mehr wie eine Gruppe von Zwangsneurotikern, sondern wie Musterbeispiele der Selbstdisziplin. Wie kann ich einer von ihnen werden?

Zwei Dinge sind für den mobilen Büroarbeiter unabdingbar: Stromversorgung und WLAN. Zunächst widme ich mich Punkt eins. Ich tauche ab in Richtung Steckdose. Ich habe keinen Fensterplatz bekommen und muss umständlich um die Beine meiner Nebensitzerin herumgreifen.

»'Tschuldigung«, schnaufe ich.

»Kein Problem«, sagt sie und widmet sich unbeirrt ihrem Brötchen.

Ich winde mich unterhalb der Sitze nach links und rechts und halte Ausschau nach einer kleinen runden Buchse. Die Welt hier unten ist anders als oben. Ich sehe ein paar Taschen und Brötchentüten, herrenlose Wasserflaschen, Beinpaare in Jeans, Strumpf- und Jogginghosen. Ausgelatschte Turnschuhe, braune Stiefel mit Absatz und Sandalen ohne. Ein paar haben ihre Schuhe ausgezogen, hinten rechts baumeln zwei unterschiedliche Socken über dem Boden. Direkt an der Wand, vorbei an den sorgfältig manikürten Füßen meiner Nebensitzerin: die Steckdose.

Ich versuche, an ihren Beinen vorbeizugreifen. Der Bus ruckelt, mit dem Stecker in der ausgestreckten Hand nähere ich mich der Steckdose. Aus der Froschperspektive sehe ich einen gleichmäßig kauenden Kiefer über mir. Meine Nachbarin scheint das Gewühle zu ihren Füßen nicht zu stören. Wer öfters Bus fährt, ist ambitionierte Laptopbesitzer gewöhnt. Ich bin hochkonzentriert, sämtliche Muskeln meines Körpers sind angespannt. In einem fahrenden Bus einen Stecker einzustecken ist vermutlich ähnlich kompliziert, wie im All an eine Raumfahrtstation anzudocken. Jeder Millimeter zählt. Immer, wenn ich denke: jetzt!, schert der Bus aus. Dann endlich: Es ruckt ein letztes Mal, der Stecker steckt.

Als ich wieder an die Oberfläche tauche, sind meine Wangen rot, und meine Haare hängen mir in wirren Strähnen ins Gesicht. Ich drehe mich, der Rücken knackst. Die Buspolster fühlen sich nicht gerade ergonomisch an. In Schweden stehen die Menschen angeblich im Büro, weil es besser für die Haltung ist. Allerdings wackelt es dort nicht so wie hier.

Es ist 8.40 Uhr. Ich schaue auf meinen gekippten Bildschirm und fühle mich mittelprofessionell. Aber das Lämpchen an meinem Laptop leuchtet, ich habe Strom. Über dem WLAN-Symbol jedoch schwebt ein Ausrufezeichen. Mein Puls schnellt in die Höhe. Mehrere Versuche scheitern, ich kann keine Verbindung herstellen. Ich versuche, über mein Handy einen Hotspot einzurichten – es klappt nicht, vielleicht auch, weil ich das nur vom Hörensagen kenne und gar nicht genau weiß, was ich eigentlich machen soll. Plötzlich rast die Zeit, ich fange an zu schwitzen. Ein normaler Büromitarbeiter hat mittlerweile schon längst sein Mailprogramm geöffnet. Was, wenn genau in diesem Moment eine wichtige E-Mail kommt? Kalter Schweiß bricht aus und rinnt mir den Rücken runter. Ich schließe und öffne den Browser und klicke mit wachsender Panik immer wieder auf »Verbinden«. Dann, auf einmal, werden alle Balken schwarz.

Es ist 8.50 Uhr, und ich bin nervlich am Ende. Ich ahne noch nicht, dass wir die folgenden drei Stunden durch ein Gebiet fahren werden, in dem weder Straßenbelag noch Handyempfang gleichmäßig sind. Mir bleibt keine Wahl: Irgendwie muss es mit der Wackelkontaktverbindung gehen. Während ich von WLAN-Welle zu WLAN-Welle surfe, versuche ich, systematisch Arbeitsportionen zu erledigen. Ein Teil ohne, ein Teil mit Internet. Ich schaue auf die leuchtenden Bildschirme vor mir. Rechts wird immer noch codiert, links gerade eine Schriftart ausgesucht. Niemand braucht hier Internet. Sich auf WLAN im Bus zu verlassen ist ein Anfängerfehler, hätte ich mir eigentlich denken können. So sitze ich in meinem mobilen Büro, komplett verkabelt, mit Kopfhörer und Handy auf Vibrationsalarm, und fühle mich hilflos. In dem Moment hört die Steckdose auf zu leuchten. Der Bus ist voll besetzt. Noch vier Stunden bis zum Ankunftsort, der Akku zeigt dreißig Prozent. Eigentlich wollte ich den doch noch über Nacht aufladen. Zweiter Fehler.

Während das WLAN-Symbol zwischen Ausrufezeichen und vollen Balken changiert, erwacht langsam der Bus zum Leben. Es ist schlimmer als im Großraumbüro. Eine Gruppe aufgekratzter Teenies feiern jetzt schon mal für das David-Guetta-Konzert am Abend vor, aus Plastikboxen dröhnt »Play Hard«. Ich atme lautstark aus und finde mich dabei selbst ziemlich scheiße. Sorry, aber ich bin gerade noch beim ersten Teil: work hard. Ein paar Reihen weiter hinten bespricht jemand sehr laut mit »Moni« die Details der bevorstehenden Party bei »Addi«, es folgt eine zwanzigminütige Analyse der Frage: »Ist er 'n Player oder net?«

Augenrollend ziehe ich die Kopfhörer aus der Tasche. Irgendjemand spielt Handyspiele. Alle paar Sekunden klingt es, als würde jemand Seifenblasen platzen lassen. Genau jetzt fällt das WLAN aus. Meine Nebensitzerin stupst mir in die Seite: »Entschuldigung, könnte ich mal raus?«

Ich schreie: »WIE SOLL ICH HIER BITTE EFFIZIENT ARBEITEN?!«

Man hört es bis Schweden.

Eine für alle

Wie ich einmal neben der einzig funktionierenden Steckdose im Bus saß

Es ist ein Sonntagnachmittag, ich war am Wochenende bei einer Freundin in Karlsruhe, die gerade an ihrer Masterarbeit schreibt, während ich noch einen Artikel fertig machen muss. Unser Plan: Ein bisschen zusammen entspannen, ein bisschen arbeiten. Kein Problem. Zwei Tage, vier Filme, einige Flaschen Wein und ziemlich viele Tüten Mikrowellenpopcorn später ist klar: Ich muss die Rückfahrt über durcharbeiten, wenn ich meine Deadline schaffen will. Ich setze mich an einen Fensterplatz mit Steckdose. Wenig hoffnungsvoll hantiere ich mit dem Kabel. Die Chancen, dass ich mich hier gleich zu konzentrierter Arbeit hinreißen lasse, stehen 2:10. Das Lämpchen leuchtet. Ich muss wirklich arbeiten. Damit habe ich nicht gerechnet.

Dass Arbeiten im Bus gar nicht richtig geht, verdränge ich meistens genau bis zu dem Punkt, an dem ich es muss. Dann fällt mir alles wieder ein: Reiseübelkeit, Geräuschpegel, Konzentrationsprobleme. Der Bus kurvt sich durch den Kreisverkehr, der typische Flachbasssound setzt ein, und mein Nachbar nutzt die Zeit für ein Streitgespräch mit seiner Freundin. Ich setze meine Kopfhörer auf und versuche mir vorzustellen, ich säße in einem schallisolierten Loftbüro mit Spreeblick. Klappt nicht ganz, vielleicht, weil ich noch nie in einem schallisolierten Loftbüro mit Spreeblick saß, vielleicht, weil das Baby auf dem Rücksitz gerade aufwacht und den gesamten Bus lautstark über seine Existenz in Kenntnis setzt. Es reist mitsamt einer Großfamilie, die mit ebenso lauten Rufen versucht, der Lage Herr zu werden (»Er hat Hunger!«, »Durst!«, »Ihm ist zu warm!«, »Mami, trag Theo doch mal über den Gang!«). Vielleicht hat Theo aber auch einfach keinen Bock auf Busfahren.

BABYBUMMER, DER

Moment, in dem man feststellt, dass ein kleiner, häufig zahnender Gast an Bord ist. Oft löst der erste Babylaut nach friedvollen Minuten sofortigen Entspannungsverlust und Anstieg des Stresslevels aus – bei den übrigen Fahrgästen ebenso wie bei den Eltern. Für sie gilt wie für den Bus: Nach dem Erwachen des Kindes ist nichts mehr so, wie es mal war.

Jemand tippt mir auf die Schulter: »Sorry, aber meine Steckdose funktioniert nicht, dürfte ich bei dir vielleicht kurz mein Handy …?« Ein Typ in Jeansjacke, der anscheinend Steckdosenpech hat. Er schaut mich mit dem nervös-ausgehungerten Blick eines Menschen an, der unbedingt durch seinen Facebook-Feed scrollen muss. Ich habe Mitleid.

Ich kenne das. »Klar«, sage ich großmütig.

Er reicht mir Ladekabel und Handy über den Sitz, ich stecke meinen Laptop aus (35%), sein Kabel ein. Das Handy verstaue ich zwischen Sitz und Oberschenkel. Es fühlt sich seltsam intim an, das Handy von jemandem aufzuladen, den man nicht kennt. Als hätte er mir gerade sein ganzes Leben anvertraut. Beim Einstecken leuchtet sein Bildschirm auf, ein rothaariger Typ und er am Strand mit Cocktails.

Ich arbeite weiter, Baby Theo lacht mittlerweile glucksend. Es sitzt auf dem Schoß seines Bruders, während ihm seine Schwester ein iPhone vor die Nase hält. Moderne Kinder sind pflegeleicht. Der Bus wird ruhiger, wir fahren in den Abend. Aus den Reihen leuchten viele Bildschirme, anscheinend ist die Sonntagsbusfahrt eine Lieblingsausrede für Prokrastinierer (»Kann ich doch später im Bus machen!«). Unter meinem Bein vibriert es, eine Nachricht von »Janni <<<3«. Egal wie kurz man guckt, irgendwas liest man immer. An ein paar Wörtern erkenne ich die klare Sexting-Tendenz. Das ist jetzt wirklich ein bisschen intim.

»Äh«, sage ich, nach hinten gedreht, »du hast 'ne SMS gekriegt.« Ich reiche ihm sein Handy.

»Oh«, sagt die Jeansjacke. Er schaut auf den Bildschirm und räuspert sich nervös. Sein Telefon gibt er mir nicht mehr zurück.

Fünf Minuten später tippt mich eine Frau an, sie sitzt auf dem Platz gegenüber und wedelt mit ihrem Handy: »'tschuldigung, könntest du vielleicht kurz noch meins für fünf Minuten ...?«

Ich kann. Eine halbe Stunde lang arbeite ich halb konzentriert weiter, dann blinkt der Balken grün. Ich reiche ihr das Smartphone.

Da springt schon der nächste Stromlose vom Sitz: »Moment, meins auch noch?«

Ich sitze offenbar in Reichweite der einzigen funktionierenden Steckdose im Bus. Innerhalb einer Fahrt avanciere ich zur Mutter Teresa des Wechselstroms. Ich lade einer japanischen Familie ihre Tablets auf, einem Sechzehnjährigen seinen iPod und später einem Paar ihr GPS-Gerät (»Brauchen wir für die Fahrt nach Island.« Hä?). Mein Akku zeigt fünf verbleibende Prozent. Jetzt ist aber mal Schluss, denke ich, gerade als eine Achtjährige sich schüchtern zu meinem Platz bewegt:

»Tschuldigung«, sagt sie. Es ist Theos Schwester, sie hält das iPhone in der Hand. Von hinten tönt schon leises Quäken.

»Klar«, sage ich und denke dabei zum ersten Mal nicht nur an mein Karma.

Schoßstarrer und Alltagsvoyeuristen

Lesefreuden

Lesen passt zum Bus wie das konstante Brummen zu Tempo Neunzig. Wem es gelingt, ohne Anfälle von Übelkeit auf eine Seite voller Buchstaben zu schauen, während sich das Fahrzeug langsam dem Ziel entgegenschaukelt, der bekommt den Bus von seiner schönsten Seite zu spüren: als Ort, der freie Zeit für Dinge schafft, die man sonst viel zu selten macht.

Deswegen landet am Vorabend vor der Reise meistens noch ein eingestaubtes Buch vom Nachttisch in meiner Tasche, das ich sonst allabendlich nach ein- bis zweiseitiger Lektüre übermüdet weglege. Im Bus sind die idealen Rahmenbedingungen geschaffen, meine Leseschwäche aufzuholen: wenig Ablenkung und ein bequemer Sitzplatz. Diesmal bin ich mir sicher:

Ich werde sehr viel lesen. Sitz zurück, Buch auf: Das ist Urlaubsfeeling auf Asphalt. Die Busreise ist die Sparversion von Handtuch und Strand.

Ich warte, bis der Fahrer den Bus durch den Stadtverkehr auf die Autobahn manövriert hat, schlage mein Buch auf (S. 26) und lege los. Dieser Moment setzt umgehend Glückshormone in mir frei: Die nächsten Stunden existieren nur ich und die Geschichte vor meinen Augen. Das Problem ist, dass sich im Bus derweil noch viele andere abspielen. Hinten rechts schreit jemand eine Einkaufsliste in den Hörer, aus den Lautsprechern dringt leise Musik, und achte Reihe links knuspert genüsslich (und sehr laut) eine Tüte Chips.

Mittlerweile lese ich Seite 26 zum dritten Mal. Jetzt hätte ich wirklich gerne ein einsames Handtuch am Strand. Der Nachteil am Feierabend-Lesetempo: Die Hälfte habe ich vergessen, bevor die Handlung überhaupt Fahrt aufnimmt. Ich blättere ein paar Seiten zurück. Wer war noch mal die Frau von wem? Und warum hat sich A mit B gestritten? Die Chipstüte raschelt, Taylor Swift setzt zum Refrain an, und ich klappe mein Buch zu. So geht es jedenfalls nicht.

Aus meiner Tasche fische ich die Kopfhörer, die in solchen Momenten mein Ohropaxersatz sind. Heute ist der Pegel so laut, dass ich parallel Musik hören muss. Ich rede mir ein, dass das völlig okay ist. Seite 26, vierter Versuch. Der Bass übertönt die Busgeräusche, aber auch die Lesestimme in meinem Kopf. Ich klappe mein Buch zu. So geht es auch nicht.

Ich warte auf ein kleines bisschen Stille. Wer mal länger zuhört, merkt, welche Sinfonie an Alltagsgeräuschen der Bus komponiert: Da ist der Motor, der brummt, jemand, der tippt, und jemand, der mit dringlicher Stimme telefoniert, die raschelnde Brötchentüte, Musik aus den Lautsprechern, die sich mit der aus den Kopfhörern mischt. Es wird einfach nicht still.

Also Flucht nach vorn. Ich lese durch die Geräuschkulisse hindurch. Gerade, als ich mich in Schwung gebracht habe und endlich weiß, warum A auf B sauer ist, schlägt der Fahrer scharf ein. Einmal rechts, einmal links und wieder rechts. Wir sind hinter Stuttgart in der Kurvenstrecke. Mir wird schlecht. So geht es auf gar keinen Fall. Ich klappe mein Buch zu. Immerhin, auf Seite 27.

Stielauge trifft Buslektüre

Ich sehe Seiten, eine Ecke buntes Cover, ein paar Buchstaben: U-M-B-E-R. Der Mann nebenan liest Umberto Eco. Dieses Wissen macht mich – passionierte Schoßstarrerin – glücklich. Auch rechts und links erhasche ich ein paar schnelle Blicke Richtung Nachbarschoß. Ich bin nicht allein.

Schoßstarren ist das Ergebnis einer sehr menschlichen Eigenschaft: Neugier. Ich will wissen: Was ist das für einer? Vielleicht liest der Mittvierziger mit Schalke-Schal ja Jane Austen? Oder der Pubertierende mit Kajalkomplettumrandung Karl May? Bücher verraten etwas über den, der sie liest. Etwas, das man nicht auf den ersten Blick sieht: was innen los ist.

Wenn es umgekehrt ist und mir jemand auf die Seiten guckt, werde ich plötzlich nervös. Ich weiß, jetzt prüft gerade wieder einer, was ich denn so für eine bin. Dabei möchte ich auch mal ganz ungeniert meine *InTouch* auf dem Schoß ausbreiten oder in Nietzsches Aphorismen blättern, ohne dass mich nebenan jemand leise verurteilt. Aber ich kann ja selbst nicht anders. Schoßstarren ist ein Reflex.

Gegen menschliche Neugier lässt sich nicht viel tun. Sie macht mich zum komplexen Blicktaktiker: Beiläufig am Nacken kratzen, kurz Richtung Tasche beugen, und schon scannen meine Augen sekundenschnell einen fremden Bildschirm. Ich lese Halbsätze von SMS mit, ganze Abschnitte aus der Lektüre meines Nachbarn. Ich gucke auch nur ganz kurz, welche Emojis er verschickt oder was er gerade auf eBay ersteigert. Der technische Fortschritt macht Alltagsvoyeuristen zu Triebtätern. Überall Smartphones und Bildschirme, darauf: kostbare Momente von Privatheit, die sich ständig selbst aktualisieren. Moment, copy und pastet sie da die gleiche Liebesnachricht an zwei …? Ersteigert er gerade wirklich die dritte Vase?

Das finde ich aufregend. Sicher auch, weil ich weiß, dass man das nicht macht: anderen ins Leben schauen. Würde ich mich rechtfertigen wollen, würde ich sagen, mein Verhalten ist eine Mischung aus Neugier und Schutzreflex. In einer Gesellschaft, in der alle wegschauen, ist man ja fast schon verpflichtet, zumindest für ein paar Sekunden lang mal hinzuschauen, damit man weiß, was nebenan so los ist. Der kurze Blick zur Seite ist also auch Überlebensstrategie. Googelt der andere statt Ming-Vasen gerade nach günstigen Schusswaffen, weiß ich, dass es Zeit ist, das Weite zu suchen.

Schöner Mann plus Buch

Er fährt sich einmal durch die Haare, und ich bin schon fast verliebt. Denn er sieht nicht nur gut aus, nein: Auf den Knien meines Sitznachbarn liegt auch ein dicker Roman eines Autors, den ich mag. Eigentlich will ich dem netten Fremden das gerne sagen, aber ich traue mich nicht. Stattdessen lächle ich verträumt in Richtung seines Schoßes.

Eigentlich komisch: Ein paar Seiten gepresstes Papier machen einen fremden Mann gerade zum potenziellen Vater meiner Kinder. Oder zumindest würde ich gerne mit ihm bis zur nächsten Raststätte eine intensive Diskussion über kulturell relevante Dinge führen und dann vielleicht ein paar Ziffern in mein Telefon tippen. Mit der Ansicht, dass Bücher Männer sexy machen, bin ich nicht allein. Der Blog #Hotdudesreading versammelte im vergangenen Jahr eine Handvoll schöner Männer mit Buch in der New Yorker U-Bahn. Das legt die These nah, dass Lesen im Nah- und Fernverkehr extrem sexy ist. Warum?

Der lesende Mann im öffentlichen Verkehr sticht aus der breiten Masse hervor. Jemand, der ein Buch in der Hand hält, vermittelt: Meine Aufmerksamkeitsspanne umfasst mehr als hundertvierzig Zeichen. Er nimmt sich Zeit für die wichtigen Dinge. Deswegen wirkt ein Mensch mit Buch für mich erst mal interessanter als einer mit iPhone, auch wenn er Nicholas Sparks liest statt Marcel Proust. Aber das Cover sehe ich ja nicht immer gleich. Erst mal sehe ich einen Menschen, der ein Buch liest. Und das sieht eigentlich immer gut aus.

Im Busverkehr, dieser Grabstätte der Romantik, hält er die Fackel der Hoffnung nach oben. Da sitzt er, der letzte empfindsame Mann unter all den Nachlinkswischern. Statt zu swipen, blättert er. Statt zu klicken, denkt er. Der Lesende erweitert in öffentlichen Verkehrsmitteln nicht seinen Tinder-Suchradius, sondern seinen Horizont. Während die anderen sich auf dem Bildschirm verlieren, versinkt er in einer magischen Welt.

Er ist ein Relikt aus vergangenen Zeiten: der Flaneur, der Literat, der Gentleman. Mit ihm kann man vermutlich stundenlang über tiefe Gefühle sprechen und danach in der Winterkälte spazieren gehen. Wenn ihm auf offener Straße eine schöne Frau begegnet, catcallt er nicht, er zitiert Christian Morgenstern. Der lesende Mann im öffentlichen Verkehr ist der letzte Beweis, dass es noch begehrenswerte Männer gibt. Oder? Vielleicht zitiere ich beim nächsten Mal Morgenstern und finde es heraus. Jetzt schmachte ich den schönen Mann plus Buch neben mir erst mal von der Seite an. Eigentlich wirft er damit schon die Angel aus. Und wenn er dann nicht hochschaut, kann ich ihm immer noch zuflüstern: »Was liest du denn da?«

Mein Busdiplom

So fühlt es sich also an. Ich spüre den Blick von der Seite. Ich schaue nach rechts. Ja, da ist sogar so was wie Anerkennung. Wir fahren seit etwa einer halben Stunde im Bus von Aachen nach München, auf meinem Bildschirm leuchtet die Bachelorarbeit eines Freundes. Er ist Wirtschaftsingenieur, und ich soll Korrektur lesen. Irgendwas über Hydraulik – in den Überschriften stehen viele Sachen, die ich maximal aussprechen kann, Verstehen ist nicht drin. Ich war immer schlecht in Naturwissenschaften, leider wussten das alle: die Lehrer, die Mitschüler und ich. In meiner Familie war das nicht schlimm, da ist das genetisch bedingt. Formeltabellen und Periodensystem, Wurzelziehen – alles, was sich irgendwo jenseits von Wörtern und Pinselhalten bewegte, ging nicht in meinen Kopf. Mathehausaufgaben schrieb ich ab; war ich tatsächlich dran, litt ich an Magenziehen und Schweißattacken.

Der Mann neben mir schaut immer noch auf den Bildschirm. Zum Spaß ändere ich ein paar Formeln, dann klicke ich auf »rückgängig machen«. Er schaut mich an, als wäre ich kurz davor, den Permanentmarker zu nehmen und die Scheibe wild mit Gleichungen zu bekritzeln. Ich fühle mich sehr besonders. So geht es also Naturwissenschaftlern. An der nächsten Haltestelle steigt der Mann aus. Eine junge Frau steigt ein, sie könnte Studentin sein. Auch sie schaut nach einer Weile interessiert auf meine Graphen und die geheimnisvollen Überschriften. Mir macht das Freude. So sehr, dass ich alle fünfzig Seiten auf der Fahrt durchkorrigiere.

Ich habe nie virtuos irgendwelche Formeln an die Tafel gekritzelt oder leidenschaftlich physikalische Vorgänge erklärt. Aber zumindest für zweieinhalb Stunden denken ein paar Fremde neben mir, ich wäre Hydraulikerin. Es fühlt sich gut an, ein bisschen wie Entschädigung für die qualvollen Momente, in denen ich im Unterricht planlos herumstotterte. Auf einmal wirke ich wie ein Profi in etwas, in dem ich nie gut war. Für einen Moment ist die Möglichkeit zum Greifen nah. Ich überlege: Wie wäre mein Leben als Hydraulikerin wohl verlaufen? Ich wäre in Mathe und Physik selbstbewusst aufgestanden, hätte Kreide über die Tafel gleiten lassen und wäre ganz ohne Schweißflecken in den Achselhöhlen wieder auf meinen Platz gegangen. Meine Familie hätte mich als Wunderkind gefeiert. Vielleicht wäre ich Hydraulikdozentin geworden, hätte kleinen Nachwuchs-Hydraulikern komplexe Formeln beigebracht und wäre ab und zu als Expertin nach China zu Staudämmen geflogen, um mein Wissen mit der Welt zu teilen. Doch es ist Zeit, in die Realität zurückzukehren. Ich klappe den Laptop zu und widme mich meiner Klatschzeitschrift. Das Schöne an der Buslektüre ist: Sie verrät etwas über mein Leben, aber eben nicht alles.

Lob ans Fensterstarren

Meine Freude am Fensterstarren basiert auf einer einfachen Tatsache: Auch wenn nichts passiert, passiert was. Gerade, kurz vor München: ein Dorf, Fachwerk, vor der Kneipe ein Schild, »Alles Gute, Robert. 39 +1«. Durch das Fenster sehe ich Köpfe, jemand steht im Raum und hält eine Rede. Ein paar Meter weiter fährt eine Großmutter einen Kinderwagen spazieren. Am Horizont ein Berg mit einer sich um ihn windenden Straße. Es ist Nachmittag, ab und zu blendet mich die Sonne. Die Landschaft verändert sich mit jedem Kilometer, den wir unserem Ziel entgegenrollen. Große Lagerhallen, parkende Laster, Paletten. Eine Brauerei, hochgestapelte Bierkästen, durch die Fenster schimmert Kupfer. Es riecht nach Hefe. Ein weißblondierter Friseur mit rasierten Schläfen, der seinem Kunden konzentriert exakt den gleichen Haarschnitt schneidet, den er auf dem Kopf trägt. Später ein Einkaufszentrum, an der Haltestelle Teenager in denselben engen Hosen, die dieselben Tüten in den Händen halten, H&M, Accessorize und Victoria's Secret. Eine Gruppe von drei Mädchen steht etwas abseits neben einer etwa fünfundvierzigjährigen Frau. Alle vier schauen genervt. Das passiert, wenn man aus dem Fenster schaut. All das passiert, während nichts passiert.

Der einzige Ort, an dem gerade wirklich nichts passiert, ist mein Sitz. Ich lege den Kopf ein bisschen schief, drehe die Musik lauter und schaue einfach nur. Ich habe Zeit. Während die Welt an mir vorbeizieht, verlangsamt sich mein Herzschlag. Ich muss nichts tun. Es ist entspannend. Trotzdem ist es nicht langweilig, weil ich etwas tun darf. Aus dem Fenster schauen macht niemand, der muss. Es ist das Privileg der Tagträumer und Reisenden. Das Schöne daran: Tagträumen und Reisen gehören zusammen.

Im Bus darf man beobachten. Am Leben teilhaben, ohne Teil davon zu sein. Normalerweise sind wir diejenigen, die in Bewegung sind, die zu Geburtstagen müssen, zum Babysitten oder zum Friseur. Wir haben gar keine Zeit, uns dabei zuzugucken, wir sind ja mittendrin. Endlich dürfen wir das tun, wonach sich schon Loriots Hermann so dringlich sehnte: einfach nur hier sitzen. Nichts Bestimmtes denken. Schauen, auf die Menschen und Häuser, Fenster mit und ohne Gardinen, die einen Ausschnitt von Leben zeigen: zwei Riesenbildschirme, eine Fußballflagge, ein *Herr-der-Ringe*-Poster. Viele grüne Pflanzen und ein Mobile im Fenster. Eine vollgestopfte Schrankwand, Zuckerdosen und Spitzendeckchen. Jedes Leben ist verschieden, und ich darf alle sehen, kurz, für einen Moment, und Geschichten erfinden für die, die hier wohnen oder über die Straße gehen. Wohnt hier womöglich ein alter Professor? Ein IT-Freak? Oder jemand, der auch vor 16 Uhr Jogginghosen trägt? Ich kann mir die passenden Menschen zu den Wohnungen vorstellen, die ich sehe: Menschen mit tiefen Falten oder runden Augen, zarten Hände oder dreckigen Schürzen. Fensterschauen regt die Fantasie an. Wenn nichts zu erfinden da ist, gibt es immer noch viel zu sehen. Getrimmte Vorgärten und weitläufige Parkanlagen. Die Vögel am Himmel und wie die Wolken die Farbe ändern.

Und wenn wirklich mal gar nichts passiert und die Welt an der Straße auf Repeat hängt, lasse ich mich von Buschwerk und Leitplanke in einen fast meditativen Zustand versetzen. Gedanken kommen und gehen in ruhigen Wellen, ich denke an alles und nichts, an gestern und heute und morgen. An Dinge, die ich noch tun will, an das, was ich getan habe, und an das, was ich besser nicht getan hätte. Deswegen ist Aus-dem-Fenster-Schauen so wichtig: Es bietet Zeit für Reflexion. Zeit zum aktiven Nichtstun. In den Worten von Hermann: Zeit, einfach nur hier zu sitzen.

Zurück in der Zukunft

Jede Kindheit hat ihre Orte. Der Schuppen hinter dem Haus meiner Großmutter, unser Wohnmobil, die Wiese im Kindergarten – das sind meine. Orte, die unveränderlich mit Erinnerungen verknüpft sind und die ich hüte wie Schätze. Einen Ort habe ich jedoch offenbar vergessen: die A6. Ich entdecke ihn zufällig wieder, am Straßenrand. Seit fast zwei Jahrzehnten bin ich nicht mehr auf dieser Autobahn gewesen, jetzt sitze ich im Bus von Heidelberg nach Wien und schaukle eine Strecke entlang, die ich ebenso gut kenne wie den dunklen Schuppen meiner Oma und die quietschenden Schränke im Wohnmobil.

Als mir klar wird, wo ich mich gerade befinde, passiert etwas Merkwürdiges: Plötzlich bin ich wieder acht Jahre alt. Das Technikmuseum Sinsheim, rechts die Ausfahrt zum Tripsdrill – alles ist noch so wie damals. Ich erinnere mich an die begehbaren Flugzeuge, die dunklen Flugsimulatoren und Achterbahnfahrten durchs All, die Unterwasserwelten in 3D, wie wir Kinder staunten über die hohe Kuppel über uns, quiekten, als der weiße Hai plötzlich auf uns zuschwamm, und wie wir über unsere Gesichter hinter den riesigen Brillen lachten. Wie wir uns stritten, wer mit wem ins All fliegen durfte, und wie mein Herz klopfte, als das Licht ausging und der Simulator zum ersten Mal ruckelte. »Tripsdrill«, der Name des Freizeitparks, war wie ein Zauberwort. Neid und Anerkennung von denen, die zu Hause blieben, Stolz und Strahlen bei denen, die in der Pause von all den Wundern dort erzählten: Und man kann so schnell fahren, dass einem schlecht wird und der Magen hüpft! Und es gibt Zuckerwatte! Und Pommes! Und der Max hat sich nicht getraut, in die Achterbahn zu steigen. Irgendwann wurden wir größer und wollten nicht mehr ins All fliegen. Wir wollten stattdessen lieber abends raus und uns Zigaretten anstecken, anstatt im Tripsdrill Achterbahn zu fahren. Ich wurde groß und vergaß die A6. Aber dieses Stück Straße, auf dem ich mich dank des Fernbusses gerade bewege, hat all die Momente meiner Kindheit konserviert. Sie warten auf mich, wie auf Abruf.

Inzwischen bin ich einige Zentimeter größer und fast anderthalb Jahrzehnte älter. Vieles ist passiert. Aber eins hat sich nicht geändert: Sobald wir uns der Ausfahrt nähern, grummelt mein Magen, Vorfreude mischt sich mit Hunger. Denn hinter Sinsheim gibt es die allerbesten Brathähnchen der Welt, in einer kleinen unscheinbaren Dorfkneipe, die wir früher nach unserer Fahrt im All ansteuerten und nach der Mahlzeit glücklich und mit verschmierten Händen wieder verließen. Heute kann ich nicht aussteigen, mein Weg führt mich nach Wien. Aber ich nehme mir vor, bald zurückzukommen. Ein Wochenende später bin ich wieder dort, zum ersten Mal seit vierzehn Jahren, und bestelle eine Portion Hähnchen mit Pommes. Ich kleckere weniger mit Ketchup, und am Tisch sitze ich nicht mit Freunden aus dem Kindergarten. Aber ich schwöre: Es ist immer noch das allerbeste Hähnchen der Welt.

9. Nicht empfangsbereit

Moderne Kommunikationshürden

Busfahrzeit ist Telefonzeit. Leider fahren ja im Bus nicht nur die Menschen mit, die wirklich drinsitzen, sondern auch ein paar blinde Passagiere, die sich mit lautem Handyklingeln live dazuschalten. Mutter, Vater, Oma, Freund und Freundin, alle sind dabei und wollen wissen, wie und wo sich's denn so fährt. Manche Menschen denken, die Telefonflatrate wurde für Busreisen erfunden. Das macht das Telefon zusammen mit der Bordtoilette zur größten Sorgenquelle der Fahrt. Laute Telefonierer strapazieren die Nerven der restlichen Fahrgäste ähnlich wie ein weinendes Baby. Nur dass es das Kind nicht besser weiß.

Wenn jemand in meiner Nähe zum Telefon greift, werde ich also erst mal nervös. Was, wenn der nette Sitznachbar plötzlich zum wiehernden Partyhengst mutiert und laute Saufgeschichten durch den Bus grölt? Was, wenn die Frau neben mir nicht aufhört, ihrem Freund Schweinereien ins Ohr zu nuscheln, die zwar leise, aber leider nicht leise genug sind? In der Regel höre ich Dinge, die ich nicht hören will, sobald ein Fremder den Hörer am Ohr hat.

Deswegen telefoniere ich selbst ungern im Bus. Auf ein telefonisch mitgeteiltes »Ich liebe dich« antworte ich deshalb auch mal »Mhm.« Das ist zugegeben leicht pubertär, aber wer einmal in einem unvorsichtigen Moment »Du geile Sau!« durch den Bus geprustet hat, was eine wehrlose Rentnerin nachhaltig irritierte, wird bei persönlichen Gesprächen im Bus automatisch etwas zurückhaltender.

Der Bus erinnert verwöhnte Erdenbürger außerdem daran, dass das Telefon eine technische Glanzleistung und keine Selbstverständlichkeit ist. Immerhin soll hier eine Stimme glasklar über mehrere hundert Kilometer direkt ins eigene Ohr wandern. Normalerweise klappt das ganz gut. Auf der Straße jedoch ist das ein Drahtseilakt. Auf dem spindeldürren Handynetz balanciert man vor einer Menge Fremder dem Ziel entgegen, ohne zu wissen, ob das Gesagte jemals beim Richtigen ankommt. Ganz sicher aber landet es in den Ohren nebenan.

NUSCHELMUSCHEL, DIE

Konkav abgerundete Handfläche, die bei Handygesprächen als Schalldämpfer eingesetzt wird. Leise nuschelnd wird derart das Gespräch fortgesetzt, während die Hand schützend vor den Mund gehalten wird, um keinen erkennbaren Laut nach außen entweichen zu lassen. Diese demonstrative Rücksichtnahme wird durch den zum Fenster oder Gang geneigten Kopf in Kombination mit leichter Embryostellung noch verstärkt. Unklar ist, ob es sich bei diesem Verhalten um Rücksicht oder Verfolgungswahn handelt.

TELEFONMINUTE, DIE

Kurzer Zeitraum vor Ankunft an der Haltestelle, in dem sich der Bus in eine Telefonzentrale verwandelt. Alle sprechen konzentriert in die Hörer, Klingeltöne und Stimmen überlagern sich. Dabei wiederholen alle denselben Satz: »Wir sind in fünf Minuten da!«

Dabei entwickelt jeder eine eigene Strategie: Mein Vater brüllt unterwegs grundsätzlich in den Hörer, als wollte er die Distanz mit bloßen Worten überwinden, ich flüstere, um den Busfrieden unter keinen Umständen zu gefährden. Doch mein zartes Gesäusel kommt meist unverständlich und in kleine Stücke gehackt am anderen Ende an. Es bleibt im Grunde nur die väterliche Möglichkeit: laut werden. Meine Stimme changiert im Bus deshalb zwischen Brigitte Bardot und Donald Trump.

Drei Versuche, im Bus zu telefonieren

1. Mit dem Vater

Ich: »Hallo?«

Vater: »HALLO?! HALLO?! HALLO?!«

Ich: »Hallo, Papi, hörst du mich?«

Vater: »HALLO?! HALLO?! WER IST DA?!«

Ich: »Papi?«

Vater: »SCHÄTZCHEN?!« (Zur Mutter gewandt): »Ich hör nix.«

2. Mit der Mutter

Mutter: »Hallo, Maus.«

Ich (mit Hand über dem Telefon): »Mami, ich bin noch im Bus, wir kommen dreißig Minuten später.«

Mutter: ... (unverständliches Rauschen)

Ich (etwas lauter): »Mami! Wir kommen dreißig Minuten später!«

Mutter: ... (rauscht)

Ich: »MUTTER! ICH KOMME UM HALB ZEHN!«

Mutter: … (rauscht)

Ich (leicht verzweifelt): »HALLO!!«

Mutter: »Alles klar, wir holen dich um halb zehn ab.«

3. Mit dem Freund

Er: »Hey!«

Ich: »Hey, ich steh im Stau und komme 'ne halbe Stunde später.«

Er: »WAS?«

Ich: »STAU!«

Er: »WAS?«

Ich: »STAU!«

Er: »STAU?«

Ich: »WAS?«

Er: »OK!«

Mitgehört

Telefonate im Bus

München – Köln. Eine Frau in der ersten Reihe telefoniert lautstark mit einem Floristen. Seit zehn Minuten schreit sie Anweisungen zu Farnlänge und Rosenfarbe durch den Bus, Reihen eins bis zehn rollen bereits entnervt mit den Augen. Sie kritzelt dazu wild Notizen und schreit Sätze wie: »Super, super, super! Sie sind ein Schatz, Albert!« Als sie nach fünfzehn Minuten endlich auflegt, tippt eine Dame aus der zweiten Reihe sie an der Schulter und sagt seelenruhig: »Entschuldigung, es ist wirklich wahnsinnig schön, dass Sie und Albert sich für die Gerbera als Gedeck entschieden haben, und ich denke auch, dass die lilanen Hyazinthen in der Eingangshalle für den Fünfundsechzigsten von Udo die richtige Wahl waren, auch wenn sie ein bisschen teurer sind als die Tulpen. Aber tun Sie uns allen doch bitte einen Gefallen: Wenn Sie hier noch mal ein Gespräch führen, könnten Sie dann etwas leiser sein?«

Berlin – Kiel. Wir fahren an einem Werbeplakat einer Supermarktkette vorbei. Wenige Sekunden später hält ein Anfang Zwanzigjähriger sein Handy ans Ohr. Er ohne weitere Einleitung: »Machen wir heute Filmeabend? Ist grad Ben & Jerry's im Angebot.«

Hamburg – Kiel. Sonntagnachmittag. Ein Mädchen tauscht sich mit ihrer Freundin am Telefon über die Errungenschaften des Wochenendes aus. Sie: »Ich glaub, der Mann hat Alzheimer. Erst vergisst er, dass er 'ne Freundin hat, und dann vergisst er, dich anzurufen.«

Frankfurt – Berlin. Ein etwa Siebzehnjähriger mit Baggyjeans am Telefon: »Bin jetzt bei Frankfurt. Okay, dann mach schon mal klar: sechs Wodka, zwei Jägermeister, zwei Kästen Bier … Ja Mann, ich hab doch noch fünfzig Euro von meiner Oma.«

München – Heidelberg. Eine junge Frau telefoniert mit ihrem Freund und bespricht Details einer Geburtstagsparty. Sie: »Schnittchen? Aber die Moni ist doch glutenintolerant!« Kurze Pause, er erwidert etwas Unverständliches. Sie genervt: »Nee, nicht wegen Instagram.«

Freundliche Übernahme

Allein mit dem Handy

Wenn mir sehr langweilig ist, pfusche ich in meinem Sozialleben herum. Wenn ich nur lange genug warte, geht es los. Erst schreibe ich den engen Freunden. Dann den mittelengen.

Irgendwann, früher oder später, kämpfe ich mich durch einen Urwald an verwaisten Facebooknachrichten, E-Mails und SMS. Hier warten all die Kontakte, die seit Wochen oder Monaten Staub ansetzen.

DAUMENWUT, DIE

Plötzlich eintretender Zustand eines Social-Media-Rauschzustandes, bei dem der Reisende auf seine Isolation im Bus mit ununterbrochenem Nachrichtenschreiben, Feedscrollen, Stalken und Graben in der Inbox reagiert, bis am Ende sogar die vorletzte Geburtstagsnachricht von Tante Elsa mit einem seitenlangen Essay zum eigenen Leben beantwortet wird. Freunde, die unglücklicherweise online sind, werden mit neuesten Erlebnissen/Erkenntnissen/Fotos bombardiert, bis sie sich dezent aus der virtuellen Welt verabschieden (»Äh, ich muss dann mal wieder arbeiten …«). Positiver Nebeneffekt: Unterhaltung, Illusion von Effektivität. Negativer Nebeneffekt: schmerzende Daumen, Fingerkrampf, irritierter Bekanntenkreis.

Menschen mit mobilem Internetanschluss sind theoretisch immer und überall mit allen vernetzt, die sie jemals getroffen haben. All diese Kontakte schlummern auf ein paar Zoll in unseren Händen. Vielleicht ist das zu viel Macht für ein so kleines Gerät: Ich kann eine Freundschaft mit ein paar Fingerberührungen wiederbeleben oder beenden. Wie bescheuert das ist, wird mir immer dann bewusst, wenn ich im Bus sitze. Den Nachrichtensturm, der aus so einem Freundesnetzwerk resultiert, kann man kaum bewältigen. Deswegen ist es meine Taktik, sämtliche Nachrichten erst einmal zu ignorieren und dann langsam busfahrend abzuarbeiten. Gäbe es den

Nah- und Fernverkehr nicht, wären meine Freundschaften nur halb so gepflegt.

Busfahren hat auf meine digitale Kommunikationsfreudigkeit einen ähnlichen Effekt wie ein Glas Sekt. Ich werde redselig, tippe drauflos und melde mich bei Menschen, die meine Existenz mittlerweile schon verdrängt haben.

Plötzlich bekommt zum Beispiel eine alte Studienfreundin eine überschwängliche Antwort auf ihre Geburtstagsnachricht von vor zwei Monaten. Ich freue mich in dem Moment wirklich, dieser Person zu schreiben, die im Alltag sonst untergeht. Auf einmal kommt mir die Welt wieder ein bisschen kleiner vor. Ich erinnere mich an den gemeinsamen Abend, an dem wir im Vollsuff um eine Kirche liefen, das Pasta-Essen auf ihrem Balkon und dass ihre Haare immer nach Männershampoo rochen. Sie schreibt zurück.

Für einen Moment tauchen wir wieder in das Leben der anderen ein. Die Vertrautheit ist da, ich weiß noch, wie es ihr das letzte Mal ging, als wir uns gesehen haben. Nur die Karte, die wir vom Leben des anderen haben, hat ein paar weiße Stellen. Ist sie immer noch mit dem Typen zusammen, der damals lieber mit einem Kumpel an die Atlantikküste in den Urlaub fahren wollte als mit ihr? Hat sie die Abschlussprüfung geschafft, vor der sie so Angst hatte? Sie weiß noch von meiner Horror-WG und fragt nach der offenen Bewerbung. Nun können wir die weißen Stellen zwischen jetzt und damals füllen.

Anders geht es nicht: Bei eingerosteten Freundschaften erlebt man eher Informationsschauer nach Informationsschauer als einen gleichmäßigen Strom. Das kann viele Gründe haben: Einer ist in eine andere Stadt gezogen, hat einen neuen Freundeskreis, oder es ist einfach sehr viel Zeit vergangen, seit man sich das letzte Mal wirklich nah stand.

Manchmal ist das alles, was bleibt: Ein kleines Lebenszeichen, das man sich zwischendurch funkt, während beide in unterschiedliche Richtungen übers Meer tuckern. Für einen kurzen Moment werden wir noch mal zu Gefährten. Wir können uns über die Ferne Gesellschaft leisten und geben uns für einen Augenblick das Gefühl: »Ich bin noch da.« Und wenn das alles ist, das von einer Freundschaft übrig bleibt, finde ich das gar nicht mal so schlecht. Wir unterhalten uns fast eine Stunde.

Irgendwann frage ich: »Wo bist du gerade?«

Fernverkehr macht nicht nur mich redselig: »In der Bahn«, schreibt sie.

Stromlos glücklich

Es gibt ein paar individuelle Gesetze des Alltags, Sachen, die einem im Leben immer wieder passieren. Sie sind für jeden Mensch verschieden: Ich verbrenne grundsätzlich meinen Toast, parke dafür selten in mehr als drei Zügen ein und stehe im Supermarkt meistens an der schnellsten Schlange (bis ich merke, dass ich die Milch vergessen habe). Mein persönliches Gesetz für den Fernbus: Ich hetze in letzter Sekunde hin, sitze aber trotzdem fast immer an einem Fensterplatz.

Allerdings funktioniert dafür meine Steckdose bei zehn Fahrten gefühlt nur zweimal. Es ist fast so, als würde meine Gegenwart die Bordelektronik in Bussen aus dem Gleichgewicht bringen. Ich hätte gern wissenschaftliche Daten dazu. Ich tue, was ich tun muss, um die Elektronik am Leben zu erhalten und nicht in der Entertainmentwüste zu verdorren. Normalerweise ist es so: Ich krieche auf allen vieren auf wenigen Metern zwischen Sitz und Rücklehne und versuche, irgendwie und irgendwo an eine funktionierende Steckdose zu kommen. Ich keuche, wechsle Sitzplätze und beuge mich verzweifelt über die Steckdose, um eventuelle Fehlschaltungen zu überprüfen – ein Stecker, eine Dose, wie viel kann da schiefgehen? –, während es an allen anderen Plätzen zufrieden lädt, grün leuchtet und Batteriesymbole immer voller werden. Vielleicht ist das mein persönliches Los im Leben, ganz ähnlich so, wie manche Menschen von jeder Katze gekratzt werden oder ihre Autos überdurchschnittlich oft Pannen haben. Zu Katzen habe ich ein gutes Verhältnis, zu Autos auch. Nur zu Bussteckdosen nicht. Vielleicht nennt man das ausgleichende Gerechtigkeit.

Besonders gerecht ist es jedenfalls nicht, finde ich. Von meiner Steckdose, die gerade noch funktionierte, nur Gleichgültigkeit, das Ladelämpchen bleibt farblos.

Ein paarmal hing ich schon an fremden Hörern, weil sich mein alterndes iPhone jenseits der Dreißig-Prozent-Grenze aus nur ihm bekannten Gründen spontan und überraschend abschaltete. Freunde sind völlig entnervt, wenn ich ihnen nach stundenlanger Funkstille über den Facebook-Account eines Fremden kurz die Nachricht schicke: »Scheiße, Handy leer, bin in 2h da, Adresse?«

Unter meinem dunklen Stern leiden aber auch die anderen Mitfahrer. Eine Kombination aus schlechtem Steckdosenkarma und mangelnder Organisationsfähigkeit macht mich auf Busreisen absolut unverträglich. Ich vergesse gern und viel. Neben Mützen, Handschuhen, Personalausweisen und Regenschirmen sind Kabel dafür besonders geeignet – sie sind klein, leicht übersehbar und landen bei mir meistens unter dem Bett. Anders als ein Handschuh kann ein Kabel auf Reisen auch für andere entscheidend sein. Mein iPhone, das pünktlich zum anderthalbten Geburtstag seinen vorprogrammierten Schleichtod begann, schaltet sich seit Kurzem einfach aus und geht auch nicht wieder an. Erst wenn man es etwa zehn Minuten lang ans Kabel hängt, leuchtet der Bildschirm wieder auf (Akku: 33%).

Auf dem Weg nach Hamburg. Ein komischer Tag, von innen wie von außen. Das Wetter kann sich nicht so richtig entscheiden, mal Regen, mal Sonnenschein und zwischendurch Wind. Ich werde in wenigen Stunden und nach langer Zeit einen alten Freund treffen und bin mir noch nicht ganz so sicher, wie ich das finde. Mal spüre ich Vorfreude in mir, dann wieder etwas Wut und auch ein klein wenig Angst. Wir haben uns vor langer Zeit im Urlaub zerstritten. Nach einem schlimmen Streit jemanden zu besuchen ist ein kleines Kamikazeunternehmen. Es liegen einige Möglichkeiten vor uns. Wir könnten uns anschreien, uns in die Arme nehmen, uns aussprechen oder aber uns nach einem verkrampften und hoffnungslosen Gespräch wortlos voneinander verabschieden und nie wieder anrufen. Mein Busticket geht erst am nächsten Tag zurück. Für die Versöhnung tickt also die Uhr. Ich bin nervös. Erst jetzt fällt mir auf, dass der Plan grobe Lücken hat. Egal, wenn alles schiefgeht, schlafe ich die Nacht einfach auf einer Parkbank an der Reeperbahn und gehe am nächsten Tag ins Museum. Da: Doch lückenloser Plan.

Ich sitze neben drei Freundinnen, die sich über den Gang eine Flasche Sekt teilen. Sie sind auf dem Weg zu einem Junggesellinnenabschied, singen Backstreet Boys und tragen Federhaarreifen zu hellblauen T-Shirts, auf denen steht: »Game over, Jana«. Ich hoffe, dass sie nicht gleich anfangen, Tampons zu verkaufen. Ich krame in meiner Tasche nach dem Laptopkabel. Es ist nicht da. Ich klappe meinen Laptop auf, während Moni, Jana und Yvonne einen Kümmerling kippen und sich die Deckel auf die Nase setzen. Mein Akku: sechs Prozent. Ich schaue auf mein Handy: dreißig. Jetzt kann ich meinem alten Freund noch keine Stauinfos durchgeben, wir sind gerade erst losgefahren. Da fällt mir auf: Wir haben gar nicht ausgemacht, wo wir uns treffen. Ich öffne WhatsApp und habe gerade zwei Worte getippt, als der Bildschirm schwarz wird. Scheiße.

Handymusik von links, die Mädels kommen in Fahrt. Eine Gruppe Männer aus der Hinterreihe hat sich dazugesellt und lehnt jetzt lässig über ihre Sitze, die giftigen Blicke des Fahrers ignorierend. Man tauscht sich aus über Feierlocations und Beziehungsstand. Von wegen game over, Jana.

Einzige Möglichkeit: Ich muss mein Handy über den Laptop laden. Aber statt des neuen Ladekabels habe ich mein altes eingepackt. Anscheinend war ich nervös beim Packen? Ich stehe umständlich auf und frage durch die Reihen, ob jemand ein Ladekabel für mein iPhone 5 hat – hat keiner! Und mein Laptop ist mittlerweile auch aus.

Neben mir geht die Party weiter. Duckface für die Follower, die Männer heben Jana hoch, sie quiekt. Vorsichtig nähere ich mich.

»'Tschuldigung, mein Handy ist aus, und ich müsste ganz dringend mal jemanden …«

Kurze Irritation, Moni wollte gerade den Instagram-Filter auswählen. Sie reicht mir ihr Handy.

»Danke!«, sage ich.

Sie lächelt gequält, und ich merke erst jetzt, dass sie Glitter auf den Wangen hat.

Ich habe die Nummer meines alten Freundes nicht im Kopf, also bleibt nur noch Facebook. Das WLAN spinnt. Mein

Stresspegel ist mittlerweile höher als im Mathe-Abi. Ich rutsche unruhig auf dem Sitz hin und her. Das Horrorszenario wird immer realistischer: Ich durch Hamburg irrend, er zu Hause, sicher, dass ich ihn versetzt habe und wahrscheinlich nie in den Bus gestiegen bin. Game over.

Plötzlich drückt mir jemand ein kleines Plastikbecherchen in die Hand. Alle schauen mich an. Sie brüllen: »Shot! Shot! Shot!« Ich denke an meinen alten Freund und uns und das große Hamburg ohne Handy, in dem wir uns allen Anzeichen nach noch einmal verlieren werden, diesmal wahrscheinlich endgültig. Ich kippe den Schnaps. Und noch einen. Ich glaube, irgendwann mache ich mit Moni und Jana Instagramfotos, auf denen wir uns Küsschen zupusten. So genau weiß ich das nicht mehr. Was ich noch weiß: Ich schicke ihm irgendwann eine Nachricht auf Facebook, er antwortet nicht.

Hamburg. Als wir ankommen, habe ich etwa acht Shots geext. Es regnet. Ich steige aus, meine Knie sind Pudding. Da, neben dem Kiosk: eine große Gestalt. Ich erkenne seine gesenkten Schultern und sein scheues Grinsen. Er steht da und wartet auf mich. Sein Gesicht ist nass vom Regen. Er nimmt mich in den Arm und sagt: »Sorry, mein Akku war leer. Ich dachte, ich hol dich besser ab.«

10. Geruhsame Nacht

Vom Versuch, im Bus zu schlafen

Wien – Berlin. Am Morgen nach der durchfahrenen Nacht wackelt ein älterer Herr in Bademantel durch den Gang und fragt den Busfahrer: »Wann gibt's denn Kaffee?«

Berlin – Wien. Gegen sechs Uhr morgens kommt eine Dame mit Handtuch auf dem Kopf aus der Bordtoilette, läuft vor zum Fahrer und fragt: »Haben Sie 'nen Föhn?«

Eigentlich keine gute Ausgangssituation: Es ist vier Uhr morgens. Ich stehe allein an einer verlassenen Straße in Freiburg und warte auf den Bus nach Heidelberg. Ich war auf dem Geburtstag einer Freundin und muss zum Frühstück wieder bei meiner Familie sein. Es ist dunkel und kalt. Ich laufe die verlassene Straße auf und ab, um mich warm zu halten. Der Bus hat vierzig Minuten Verspätung. Ganz schön viel in einer Oktobernacht. Dann, endlich, biegt das große Fahrzeug um die Ecke. Die Tür geht auf und entlässt warme Luft in die Nacht. Ich zeige mein Ticket, aus den Sitzreihen dringt gleichmäßiges Atmen und lautes Schnarchen. Ein bisschen ist es, wie die Tür zum Schlafsaal aufzumachen. Das nennt man also Nachtruhe. Eigentlich ein kleines Wunder: Plötzlich herrscht da Friede und Wohlgefallen, wo gerade noch Telefongeschrei und Musik zu hören waren.

Der Nachtbus kommt aus Bayern, auf den Sitzen schlummern ein paar starke Männer. Ich höre ein Konzert aus Schnauben, Pfeifen und Grollen, immer wieder mischt sich ein Schmatzen darunter, gelegentlich erklingen ein paar ungewöhnlich hohe Töne. Ich sinke wie stoßgedämpft auf einen freien Sitz, schäle mich vorsichtig aus meinem Mantel und höre in den Bus hinein. Es ist immer noch ziemlich früh am Morgen, ich bin immer noch müde, aber auf einmal finde ich das alles nicht mehr schlimm. Ich höre die sanften Geräusche, sehe die schemenhaften Umrisse von Straßen, Bäumen, Häusern. Da oben brennt noch ein Licht. Wer ist jetzt noch wach? Ich sehe die Körper auf den Sitzen, Brustkörbe, die sich heben und senken, und die Hände des Fahrers am Steuer, die Lichtkegel auf grauem Boden. Über all das legt sich die Ruhe der Nacht.

Die Nacht ist ein Dazwischen. Die Welt steht still in einem zauberhaften Zustand, den man sonst einfach verschläft. Es ist still und doch nicht still. Dunkel und doch nicht dunkel. Es gibt nur ein paar Spuren vom Leben, das hier tagsüber stattfindet.

Vor meinen Augen ziehen Plätze, Städte und Dörfer vorbei, die zu ein paar Lichtern verschwimmen. Fremd sehen die Dinge nachts aus, ein bisschen wie im Traum. An der Seite verschwindet etwas mit Fell vor den Scheinwerfern im Gebüsch. Jemand hustet. Auf dem Weg zur nächsten Haltestelle fahren wir durch ein Industriegebiet, ein paar Lichter sind an und beleuchten gelbe Container, Gestrüpp und Maschendraht. Die Laternen reihen sich an breite Straßen. Wir sind gleichzeitig überall und nirgendwo.

Die Städte sind fast schwarz, bis auf die Schaufenster, Schilder und Straßenlaternen, nur ein paar Gestalten warten hier auf den Bus. Pffscht, macht die Tür sanft, und noch einer steigt ein. Auch er wird umarmt von Wärme und Schnarchgeräuschen. Es ist schwer, sich die verlassenen Straßen mit Menschen vorzustellen. Fast wirkt es, als wären wir allein auf der Welt. Der Raum, den wir hier drinnen teilen, scheint fast heilig.

Ein Gefühl trägt mich schaukelnd durch die Nacht: Jetzt, in diesem Moment, ist alles in Ordnung. Draußen ist die Nacht, drinnen sind wir. Draußen ist es kalt, drinnen ist es warm. Es geht uns gut, zusammen. Der neue Tag ist noch nicht ausgeschlafen, die Nacht will nur, dass wir langsam ein- und ausatmen. Die Zeit steht auf Pause.

Dieses Gefühl hat einen Namen: Geborgenheit. Es erinnert mich daran, wie meine Eltern mich nachts mit schwerem Kopf ins Auto trugen, wenn wir auf Reisen waren oder spätabends bei Freunden. Kurz wachte ich auf, wenn mein Kopf den Rücksitz berührte, hörte sanftes Flüstern und den Motor, blinzelte und wusste: Ich kann beruhigt weiterschlafen. Jemand bringt mich nach Hause.

Der Bus schaukelt, die Straße macht ein paar Biegungen, meine Wange wird gegen die kalte Scheibe gedrückt. Da hinten, ganz langsam, wird der Himmel rosa. Bald geht die Sonne auf. Und dann sind wir da.

Schockstarre und Sabberphase

Gefangen auf dem Sitz

Nachtfahrt von Berlin nach Wien. Gegen sieben Uhr morgens sind wir endlich da. Nach neun Stunden Fahrt sind wir alle mehr als zerknautscht. Ich strecke mich und gähne laut. Mein Nachbar zu mir: »Wer morgens zerknittert ist, hat tagsüber viele Entfaltungsmöglichkeiten.«

So schön die Nachtfahrt auch sein kann, der Zauber der Nacht weicht auf langen Fahrten früher oder später bleierner Müdigkeit. Irgendwann will ich nicht mehr gucken, sondern schlafen. So auf einer Fahrt von Wien nach Berlin. Ich bin seit zwei Stunden auf dem Weg. Draußen die Lichter, mein Kopf wird dumpf und schwer. Es ist etwa zwei Uhr morgens, und ich finde gar nichts mehr zauberhaft. Wenigstens habe ich einen Doppelsitz ergattert. Der Doppelsitz ist der einzige Ort im Bus, der Schlaf in die Nähe des Möglichen rückt. Doch auch er ist kein Bett, eher halb Bierbank, halb Fernsehsessel. Einigermaßen gemütlich zwar, aber weder weich, groß noch verstellbar genug, um Schlaf wirklich genießen zu können. Was auf dem Doppelsitz allerdings prima klappt, ist Ruhen. Ruhen ist in meiner Familie ein Lieblingswort. »Dann ruhst du eben« oder »Ich ruhe kurz«: Solche Sätze sagt man, wenn man weiß, dass Schlaf meilenweit entfernt ist, aber man wenigstens für ein paar Minuten die Augen schließen kann. Anders als zu Hause stellt sich im Bus jedoch die Frage: Wie genau soll das eigentlich gehen?

Man könnte meinen, es gäbe nur begrenzte Varianten, den menschlichen Körper auf einem Sitz zu arrangieren. Falsch.

Mit der Zeit entwickelt sich unter Nachtbusreisenden diesbezüglich ein mildes Expertentum, das sie gerne an andere weitergeben. Wer in die Runde fragt, bekommt genaue Instruktionen (»... und dann schiebst du seitlich das Knie unter der Armlehne durch, während der Kopf auf der Nackenrolle ...«).

Schlaf oder zumindest der schlafähnliche Zustand, der sich im Bus erreichen lässt, durchläuft meiner Erfahrung nach immer ähnliche Stadien. Es beginnt mit der Unruhephase, gleichbedeutend mit wildem Umherwälzen, bis eine geeignete Position gefunden ist. Darauf folgt die Schockstarre, das Verharren in genau dieser Position bis zum gefühlten klinischen Absterben diverser Körperteile. Mit viel Glück setzt noch vor Alarmschlagen des Schmerzzentrums die Sabberphase ein, die sich durch Entgleisung der Gesichtszüge auszeichnet. Der wenig erholsame Dämmerschlaf endet meist nach etwa ein bis zehn Minuten mit einem stechenden Schmerz, aus dem man sich schleunigst befreien muss. Nun kommt der schwierigste Teil, der unangenehme Versuch des Auseinanderfaltens von unkontrollierbar miteinander verknoteten Körperteilen. Der Kreislauf lässt sich im Grunde endlos wiederholen, bis der Bus endlich in die Endhaltestelle einfährt. Auch wenn ich das alles weiß, fährt die Hoffnung jedes Mal mit: Vielleicht schlafe ich dieses Mal ja wirklich tief und fest.

So auch auf dem Weg von Wien nach Berlin. Ich versuche die erste Liegeposition. Den Rücken zur Lehne, die Beine angewinkelt, den Kopf auf den Armen und Schal. Ein Teil des Sitzgurts schneidet in meine Hüfte, die Knie stoßen an den Vordersitz. Mein Arm kribbelt. Ich wickle den Schal neu. Nein, so geht es nicht. Aber vielleicht so?

Der Versuch, meine Beine im Gang zu lagern, scheitert. Die äußere Armlehne lässt sich nicht verstellen, und ich muss umständlich mit meinen Füßen darunter durchtauchen. Alle zehn Minuten bleibt jemand hängen und reißt mich aus meinem Dämmerzustand – offensichtlich schlafen auch die anderen nicht.

Liegeposition zwei, mit dem Gesicht zur Lehne: Jetzt schneidet der Sitzgurt nicht mehr ein, aber meine Knie stoßen an die Polster. Außerdem eine unschöne Vorstellung, das Gesicht genau dorthin zu pressen, wo vorher tausend andere ihren Hintern hatten. Ich versuche, meine Beine irgendwie unter die Armlehne zu klemmen. Mein Fuß kribbelt.

Ich wechsle in die dritte Position: auf den Rücken. Während mein rechter Arm an der Seite baumelnd einschläft, beginnt mein Fuß nun langsam, aber unnachgiebig aufzuwachen. Ganz ehrlich, wer kann so schlafen? Ich fühle Wut. Auf den bescheuerten Sitz und diese beschissene Fußlehne, auf diesen Bus und die Nacht, die noch so lang ist, und überhaupt auf mich, meine Naivität und auf die Leute, die die Idee gut fanden, Menschen nachts in Busse zu setzen.

Mit der Müdigkeit verhält es sich ähnlich wie mit Hunger – wenn die Toleranzgrenze überschritten ist, muss es schnell gehen. Ich brauche Schlaf. Jetzt sofort. Plötzlich scheint mich alles davon abzuhalten: die viel zu warme Luft. Der unbequeme Sitz. Die Schuhe an den Füßen. Das rhythmische Schnarchen um mich herum. In meinem Kopf quäkt ein trotziges Kleinkind: »Magichnichtmagichnichtmagichnicht!« Endlich, die Beine in einer yogaähnlichen Position umeinandergeknotet, nicke ich weg. Dreißig Sekunden süße Ruhe. Dann lässt mich ein plötzlich über mich hereinbrechender großer Schmerz hochschrecken. Unterhalb der Hüfte ist so ziemlich alles eingeschlafen, was mein Körper zu bieten hat.

Der Versuch, im Bus zu schlafen, ist ein Kampf zwischen

Hoffnung und bitterer Enttäuschung. Am Ende steht meist die Erkenntnis, dass es unmöglich ist. Liegen geht nicht. Liegen ist aber leider für die meisten Menschen, so auch mich, zum Schlafen notwendig. Warum kann man in einem Bus also nicht liegen?! Ich hasse die Welt. Kurz, aber heftig.

Ich gebe mich geschlagen und öffne die Augen. Draußen schwarze und rote Lichter, eine Reihe an langsam vor sich hinziehenden Lkws, ein gebeugter Vorderarm, ein Neonschild in einem kleinen Autofenster, darauf steht: Renate. Die Autos auf den Straßen: Alle sind wach. Ich bin nicht allein.

Fünf beliebte Schlafpositionen, die garantiert fast funktionieren

Nachtfahrt von Berlin nach München. Beim Einstieg in Berlin fragt eine Frau den Fahrer: »Ich würd gern in Würzburg aussteigen, können Sie mich wecken?«

Im Bus von Wien nach Berlin scheinen einige zu schlafen – oder zumindest zu ruhen. Hier dreht sich ein Rücken, da verschränken sich Arme, jemand atmet hörbar laut aus. Ich will wissen, wie die das machen. Vielleicht kann ich mir ja was abschauen? Jeder hat offenbar seine eigene Schlaftechnik entwickelt: Ein Mann sitzt aufrecht mit geneigtem Kopf, die Zeitung klemmt ihm noch zwischen den Knien, auf dem Doppelsitz über den Gang hat sich jemand, von dem nur ein paar Locken erkennbar sind, gänzlich mit seinen Klamotten verwoben.

Vorne rechts entdecke ich ein übereinandergestapeltes Paar. *Das Tandem* will die Zweisamkeit gewinnmaximierend nutzen. Auf Deutsch: Beide versuchen sich gegenseitig als Kissen zu missbrauchen. Doch leider zieht einer dabei immer den Kürzeren. Während Partner eins sanft auf einer Oberschenkel-Schal-Konstruktion schlummert, kämpft Partner zwei mit tauben Zehen und Nackenstarre. Hier scheidet sich der Romantiker vom Realisten: Er/Sie sieht im Schlaf so friedlich aus vs. Ich fühle meine Beine nicht mehr. Oft entwächst diesem Szenario ein handfester Streit, der in seinem Fortgang leider dafür sorgt, dass auch in den umliegenden Reihen keiner mehr ein Auge zukriegt.

Während ich mich immer noch hin und her wälze, ruht auf dem Gangplatz neben mir *der Unbeugsame*. Anders als der Rest der Welt kann er immer und überall. Dieser Typ ist fast noch schlimmer als der Karottenfresser. Aufrecht und mit im Neunzig-Grad-Winkel durchgedrückten Knien unterscheidet sich seine Schlafposition nur minimal von der Sitzposition. Lediglich der maximal geöffnete Mund und geneigte Kopf verraten, dass hier geschlafen wird. Diese Taktik ist besonders unter Langstreckenprofis und Bundeswehrsoldaten verbreitet, da sie überlebensnotwendig ist. Der Unbeugsame schafft es, fünf Stunden durchzuschlafen, ohne seine Position zu korrigieren, dann erwacht er genau fünf Minuten vor der Abfahrt und steht mühelos auf, ohne sich zu strecken. Er ist der Einzige, der im Bus einigermaßen erholsam schläft. Liegt auch daran, dass er selbst gerne ohrenbetäubend schnarcht. Dass ich aufs Klo muss, ist kein Problem: Der Unbeugsame erwacht schließt innerhalb von Sekunden die Augen, als wäre nichts gewesen.

Auf dem Weg zur Toilette muss ich über ein Paar Beine steigen. *Die Brücke* ist eine pseudoathletische Schlafposition auf dem Doppelsitz, bei der sowohl Arme als auch Beine an den Seiten herunterhängen, während alles von Kopf bis Oberschenkel auf den Sitzen ruht. Menschen, die in dieser Position vom Sitz baumeln, haben den Kampf mit ihren Gliedmaßen aufgegeben. Auch ihre Mitfahrer sind ihnen egal – diese müssen auf dem Gang kunstvoll um sie herumturnen. Nachteil: Das Kribbeln in den Extremitäten halten nur Fakire und Vollsuffleichen aus.

Kurz vor der Toilette schläft *der Biber*, ein Seitenschläfer, der sich aus Mantel, Schal und Gepäckstücken ein Fort gebaut hat, aus dem nur noch wenige Körperteile und der Haaransatz herausschauen. Durch Raff- und Rotationsbewegungen gräbt der Biber sich so sehr in sein Heim ein, dass er daraus ungern wieder hervorkommt beziehungsweise auch schlecht wieder hervorkommen kann. Besonders heikel: die Pinkelfrage. Steht er auf, zerstört er sein Werk und muss noch mal von vorne anfangen. Faustregel: So gemütlich wie vorher wird es nie mehr.

Auf dem Gang kommt mir *das Irrlicht* entgegen. Ein ganz sensibler Mitmensch, für den das Leben generell selten problemlos verläuft. Ist über seine Schlaflosigkeit im Bus so pikiert, dass er sie mit theatralischen Seufzern, affektiertem Herumwälzen und genuschelten Halbphrasen kundtut (»Was is 'n das für 'n Scheiß hier … Man kann ja nicht mal … Und wie soll ich jetzt?!«). Macht durch fahriges Sitzverhalten und rastloses Herumirren auf dem Gang alle nervös. Irrt so lange herum, bis er schließlich erschöpft in einen Sekundenschlaf fällt, aus dem er mit Schmerzen im Steißbein erwacht. Bucht das nächste Mal den Schlafwagen in der Bahn und erzählt seinen Freunden noch jahrelang von der »traumatisierenden« Nachtfahrt im Bus. Die Wahrheit: Schlafen kann das Irrlicht noch nicht mal im eigenen Bett. Ich kann das Irrlicht gut verstehen. In seinem Gesicht regieren Augenringe und derselbe resignierte

Blick, den ich mittlerweile draufhabe. Wir tauschen ein stilles Nicken. Verbündete gegen die Nacht.

Zurück am Platz warte ich auf das Schnarchen des Unbeugsamen und höre stattdessen leises Rascheln aus den Reihen. Die schlafen gar nicht alle. Ich glaube, die ruhen.

Schlafen neben Goliath

Es ist 3.07 Uhr, und mir tut alles weh. Ich befinde mich noch immer im Nachtbus von Wien nach Berlin, habe jeden Versuch zu schlafen aufgegeben und starre stattdessen gebannt auf ein paar rote Ziffern am Ende des Gangs. Von insgesamt neun Stunden Fahrt sind erst drei vorbei. In einer Position, die ich weder als Sitzen noch als Liegen beschreiben würde, harre ich aus und zähle die Sekunden, bis aus der Sieben eine Acht wird. Genau jetzt fällt mir auf, wie unglaublich unbequem meine Hose ist. Die Falten schneiden ins Fleisch. Ich hebe meine Hüfte und versuche, die Hose erst Richtung Kniekehle, dann zum Knöchel hin auszubügeln. Warum habe ich keine Leggings an? Die Uhr springt auf 3.08 Uhr. Eine Minute fühlt sich an wie eine Ewigkeit.

Über Nacht Bus zu fahren sollte doch eigentlich bedeuten, Lebenszeit zu sparen. Schlafen muss man sowieso. Statt also einen halben Tag Däumchen drehend im Bus zu sitzen, lässt sich die Reise einfach komatös verschlafen. Soweit die Theorie.

Tatsächlich funktioniert Schlaf im Bus nur in zwei Zeiteinheiten: Sekunden und Minuten. Wie ein Patient im Krankenbett sitze ich halb aufrecht auf einem Knäuel aus Schaljackepulli und versuche, die Beine auszustrecken, ohne dass mein Hintern anfängt zu kribbeln. Die Fußstütze schleift auf dem

Boden, sämtliche Versuche, sie zum Einrasten zu bringen, scheitern. Ohne Fußstütze auf einem Einzelsitz zu schlafen ist ungefähr so wahrscheinlich, wie auf einem Frachter bei Sturmflut zur Ruhe zu finden. 3.09 Uhr. Ein taubes Gefühl breitet sich von der Mitte zu den Oberschenkeln aus. Mein Hintern fängt an zu kribbeln. Ich drehe mich zur Seite und blicke dem Koloss von Mann entgegen, der seit der letzten Haltestelle neben mir sitzt. Etwa hundertfünfzig Kilo schwer, rosanes Gesicht. Überhaupt alles an ihm ist fleischwurstfarben und wahnsinnig riesig: die Hände, die Knie, die Nase und die Füße. Ich stelle mir vor, dass er sehr gut Armdrücken kann und sechs Weißwürste mit Brezn zum Frühstück isst. Er schnarcht mit einem tiefen Grollen. Dabei lächelt er, die Hände vor sich auf dem riesigen Bauch gefaltet. Ich taufe ihn Goliath. Ich würde mich gern zur Seite drehen und mir mein Schaljackepulliknäuel in den Rücken und in die Ecke Richtung Fenster stopfen. Aber Goliath schläft mit beiden Knien zur Seite weggeklappt, wie ein Metzgerhähnchen. Sobald ich Platz mache, weiten seine Beine ihre Grätsche und folgen mir bis auf wenige Zentimeter nach rechts. Er grunzt. Ein unbeweglicher Fels, an den ich mich entweder schmiegen oder von dem ich mich auf meinen extrem begrenzten Lebensraum zurückziehen kann.

Gerade ausgestreckt versuche ich, mich abzulenken. Ich lese etwa zwei Seiten, dann kommt das Kribbeln zurück. Ich versuche, mich ganz aufzurichten, die Füße auf dem Boden. Meine Arme sind verschränkt. Es ist warm im Bus. Wir schaukeln. Ich döse. Es donnert von weit weg. Goliath jagt mich mit einer Keule über eine Landschaft aus Weißwürsten. Ich bin gerade dabei, eine Steinschleuder aus meinem BH-Träger zu bauen, als ich auf etwas Hartem lande. Ich öffne die Augen. Es ist Goliaths Schulter. Vorsichtig lehne ich meinen

Kopf nach rechts. Draußen Schwärze, drinnen leuchten nur vereinzelt ein paar Leselampen. Sind wir noch in Österreich? Der Bus wird langsamer, wir nehmen eine Ausfahrt. Auf einmal tauchen Schilder aus der Dunkelheit auf. Eine Sprache, die ich nicht spreche, ein Land, in dem ich noch nie war. Ein Schild: Praha. Draußen zieht das nächtliche Prag vorbei. Plötzlich bin ich wieder wach und sehe leere Fenster, ein paar Kneipen, eine breite Straße, Wohnhäuser und Supermärkte. Ich warte auf Prachtbauten und Sehenswürdigkeiten, auf den Fluss und die Brücken, ein Nachtpanorama. Stattdessen biegen wir irgendwohin ab, wo uns Dunkelheit verschluckt. Absolutes Nichts. Dann Vororte und Tankstellen. Doch das Normale ist mindestens genauso spannend, wenn man in fremden Ländern ist. Alles ist so anders, die Farben, die Schriften, die Häuser, die Reklame für ein Waschmittel. Über allem liegt der Zauber des Unbekannten. Es ist spannend, nicht, weil ich Vororte spannend finde, sondern weil ich weiß, dass ich nicht zu Hause bin. Ich bin wirklich auf der Reise. Auch nachts. Goliath schnarcht noch immer, und ich möchte ihn am T-Shirt ziehen und sagen: »Goliath, guck mal, wir sind in Prag! Du verpasst was.« Doch er dreht sich mit einem Ruck zur anderen Seite. Jetzt bohrt er mir seine Schuhsohlen ins Bein. Eigentlich müsste ich mal dringend aufs Klo. Doch der unbeugsame Riese versperrt mir den Weg.

Kurz nach vier, ein paar Menschen stehen vereinzelt in der Kälte auf einem kargen Platz, ich sehe ihren Atem als Wolke über ihren Köpfen. Ein paar steigen aus, Autos warten mit laufenden Motoren am Straßenrand. Ein paar sind eben doch noch wach. Wo wollen sie hin? Nach Hause?

Plötzlich etwas Weiches auf meiner Schulter. Es ist Goliaths Kopf. Er liegt jetzt fast schräg und drückt mich mit hundertfünfzig Kilo gegen die Wand. Ich halte kurz still und überlege, was ich tun soll. Für solche Momente bräuchten Busse einen Schiedsrichter für Regelverstöße. Ich kann Goliaths Schnarchen auf meinem Arm fühlen. Ein bisschen fühlt es sich an wie damals, als die Französische Bulldogge meiner Schulfreundin (doppelt so groß wie ich) versuchte, auf mir Platz zu nehmen. Es war die Hand des Großvaters, die den Hund am Halsband packte und von mir wegzog. Goliath hat leider kein Halsband, und alle Großväter im Umkreis schlafen. Vorsichtig drücke ich seinen Kopf zurück auf seine Seite. Kurzes Grunzen, dann schnarcht er weiter.

Eine Frau steht auf. Sie hat vier prall gefüllte Discountertaschen dabei und schiebt sich damit zum Ausgang. Endlich, zwei Reihen weiter vorn, ein Doppelsitz. Das ist meine Chance. Ich schaue auf Goliaths friedlich gefaltete Hände, sein Lächeln und den sich mit jedem Pfeifen senkenden Brustkorb. Behutsam stehe ich auf und sammle meine Sachen zusammen. Etwas fällt, ich hebe es auf, etwas verheddert sich, ich entwirre es. Ich fühle die Müdigkeit durch meine Gesten hindurch. Vorsichtig tippe ich Goliath an die Schulter. Nichts tut sich. Einen Fremden zu wecken gehört zu den schwierigsten Aufgaben des Lebens. Geweckt wird man nur vom Wecker oder aber von Menschen, die man liebt. Man ist verletzlich, schutzlos im Schlaf. Vielleicht ist man gerade irgendwo, wo man gerne ist. Wer einen aus einem schönen Traum katapultiert, den muss man schon gerne mögen, sonst verkraftet man es nicht. Stattdessen schüttele ich, eine übermüdete Fremde, etwas energischer an Goliaths Schulter: »Entschuldigung?« Mit einem tiefen Grunzen setzt er sich ruckartig auf. »Dürfte ich kurz …?«, sage ich. Er reibt sich das Gesicht mit den Händen und wankt schlaftrunken auf den Gang, um mir Platz zu machen. Fast tut es mir leid. Aber schon schwebe ich dem Glück entgegen. Vor mir erstreckt sich gefühlt kilometerweit der Doppelsitz. Ich lasse meine Sachen auf meine zwei Sitze fallen. Ich glaube, Goliath ist nicht böse. Als ich mich umdrehe, sehe ich seine Füße in den Gang baumeln. Kurze Zeit später kann ich sein Schnarchen hören.

11. Fernbus-SOS

Auf den Ernstfall bestens vorbereitet

Berlin – Karlsruhe. Ein Pärchen steigt bei Frankfurt in den Bus. Er kommt von der Toilette zurück und verzieht das Gesicht. Sie: »Schlimm?« Er: »Das ist wie Tag drei bei Rock am Ring.«

Ernst wird es im Bus, wenn es um Grundbedürfnisse geht: Schlaf, Nahrung und Toilettengang. Eigentlich wissen wir seit der Kleinkindzeit, wie das alles funktioniert. Weil das Leben hier aber den Gesetzen der Straße unterliegt, können diese alltäglichen Dinge zum Drahtseilakt werden. Deswegen muss ein Fahrgast stets vorbereitet sein.

Anhalten!

Die Notdurft auf Reisen

Berlin – München. Der Fahrer in unterschwellig aggressivem Ton nach der ersten Pause am Rastplatz: »Ich hatte gesagt, verlassen Sie die Toilette in sauberem Zustand, andernfalls sehe ich mich gezwungen, sie abzuschließen. Das haben Sie jetzt davon, Sie Ferkel!«

Berlin – Wien. Ein sehr kalter Januar. Nach der Begrüßungsrede kurze Stille. Dann setzt der Fahrer erneut an: »Äh, und eins noch ... Wir haben die Toilette auf Winterbetrieb umgestellt, also bitte nur das Kleine. Sonst ... friert uns alles ein.«

PINKELFRAGE, DIE

Unausweichliches Dilemma der Busreise: Der Klogang wird mit der Reisedauer zur hygienischen und logistischen Herausforderung. Es gilt: Je früher, desto besser. Neben Zielgenauigkeit sind Beinmuskulatur und Festivalerfahrung von Vorteil.

In der Regel ist es ja so: Man muss in den unpassendsten Situationen aufs Klo. Im Kino, während der Klausur, beim Arzt, beim Vorstellungsgespräch. Busreisen sind dabei das Worst-Case-Szenario. Es ist eng, es wackelt, und man muss sich umständlich am Nebensitzer vorbeidrücken, der es sich gerade mit Laptop und Snacks zwischen seinem Gepäck gemütlich gemacht hat. Dass ich aufs Klo muss, bedeutet für uns beide mühsames Herausschälen aus unserer Gepäck-Snack-Konstruktion, im Gang aneinander vorbei, warten und dann das Ganze nach dem Klogang noch mal von vorn, diesmal in umgekehrter Reihenfolge. Deswegen ist meine Reaktion, sofern der Blasendruck nicht innerhalb der ersten Reisestunde eintritt: anhalten. In der Zwischenzeit hoffen, dass sich ein Rastplatz auftut. Noch mal über die Investition in eine »Urinella« nachdenken und Bilder der Sahara in Erinnerung rufen. Wissenschaftlich erwiesen ist, dass die Blase beim ersten Signal »Ich muss aufs Klo« noch lange nicht zum Bersten gefüllt ist. Leider hilft dieses Wissen in der Praxis nicht sonderlich weiter. Wer muss, der muss.

Nach eigenen Erkenntnissen liegt die Wahrscheinlichkeit, dass der Nebensitzer zu diesem Zeitpunkt schläft, bei etwa neunundneunzig Prozent. Das bedeutet, entweder wird der Nachbar jetzt unsanft geweckt (der Beginn einer die gesamte Fahrt andauernden Feindschaft), oder man versucht, kunstvoll über Gepäckberg samt Nebensitzer zu steigen. Entgegen eigenen Einschätzungen reicht eine durchschnittliche Beinlänge dafür meist nicht aus. Das Ergebnis einer solchen Todesgrätsche ist: irgendwo mittig zwischen die Beine des Schlafenden treten und in einer Schlaufe hängen bleiben. Mit einer Schüttelbewegung, die man von Zwergpudeln an Baumstäm-

SCHLEICHER, DER

Der Moment ist Teil jeder Reise: Ein übler Geruch zieht durch die Reihen. Jeder merkt es, keiner will's gewesen sein. Beim tatsächlichen Täter setzt oft gespielt lässiges Verhalten ein: In der Tasche kramen, Fensterstarren oder intensives Buchlesen in Kombination mit Anablephobie – der Angst, hochzusehen. Gekünsteltes Räuspern, Überreaktion und Schuldzuweisungen (»Boah, Melanie, du Sau!«) deuten ebenfalls darauf hin, dass sich hinter dem Opfer der Täter versteckt.

TODESGRÄTSCHE, DIE

Größenwahnsinnige Idee, sämtliche Hindernisse, die zwischen Platz und Gang liegen, mit einem riesigen Schritt zu überschreiten. Gleichzeitig Ausdehnen des Elastizitätsmaximums der Unterbekleidung sowie Schmerzgrenze des Nebensitzers. Endet nicht selten in zittriger Hockposition auf einem fremden Schoß und einem Fuß in der Proviantüte. Empfiehlt sich in Notsituationen ab einer minimalen Körpergröße von 2,10 m.

men kennt, versuchen, sich zu befreien, den Schwung mit einem großen Satz nach rechts ausgleichen, um nicht umzufallen. Die Tasche am Knöchel, plötzlich rittlings auf dem Schoß eines feingliedrigen Fünfzehnjährigen grätschen, der durch den unerwarteten Körperkontakt natürlich ruckartig erwacht. Blickkontakt. Randnotiz: Wer unfreiwillig auf dem Schoß eines Fremden sitzt, sollte Blickkontakt unbedingt vermeiden. Stattdessen empfiehlt sich, die universale Busformel »'Tschuldigung« zu nuscheln, sich ungelenk aus den Beinen des Nebensitzers zu befreien und auf dem Weg zur Bordtoilette zu überlegen, ob man ab der nächsten Haltestelle vielleicht doch lieber trampen möchte.

XEROPHOBIE, DIE

Angst vor Dürre und Austrocknung, die in Busreisen besonders durch die Veränderung der → Klimazone und Leerung der Wasserflasche einsetzt. Löst sich in einem zermürbenden Kreislauf mit der Pinkelfrage ab.

DÖRRKREISLAUF, DER

Unendlicher Kreislauf zwischen Verdurstung und gefüllter Blase, der im Bus verstärkt auftritt. Abhängig von körperlicher Betätigung (Tankstellensprint) und Klimaumschwung (von arktisch zu tropisch). Treffen beide Endpunkte zusammen, ergibt sich dieses absurde Busphänomen: Man muss gleichzeitig aufs Klo und hat wahnsinnigen Durst.

Der Akt des Pinkelns ist im Bus ja schon entwürdigend genug: In möglichst tiefer Hockstellung über der Schüssel hängen und mit angespannter Oberschenkelmuskulatur versuchen, Schlenker und Geschwindigkeitswechsel rechtzeitig abzufangen. Das gelingt nicht immer. Genauer gesagt, fast nie. Balancefähigkeit und Hygienebedürfnis werden nach Mehrfachbenutzung zudem stark auf die Probe gestellt. Der Boden verwandelt sich im Laufe der Fahrt in ein Schlachtfeld aus Toilettenpapier, die Vorräte schwinden, der Seifenspender spendet maximal luftige Schaumblasen, und irgendwann ist die Schüssel komplett verstopft. Vielleicht sind wir wirklich alle Ferkel. Vielleicht ist es aber auch einfach schwer, in der Hocke beim Slalomfahren zu pinkeln.

Als Regel halte ich mich deswegen an eine festivalerprobte Technik: Nase zu, Hose runter und möglichst schnell wieder raus. Alternativ setze ich auf die beschränkte Wasserzufuhr, oder ich finde Zuflucht am Rastplatz. Hier gibt es nämlich saubere Toiletten. Und noch dazu Wertbons für einen Toilettenbesuch. Wertbons sind bunte Stückchen Papier, für die man Geld zahlt, damit man sie bei der nächsten Wäsche zerfleddert aus der Jeans ziehen kann.

Bittere Notdurft

Eine lange Fahrt von Berlin nach München. Ich sitze vorausschauend am Gang und schäle mich halbwegs elegant vom Sitz. Ich war, dreißig Minuten vorm nächsten Rastplatz, eigentlich voll auf Verdörrungstaktik eingestellt: ausharren und nichts trinken. Aber so eine Blase interessiert sich nicht für taktisches Verhalten. Jetzt ist es mittlerweile mitteldringend und mein Tempo recht forsch, ebenso die Bewegung, mit der ich die Kabine öffne. Ein spitzer Schrei ertönt, ausgestoßen von einer verschleierten Dame, die auf dem Sitz thront. Ich, ebenso geschockt, lasse die Tür zurück ins Schloss fallen, die sich aber natürlich nicht schließt, sondern nun anfängt, analog zum Schaukeln des Busses unaufhaltsam auf und zu zu schlackern. Die Dame schreit noch immer, ich rufe TSCHULDIGUNGTSCHULDIGUNGTSCHULDIGUNG, greife noch einmal nach dem Türgriff und ziehe fest zu. Immerhin, jetzt sind nur noch dumpfe Schreie zu hören. Köpfe drehen sich. Als ich versuche, möglichst unauffällig den Gang entlang zum Sitz zurückzugehen, wird getuschelt. Mich durchbohrt der lodernde Blick des Ehemannes ein paar Reihen weiter hinten. Ein Gutes hat die Peinlichkeit: Aufs Klo muss ich jetzt nicht mehr.

Fix und fertig

Ausgehfein auf der Bustoilette

Die Toilette ist der einzige Raum im Bus, den man für sich hat. Logisch, dass man hier auch mal andere Geschäfte abwickelt als die, für die sie vorgesehen ist. So zum Beispiel auf einer Fahrt von Karlsruhe nach München. Meine Körperhaltung erinnert an einen kurzsehnigen Senioren im Ü60-Yoga: Ein Bein in der Luft, das andere an die Klotür gelehnt, versuche ich in diesem winzigen Plastikkubus, zurück in meine Strumpfhose hineinzubalancieren. Gemeinsam mit mir schaukeln ein Cocktailkleid, Stilettos und ein Schminktäschchen in der Kabine, mit deren Hilfe ich in den nächsten zwanzig Minuten versuchen werde, mir die Reise der vergangenen acht Stunden aus dem Gesicht zu schminken. In einer halben Stunde sind wir da. Zehn Minuten später beginnt ein Event bei einem Rundfunksender, bei dem ich möglichst professionell aussehen muss.

Mich vom flanellbehosten Reisemurmeltier in eine glanzvolle Galaerscheinung zu verwandeln erweist sich besonders in Kurvenlage schwerer als gedacht. Eigentlich sollte dieses Kunststück im Badezimmer einer Freundin stattfinden, aber wir standen über eine Stunde im Stau, und für Zwischenstopps bleibt nun keine Zeit mehr. Ich habe zwei Möglichkeiten: Mich hier, direkt neben meinem Sitznachbarn, in meine Strumpfhose zu robben oder die Wackelpartie auf dem Busklo zu wagen. Möglichkeit Nummer drei, im Schlafanzug auf den Geschäftsempfang, schließe ich nach kurzem Zögern aus.

Ich fühle mich reiseeklig. Die morgendliche Dusche ist in mehreren Lagen Stoff und Schweiß verdunstet, auf meinen Zähnen liegt ein pelziger Belag. Ich lege Deo nach und spüle mit Zahnpasta (die Zahnbürste ist zusammen mit meinem Parfüm in die unendlichen Tiefen der Tasche abgetaucht). Frisch ist anders.

Alle paar Meter ruckelt es unvorhergesehen, meine Hand landet abwechselnd mal im Waschbecken, mal überm Klo. So ähnlich muss sich ein Koch auf hoher See fühlen.

Die Strumpfhose sitzt mittelmäßig, für mehr ist hier kein Platz. Ich ziehe mir das Kleid über den Kopf, dies ist der kritische Moment: Für ein paar Sekunden schaukle ich völlig blind durch Zeit und Raum. Der Bus ruckelt heftig, mich zum Glück direkt in mein Kleid hinein. Ich verliere die Balance, ein Fuß tippt auf den empfindlich nassen Toilettenboden. Besser nicht drüber nachdenken, womit meine Zehenspitzen gerade in Berührung kommen. Nur noch fünfzehn Minuten, dann sind wir da, und ich sehe aus wie aus der Gruft gekrochen. Ich versuche, mein Gesicht zu bepinseln. Die Foundation landet erst großflächig in meiner Hand, dann im Gesicht. Es ruckelt. Jemand klopft an die Tür. »Moment«, schreie ich, im Tonfall mehr Chantal-Jasmin als Gandhi. Es ruckelt wieder. Der Lidstrich bekommt Siebzigerjahre-Format. Ich rubble an den Lidern. Für Situationen mit ungenauer Handführung bestens geeignet: Smokey Eyes. Danke, liebe Beautyindustrie, dass nicht jedes Auge saubere Kanten haben muss. Beim Lippenstift wird das Verfahren schwieriger. Zwischen zwei weiteren Rucklern erscheint eine rote Linie, die sich von meiner Oberlippe großzügig bis zur Wange zieht. Ich wische hektisch, alles wird rot. Sind das jetzt Smokey Lips? Ich improvisiere und funktioniere Lippenstift zum Rouge um. Ein Lippenstift weiß nicht, dass er ein Lippenstift ist, stand mal in einer Frauenzeitschrift. Wie wahr. Ich schaue in den Spiegel. Na ja.

Ich sehe aus wie nach einer durchfeierten Samstagnacht. Das Kleid sitzt nicht ganz, das Augen-Make-up ist verwischt, und ich habe hektische Flecken am Dekolleté. Vor der Toilette hat sich eine kleine Schlange geformt. Der Weg zum Platz wird zum Walk of Shame. Menschen in Jogginghosen betrachten mich und mein Samstagsoutfit, ich fühle mich wie eine Aussätzige im Gummibunduniversum. Schnell husche ich auf meinen Sitz und bedecke meine Abendgarderobe mit einem Mantel.

Eine abgehetzte Taxifahrt später stehe ich in einer Lobby und schüttle ein paar Hände.

Eine Dame in grünem Kostüm schaut in mein überhitztes Gesicht: »Sie sehen so frisch aus!«

»Danke, das ist nett«, sage ich.

»Wie heißt die Farbe?«, fragt sie und deutet auf meinen Lippenstift.

Ich will sagen: »Bustoilette.« Aber dann beiße ich mir schnell noch auf die roten Lippen.

Von Polarkreis bis Äquator

Das Klima im Bus

Jeden Winter dieselbe Frage: Kaufe ich mir einen dicken, teuren Mantel und stapfe als unförmiges Michelinmännchen durch die Gegend, oder versuche ich, meine bestehende Garderobe durch gezielte Zwiebeltechnik wintertauglich zu machen? Variante A: Ich friere nicht, kann mich aber nicht mehr im Nacken kratzen. Variante B: Ich friere ein bisschen, habe aber Geld für Weihnachtsgeschenke. Ich entscheide mich meistens für Variante B, wozu mir jährlich mehrere Modezeitschriften gratulieren. Zwiebeltechnik (im Vogue-Jargon: Layer Look) ist nämlich in, seit ich lesen kann. Nicht nur das: Meine Erfahrung mit Mehrlagigkeit ist im Bus überlebenswichtig. Denn hier schwankt das Klima von eisig zu Sauna. Wer sich gekonnt durch mehrere Klimazonen zwiebeln kann, ist also klar im Vorteil.

KLIMAZONENWECHSEL, DER

Die Temperaturen variieren im Bus je nach Fahrt- und Tageszeit zwischen arktisch, Savanne und tropisch. Erfahrene Busreisende tragen deshalb atmungsaktive Funktionskleidung (Jogginghose) oder zwiebeln sich von einem Klimaumschwung zum nächsten.

Die Klimakurve schlägt aus, bevor ich den Bus überhaupt betrete. Wer Fernbus fährt, für den gibt es immer einen Grund zu rennen: aus dem Haus, zur U-Bahn, zur Haltestelle, zum Bus. Ich verlasse die Wohnung pünktlich sieben Minuten zu spät, erste Stressflecken zeichnen ihre blassrosanen Muster auf meinen Hals. Das Ladekabel war diesmal unter dem Kopfkissen. Ich frage mich, wie Leute mit Kindern verreisen. Allein einen einzigen Menschen mitsamt Gepäck vor die Tür zu bekommen, selbst wenn man es selbst ist, scheint ein fast unmöglicher Kraftakt. Einmal tief einatmen. Vor mir liegt still und dunkel das Treppenhaus. Ich wohne im dritten Stock. Was der Bizeps nicht kann, muss die Technik wettmachen: Mithilfe von kreisenden Hüftbewegungen hieve ich meinen überladenen Koffer die flachen Stufen runter. Zum ersten Mal bin ich froh über die Uhrzeit. Beim unbeholfenen Tango mit dem Koffer will ich kein Publikum, schon gar nicht den Sportstudenten aus dem zweiten Stock links oder Frau Huber aus dem ersten, bei der gerne mal die Grenze von Small Talk und Nötigung verschwimmt (Sie: »Ach, guck an, gehn Se auf große Reise? Mein Sohn ist ja auch gerade auf Sumatra.« Ich hochrot hervorstoßend: »Mhm!«). Der Koffer rutscht, ich ziehe. Das ist der Moment, in dem ich in Gedanken die Gepäckliste durchgehe und mich frage, wie ein paar Klamotten und Gegenstände gemeinsam so viel Gewicht ergeben können. Von meinen Schultern hängen keine Arme mehr, sondern zwei kribbelnde Spaghetti. Wir, ich und der Koffer, sind im zweiten Stock, als unsere Zusammenarbeit ernsthaft zu scheitern droht. Koffer nicht kooperationsbereit, die Arme für Gewaltanwendung zu schwach. Es hilft nur noch die Schleiftechnik: Statt von oben zu hieven, ziehe ich den Koffer jetzt mit unschönem Poltern von unten über die Stufen. Gut, jetzt sind Stockwerke drei bis eins auch geweckt. Ein letztes Knallen, die Tür fällt ins Schloss. Ich bin sonst eine sehr nette Nachbarin. Wirklich.

Es ist 6.22 Uhr, die Straßen noch verschlafen, hier und da ein Licht, eine offene Bäckerei, aus der betörender Brötchenduft strömt, Lastwagenpoltern auf der Hauptstraße. Noch keine

Anzeichen für den Berufsverkehr, der in etwa einer Stunde die ganze Kreuzung in eine zähe Masse aus Fahrzeugen verwandelt. Ein guter Zeitpunkt, bescheuert auszusehen. Ich rattere mit meinem Koffer über den Asphalt und versuche mich an einem wackeligen Laufschritt, bei dem der Rucksack auf und ab hüpft und die kleinen Kofferrollen immer wieder in Rillen hängen bleiben. Alles zieht an meinen Armen, Beinen, Schultern. Jetzt. Nicht. Langsamer. Werden. Um die nächste Bahn zu erwischen, muss ich schnell sein, auch wenn mir mein gesamter Hausrat von den Gliedmaßen baumelt.

Als ich mich irgendwann verschwitzt und atemlos auf den Fernbussitz sinken lasse, beträgt meine Körpertemperatur etwa siebzig Grad. Die Stressflecken am Hals sind scharlachrot. Ich brauche Luft. Angesichts der kühlen Außentemperaturen bin ich gut eingepackt. Ich trage Pulli und Schal, Mantel und Mütze. Alles muss weg, sofort. Mein Körpergefühl entspricht dem einer finnischen Sauna. In großzügigen Bewegungen reiße ich mir die Klamotten vom Leib und stopfe sie mit leidenschaftlichem Hass unter den Sitz: Jacke, Tasche, kratzende Mütze und den blöden, sich von selbst entwindenden Schal. Mein Nebensitzer, ein gut frisierter Mann um die vierzig, schaut kurz von seinem Tablet auf. Ich werde unsicher. Hat mein Deo versagt?

Ich warte, bis mein Puls herunterfährt, lehne mich im fahrenden Bus zurück und denke: geschafft. So kann es erst mal bleiben. Nach etwa fünfzehn Minuten fällt mir auf, dass Winter ist und ich ein nasses T-Shirt trage. Der Bus ist noch kalt von der Nacht. Wir fahren an frostigen Feldern vorbei. Das Land liegt brach, und ich bekomme eine Gänsehaut. Die Kälte scheint plötzlich von überall zu kommen. Sie dringt von der Scheibe an meine Arme und kriecht vom Gang meine Füße hoch. Das bei meinem Aufbruch noch körperwarme T-Shirt hat sich mittlerweile in ein klammes Stück Stoff verwandelt. Meine Hände sind eiskalt. Mit zitternden Fingern zerre ich den Pulli unterm Sitz hervor und ziehe ihn mir über den Kopf. Ich schaue mich um: Auch alle anderen tragen Pullover, manche haben sich sogar in Schals gewickelt, ein junger Mann neben der Tür vergräbt seinen Kopf in seiner flauschigen Parka-Kapuze. Ich lege mir den Mantel über die Beine und sinke tiefer in den Sitz. Es wird schon wärmer, und ich denke: Ja. So kann es bleiben.

SCHALWUNDER, DAS

Unverzichtbares Reiseaccessoire: ein handelsüblicher Schal. Er lässt sich sowohl zu Kissen, Decke, saugfähigem Putzlappen, Sicht- und Mundschutz sowie notfalls auch zur Tragetasche umfunktionieren. Wichtig ist die Wahl eines bereits totgeliebten Modells, da der Schal, gemeinsam mit dem Regenschirm, gern ohne Besitzer im Bus bis zur Endhaltestelle weiterfährt (→ Ja nichts vergessen!).

Etwa dreißig Minuten später läuft die Klimaanlage zur Hochform auf. Die Temperatur schraubt sich von gefühlten zwei auf gefühlte zweiunddreißig Grad. Die Scheiben sind beschlagen. Ich schaue aus dem Fenster und schwitze. Wir fahren in einem subtropischen Bus durch eine Winterlandschaft. Aus den Vorderreihen strecken sich Arme zur Decke. Menschen, die sich Pullover über den Kopf ziehen und Jacken in der Kopfleiste verstauen. Alle schwitzen. Leise Musik dringt aus dem Radio, sonst ist es still, so wie in der Sauna. Der Mittvierziger neben mir öffnet das oberste Knopfloch seines Hemdes. Wieder will ich nur noch eins: Luft. Wir halten an, fünfzehn

Minuten Pause. Ich zwieble mich zurück in drei Schichten Winterklamotten, was sich so falsch anfühlt, wie sich in der tropischen Hitze eines Hallenschwimmbads fürs Rodeln fertig zu machen. Draußen trifft Eisluft auf meinen überhitzten Körper. Die Raucher stehen in Grüppchen um den Bus, andere fliehen zur Pommesbude, ich spaziere hinter den Autos über den Platz. Ein bisschen scheint die Sonne, nebenan rauscht die Autobahn.

Eine Viertelstunde später setze ich mich auf meinen Platz zurück. Und niese. Im Bus ist immer noch Hochsommer. Eine Frau aus den hinteren Reihen steigt ein und sagt zum Fahrer: »Können Sie die Klima bitte ein bisschen runterdrehen? Wir kochen da hinten schon fast.« Wunderbar, denke ich. Endlich sagt mal einer was. Ich schäle mich aus drei Schichten, lehne mich zurück und fühle einen kühlen Hauch in der Nackengegend. Ja. So kann es bleiben.

Weitere zwanzig Minuten später ist der Bus derart heruntergekühlt, dass ich mir eine Skimütze wünsche. Die kalte Luft kommt jetzt nicht nur von außen, sie greift auch vom Fenster und vom Gang her an, pustet mir in den Nacken und seitlich an die Nasenspitze. Ich bewege die Lamellen an der kleinen Lüftung über meinem Kopf. Ich drehe sie nach links: kalte Luft am linken Ohr. Nach rechts: kalte Luft am Knie. Nichts zu machen. Ich zwieble mich zurück in Schal, Mantel und Mütze. Nee, so kann es nicht bleiben. Und dann, als ich schon fast überlege, dem Fahrer Bescheid zu sagen, sind wir da.

Krank im Bus

Es ist November, beste Erkältungszeit. Ich bin mittelkrank und extrem schlecht gelaunt. Wenig ist für mich so schlimm wie erkältet zu sein. In einem Zustand zu verreisen, in dem man noch nicht mal das eigene Bett verlassen will, ist gemein. Nichts macht Spaß, alles tut weh. Aber Oma feiert Fünfundachtzigsten. Also sitze ich nach einer halb durchwachten Nacht im Bus und ergebe mich meinem Schicksal. Die Nase läuft. Ich fühle mich ranzig und widerlich. Statt mich vor dem Bildschirm gesundzuvegetieren, habe ich mit der S-Bahn die Stadt durchkreuzt und meinen Koffer durch die Menge bugsiert, während mir der Erkältungsschweiß auf der bleichen Stirn stand. Kein guter Start in die Rekonvaleszenz.

Mit mir führe ich ein Apothekentütchen voller Beipackzettel und Pappschächtelchen. Alle bekommen meinen unwürdigen Überlebenskampf hautnah mit. Nasenspray, ins Taschentuch rotzen, Husten und Repeat. Ich bin so damit beschäftigt, möglichst dezent zu schnäuzen, dass ich gar nicht bemerke, was sich um mich herum abspielt. Kaum ist der Bus angefahren, niest der Erste. Dann der Zweite. Jemand hustet. Ich schaue mich um, überall rote Nasen und Augen. Blasse Gesichter, die auf Kissen gebettet ins Bett gehören. Es riecht nach Menthol und Kamillentee. Sind hier etwa alle erkältet?

»Gesundheit!«, sagt der Fahrer durchs Mikrofon, als jemand niest. Er scheint heute der Einzige zu sein, der ohne Taschentücher reist.

Wir, der kränkelnde Rest, lassen dem Elend freien Lauf. Es wird gehustet und geschnäuzt, so weit die Sitze reichen. Von München bis Heidelberg werden Taschentücher durch die

Gänge gereicht, Kopfschmerztabletten gegen Lutschpastillen getauscht. Nach vier Stunden Fahrt und etwa vierzig durchgeschnäuzten Kollektivpackungen Taschentücher sind wir am Ziel.

»Willkommen in Heidelberg«, sagt der Fahrer und niest kräftig. »Na, vielen Dank auch, Herrschaften«, murmelt er Richtung Handinnenfläche.

Die kleine Reiseapotheke

Helfer für unterwegs

Aspirin – Freund der Verkaterten, Schmerzgeplagten und grob Gestressten.

Vomex – Helfen trotz ihres Namens wirklich gegen Übelkeit. Achtung: können den Magenkrampf in komatösen Tiefschlaf verwandeln.

Nasenspray – Dezentester Weg, Rotzhochziehgeräusche zu vermeiden.

Taschentücher – Allroundtalent von Nasen- bis Schuhspitze.

Desinfektionsmittel – Gibt beim Besuch der Bordtoilette sowie beim Übergang von verschwitzter U-Bahnfahrt zu Mittagessen ein besseres Gefühl.

Augentropfen – Ob heiß oder kalt: Von irgendwo weht im Bus immer ein Lüftchen. Wessen Hornhaut mit dem Klimaumschwung zu kämpfen hat, kann wieder mit glasklarem Blick auf den Bildschirm schauen.

Hochsommer im Bus

Es ist der heißeste Tag des Jahres. Solche Tage sollte man im Freibad oder vor der Kühlschranktür verbringen. Doch wir befinden uns weder im Freibad noch im Kühlschrank, sondern in einer fahrenden Sauna. Es sind dreiunddreißig Grad im Schatten, und die Klimaanlage entscheidet sich, Sommerurlaub zu machen. Durch eine Armlänge Fenster dringt die einzige Luft Richtung Fahrer. Die Dachluken sind offen, dadurch strömt lediglich ein zäher Strom heißer Luft. Es ist zwei Uhr nachmittags, wir sitzen auf unseren Plätzen und tun das einzig Mögliche: Wir schwitzen. Nebenbei stehen wir ausgerechnet am heißesten Tag des Jahres ein bisschen im Stau.

Autos reihen sich aneinander, überall knallt die Sonne auf heißen Asphalt. Auf einmal erhält das Wort Betonwüste eine ganz neue Bedeutung. Die Schlange zur Toilette ist lang. Alle spritzen sich Wasser ins Gesicht, halten sich kühle Hände an die Wangen. Ich verschwinde in der Kabine und tränke mein T-Shirt in Wasser. Diesen Trick habe ich mir aus der Studentenzeit behalten, denn die einzigen beiden Möglichkeiten, ohne Klimaanlage einen subtropischen Karlsruher Sommer zu überstehen, bestehen darin, entweder mit dem Ventilator Stehblues zu tanzen oder aber nasse Klamotten zu tragen. Während also mein T-Shirt langsam am Körper trocknet und mir etwas Kühle spendet, leert sich vorne die Kühlbox. Die letzten Kaltgetränke werden aufgekauft. Menschen halten sich Wasserflaschen an die Stirn, bevor sie trinken, Schokoriegel schmelzen ungegessen. Es ist ungewöhnlich still. Immer noch Stau. Wir stehen, und der Motor brummt. Reisende steigen aus ihren mit Urlaubsgepäck beladenen Autos und kippen

Wasserflaschen über ihren Köpfen aus. Aber wir dürfen nicht, aus Sicherheitsgründen. Irgendwann geht uns das Wasser aus. Es gibt nur noch Cola. Wir trinken auch sie leer – das ist ein Fehler. Auch wenn Cola im ersten Moment erfrischend ist, so löst sie doch in Wüstenhitze einen unnachgiebigen Kreislauf aus: Hitze macht durstig, Zucker auch. Das ist der Moment, in dem ich beschließe, nie wieder ohne eine Einliterwasserflasche zu verreisen.

Wir sind zu träge, um irgendwas zu machen. Schwerfällig wedeln sich einige mit Zeitschriften lauwarme Luft zu. Ein paar schweißbeperlte Arme halten entkräftet ein Smartphone in die Höhe. Finger tippen sehr langsam Feuer-Emojis. Eine Frau steht auf und wankt Richtung Toilette. Sie kommt mit nassem T-Shirt zurück, ich schenke ihr ein müdes Lächeln. Ich bin so dehydriert, dass mir die Zunge am Gaumen klebt.

Endlich: Wir halten an einem Rastplatz. So schnell es die Hitze zulässt, schleppen wir uns über den Platz Richtung Klimaanlage: der Oase. Wir kaufen literweise Wasser und Eiswürfel, die netterweise später im Bus rumgehen. Die restliche Reise wirkt wie ein Fiebertraum. Dann sind wir da, in der Stadt, in der ich meine Freundin besuche. Mein Herz rutscht in Richtung Asphalt. Ich habe verdrängt, wo ich aussteigen muss. In der stickigsten Stadt des Südens: Karlsruhe. Gut, dass mein T-Shirt schon nass ist.

Das fahrende Elend

Die Katerfahrt

Frankfurt – München. Ein junges, durchfeiertes Mädchen im Sonntagsbus. Sie am Telefon zu ihrer Freundin: »Nee, der meldet sich nicht mehr.« Kurze Pause. »Wieso? Weil ich seinem Vater in die Schuhe gekotzt hab.«

KATERFAHRT, DIE

Fahrt zu Sparpreiszeiten zwischen Sonntag und Montagmorgen, in der sich durchgefeierte Reisende nach der Party zur Rückfahrt aus der großen Stadt einfinden. Häufig zeitliche Überschneidung mit Berufspendlern (Interessenskonflikt), die Nichtalkoholisierten eine erschreckende Rückblende zur eigenen Jugend bietet (»Waren wir damals auch schon so?«). Allgemeine Katerstimmung. Für sich wöchentlich im Bus wiedertreffende Feiergruppen stehen die Karten gut, dass sie lebenslange Freundschaften schließen.

Gegen einen Kater helfen Konterbier, Aspirin, fettiges Essen und viel Wasser. Was auf jeden Fall nicht hilft, ist, am selben Morgen eine mehrstündige Busfahrt anzutreten.

Ein Abend in einer großen Stadt. Alkohol, Musik plus Freunde ergeben eine lange Nacht ohne Schlaf. Der Bus zurück geht um sechs Uhr morgens. Was mir bei der Buchung noch als super Angebot erscheint (»Ach, pennen kann ich doch im Bus!«), entpuppt sich in dem Moment, als die Theorie sich in die gnadenlose Praxis verkehrt, als Schnapsidee. Verquollen und verkatert stehe ich an der Haltestelle, übermüdet und mit einem sehr unguten flauen Gefühl im Magen, das mir entweder sagt, dass ich jetzt sofort etwas essen muss oder am besten gar nichts mehr für den Rest meines Lebens. Ich kann mich wie immer nicht entscheiden. Neben mir stehen ein paar fahle Gestalten, die ich nur schemenhaft wahrnehme. Es ist kalt. So kalt.

Grelle Scheinwerfer und ein brummendes Geräusch, das sich mit dem in meinem Schädel deckt. Ich steige in den Bus. Aus den Boxen tönt Helene Fischer. Unser Fahrer »Rudi« ist Schlagerfan. Auch um sechs Uhr morgens. Schön.

Ich setze mich ans Fenster. Jemand setzt sich daneben. Mein Magen rumort ungut. Ich will mich ungern auf einen fremden Schoß übergeben.

»Äh. Ich muss vielleicht raus«, sage ich und schaue in ein ähnlich weißes Gesicht.

»Äh. Ich auch«, erwidert eine junge Frau mit Kajalspuren auf den Augenringen.

Es stellt sich heraus: Busse, die sonntagsfrüh Großstädte verlassen, sind nicht mit lebenden Passagieren, sondern mit Feierleichen gefüllt.

Wäre mir nicht so elend, ich würde es eigentlich ganz gemütlich finden. Der Bus ist eine Auffangstation für Katerpatienten. Niemand spricht laut oder schreit gar, alle flüstern rücksichtsvoll in der fahrenden Ausnüchterungszelle, Rudi wird gebeten, die Helene leiser zu drehen. Er versteht.

»Gute Nacht«, sagt Rudi väterlich, das Mikrofon quietscht kurz grell und verstummt sogleich wieder, durch die Reihen geht ein sonores Stöhnen.

Es ist eine absurde Szene, und wäre ich nicht so neben der Spur, ich würde sie aus vollem Herzen genießen: Menschen, die abwechselnd zum Klo rennen und sich danach in allen erdenklichen Positionen auf, neben und zwischen den Sitzen bemühen, nicht zu kotzen.

Es herrscht uneingeschränkte Solidarität. Aspirin wird geteilt, einige holen sich ein Konterbier und prosten sich unter dem kritischen Blick der Berufspendler zu. Es wird sich ausgetauscht, über DIE Party der letzten Nacht und alles, was danach passierte. Dann, endlich, zwei Stunden später, setzt der Fahrer den Blinker zur Ausfahrt. Die Tankstelle ist die Heimat des besten Katerfrühstücks der Welt: Currywurst. Mit Kater werden alle Nachteile von Rastplatzessen zum uneingeschränkten Vorteil: zu viel Fett, Salz und Geschmacksverstärker. Ich halte meine blasse Nase über die labbrige Mikrowellenwurst und inhaliere den salzig-süßen Geruch. Es ist himmlisch.

Überall verzehren Feierleichen gierig ihre Currywurst, Pommes, Burger und Apfeltaschen. Wir warten gemeinsam vor der Toilette, auf der Wiese hinter der Tankstelle halten sich zwei Freundinnen gegenseitig die Haare aus dem Gesicht. Als wir nach vier Stunden aussteigen und uns auf schwachen Knien nach Hause bewegen, bleibt ein Gefühl von Verbundenheit. Wir sind gemeinsam durch die Hölle gefahren.

Wege aus der Reiseübelkeit

Hinweis: Sensible sollten diesen Abschnitt überspringen.

Es kommt, wie es kommt, sagt der Volksmund. Als es kommt, hänge ich über den Bordstein gebeugt und wünsche mir, es käme doch lieber anders. Leider lässt sich das nicht immer vermeiden: Übelkeit und Busschaukeln gehören nun mal zusammen wie Dosensekt und Kopfweh. Ich bin an diesem Tag besonders anfällig für Reiseübelkeit. Es ist acht Uhr morgens, eine Uhrzeit, zu der Frühstück meinen Magen eher verschreckt als füllt. Wenig Schlaf, zu starker Kaffee, ein paar Kurven, und schon hänge ich schnappatmend auf dem Sitz. Was folgt, ist ein etwa dreißigminütiger Kampf zwischen Magensaft und Frischkäsebrötchen. Noch ist nicht klar, wer gewinnt.

Die Vorhut: Es grummelt. Erfahrene kennen diesen Moment. An diesem Punkt entscheidet sich, ob die leise rumorende Übelkeit zur abebbenden Welle oder zur tosenden Sturmflut wird. Ich warte. Erst wird es besser, dann schlechter, dann besser, dann schlechter. Irgendwann setzt der erste Krampf ein. Ich halte mir die Hand vor den Mund und schaue mich panisch um. Wohin? Und vor allem: Wo rein? In die Brötchentüte? Meine Handtasche? Den Schal? Im Anschluss fünfundvierzig Minuten lang mit einer suppenden Tüte auf den Knien über die A8 zu fahren ist eine wenig angenehme Aussicht.

Papierweiß hangle ich mich zum Fahrer.

»Entschuldigung«, würge ich hervor.

Er schaut kurz in mein wachsweißes Gesicht und weiß Bescheid. »Noch fünfzehn Minuten bis zur Haltestelle«, sagt er. »Hältst du es so lange aus?«

Rastplatz, das heißt Büsche und Wiese, Klokabinen auf festem Grund und Erbrechen ganz ohne Publikum in Programmkinogröße. Bis dahin muss es irgendwie gehen. Ich nicke und taumle zum Platz zurück. Mein Nebensitzer guckt etwas unruhig. Er scheint mir an der fahlen Nasenspitze anzusehen, was los ist. Ich versuche stoisches Geradeausschauen und tiefes Atmen, zähle Sitzreihen, die Anordnung des Musters auf den Sitzpolstern und schaue Richtung Leitplanke. Mein Nachbar tippt mir auf die Schulter – in seiner Hand eine Packung Tabletten. Wer immer Medikamente gegen Reiseübelkeit erfunden hat, hatte offenbar keine Ahnung, wie menschlicher

Brechreiz funktioniert. Die Buchstabenkombination, die mir von der Packung entgegenschreit, hat in meinem Zustand etwa denselben Effekt, als würde man mir ein fettes Schnitzel unter die Nase halten. Liebe Pharmaindustrie: Medikamente gegen Übelkeit, die Vomex heißen, werden alles andere als ganze Arbeit leisten.

Der Point of no Return kommt plötzlich: Als der Bus nach endlosen zwanzig Minuten endlich hält und ich zum Ausgang wanke, ist es bereits zu spät. Die Tür geht auf, mein Kopf trifft auf eine Wand Frischluft und na ja, es kommt. Genauer gesagt: Es ergießt sich auf den Boden. Als ich beschämt aufschaue, erblicke ich eine Truckerfamilie, die in unmittelbarer Nähe auf einem Rasenstück ihre Mittagspommes isst. Ich murmle Entschuldigung und renne schnell Richtung Rastplatztoilette. 1:0 für den Frischkäse.

Checkliste für schwache Mägen

Davor

Schlafmangel und Kaffee auf leeren Magen vermeiden, rohe Austern am Abend vorher ausnahmsweise vom Speiseplan streichen. Wer erstmals Tabletten gegen Übelkeit nehmen will, sollte vorsichtig sein. Sich bezüglich der Nebenwirkungen auf Russisch Roulette einzulassen ist auf Reisen weitaus unangenehmer als auf dem heimischen Sofa. Aber es ist immer noch besser, dem Nachbarn im medikamentösen Tiefschlaf auf die Schulter zu sabbern, als ihm hellwach in den Schoß zu reihern. Auch die Platzwahl ist entscheidend: möglichst weit vorne mit Blick auf die Straße sitzen und einen Punkt fixieren, der sich nicht bewegt.

Dabei
Hier ist Fingerspitzengefühl gefragt. Wer es vom Platz nicht schafft, muss sich für eine Richtung entscheiden. In dieser heiklen Situation auf die eigene Menschenkenntnis vertrauen: Ist der Kampfstiefelträger rechts eventuell nachtragender als die gepflegte Dame am Gang? Wer kann, sollte sich möglichst früh eine Strategie zurechtlegen, die weder Brötchentüten noch Handtaschen beinhaltet. Generell gilt: Die Bustoilette ist besser als der Nachbarschoß, das Rastplatzklo besser als die vier Meter davor. Leider sieht der Brechreiz das oft anders.

Danach
Ebenso wie der eigene Mageninhalt sollte man selbst möglichst schnell aus der Öffentlichkeit verschwinden. Wer mit Zahnbürste reist, ist klar im Vorteil. Für alle anderen gilt: Die nächste Toilette aufsuchen, kräftig gurgeln und beim Verlassen der Kabine so tun, als wäre nichts gewesen. Eine Flasche Wasser (nicht zu kaltes!) wirkt Wunder, ansonsten richtet sich jeder nach seiner eigenen Lieblingsmethode (Salzstängel und Cola), um auf dem Sitz langsam wieder zum Leben zu erwachen.

Schuhe an, Schuhe aus

Aachen – Karlsruhe. Ein Paar steigt in den Bus und richtet sich auf seinen Plätzen ein. Sie trocken, als er die Schuhe auszieht: »Wenn mir nachher von deinen Käsefüßen schwindelig wird, machen wir einfach die Lüftung an.«

Um sich mit heftigen Problemen zu beschäftigen, muss man in diesem Teil der Welt gar nicht erst das Haus verlassen. Es reicht der Blick nach unten. Denn dort liegt ein großer Problemherd der modernen Zivilisation: der Schweißfuß.

Eigentlich ist der Fuß im Alltag ziemlich nützlich, zum Beispiel beim Laufen, beim Weltmeister werden oder als Flirtwerkzeug unter dem Restauranttisch. Alles in allem: Er erfüllt seinen Zweck. Leider hat das einen Preis. Ist er in ruhendem Zustand noch ganz pflegeleicht, gerät er durch Bewegung in Wallung. Das ist bei vielen Arten der Fortbewegung ziemlich hinderlich. Besonders aber beim Busfahren.

Nicht nur ich, sondern auch meine Füße haben bei der Haltestellenjagd einen Marathon hinter sich. Sie sind um Ecken gesprungen, haben mich von der Plattform in die U-Bahn gefedert, sind gerannt, gejoggt, gepowerwalkt. Sitze ich also erst mal im Bus, ist mir warm, auch an den Füßen. Zunächst kein Grund zur Scham. Das Problem ist jedoch, dass die Schuhe, in denen man die besten Bussprints hinlegt, oft aus gemeiner Plastikfaser gefertigt sind, dem fiesen Bewährungshelfer des Schweißfußes.

Von all den Körperstellen, an denen ein Mensch schwitzen kann, ist der Fuß die gemeinste. Er riecht nicht nur, er modert. Ist dem Erdboden entgegenströmender Achselschweiß noch sportlich zu rechtfertigen – wer hart arbeitet, der schwitzt –, haftet am Schweißfuß das Stigma der Ungepflegtheit.

Die große Frage der Menschheit lautet also: Schuhe an oder Schuhe aus? Diese Frage kann über vieles entscheiden. Bleibt der Busnachbar an seinem Platz, oder verabschiedet er sich mit einem verhaltenen Grußwort in Richtung Mittelgang? Guckt der nette Sportstudent von gegenüber immer noch nett, oder liest er plötzlich auffällig interessiert in der Broschüre eines Handyanbieters? Der Schweißfuß kann über Glück und Unglück entscheiden. Persönliches Unglück ist, stundenlang mit schwitzendem Fuß in einem Schuh zu stecken. Kollektives Unglück ist, wenn achtzig Personen zu Flachatmung übergehen, weil von einem Platz ein charakteristischer Modergeruch durch die Reihen wabert.

Zieht mir von irgendwoher eine Ahnung von saurer Milch und Harzer Käse entgegen, weiß ich: Jetzt ist es vorbei. Zeit, in den Schal zu atmen und zu hoffen, dass die Lüftung die Käsefahne sehr weit weg trägt oder sie zumindest nicht direkt in nächster Nähe sitzt.

Wenn das passiert, weiß ich auch: Irgendein Glied in der Kette war schwach, schwächer als ich. Jemand hat nachgegeben, sein Fußkorsett abgelegt und seine Zehen in die Freiluft gestreckt. Auch meine jucken und zwicken. Der Beginn der Kettenreaktion: Soll ich nicht vielleicht auch? Ist es jetzt nicht schon egal?

Eigentlich bin ich genetisch gesegnet: Meine Familie hat festen Zahnschmelz und trockene Füße. Aber die Genetik versagt, wo moderne Kleiderordnung beginnt. Mein Fuß schwitzt und wird zusätzlich eingeschnürt von einer Faser, die ihm angeblich bei jedem Schritt beim Atmen helfen soll. Das Ergebnis fühlt sich etwa so an, wie in Klarsichtfolie gewickelt um den Block zu joggen.

Sich die Schuhe auszuziehen ist ein unbeschreiblich schönes Gefühl. Es ist ähnlich, wie nach einem langen Tag in ein heißes Bad zu sinken oder sich endlich den Pferdeschwanz aufzumachen. Ich denke daran, meine Zehen zwanglos hin- und herzubiegen, um den Fuß sanfte Kühle statt klammer Enge. Ich schaue nach links, nach rechts. Neben mir schläft jemand, ein kleines Buch auf einem großen Bauch. Der Sportstudent hört Musik. Ich habe meinen Füßen eine kurze Ausdampfzeit gegeben. Vielleicht ist jetzt der Moment.

Vorsichtig schüttele ich erst den linken, dann den rechten Fuß aus dem Schuh. Endlich. Absolute Freiheit. Mein Fuß steht auf einem Schiffsrumpf im Wind und schreit: »Ich bin der König der Welt!« Mein Kopf aber rattert, die Nase schnuppert: alles okay? Nicht zu unzumutbar, mein Käsefußfluch? Es gibt eine Käsefußskala, sie reicht etwa von neuem Autositz zu schwedischem saurem Hering. Ich verorte mich in der unteren Hälfte. Alles in Ordnung, würde ich sagen. Es dauert jedoch keine fünfzehn Minuten, da breitet sich der charakteristisch modrige Geruch aus, der auch Turnhallen und regelmäßig Sportumkleiden heimsucht. Ich schnüffle besorgt. Ist das etwa doch mein Fuß, der dafür verantwortlich ist? Mein Blick fällt auf achte Reihe links. Ein kräftiger Mann mit Nackenfalte streckt da gerade hochzufrieden seine weißen Tennissocken in die Luft. Unter dem Sitz liegen ein paar spezialbesohlte Sportschuhe.

Die Hyperhidrosis pedis ist eine Krankheit der Moderne: Statt barfuß über Felder zu laufen oder in römischen Sandalen im Kolosseum zu sitzen, zwängen wir uns in glänzendes Leder oder neonfarbene Mikrofaser. Wir haben den Fuß seiner Unterfläche beraubt und nehmen ihm mittels Kunstfaser die Luft zum Atmen. Das bringt ihn ins Schwitzen.

Die Entwicklung von mehreren Millionen Jahren lässt sich von einem Paar Schuhe nicht in die Knie zwingen. Bis es so weit ist und wir uns an unsere neu besohlte Existenz gewöhnt haben, hilft nur: Verständnis für die Tatsachen des Lebens. Der Fisch stinkt vom Kopf, der Mensch vom Fuß. Vielleicht sollten wir das einfach akzeptieren, alle unsere Schuhe ausziehen, freundlich lächeln und in unsere Schals atmen. Vielleicht wäre es aber auch an der Zeit, Fahrgästen atmungsaktive Bussocken anzubieten. Zur Überbrückung, bis die Evolution endlich kapiert hat, dass Schweißfüße im Zeitalter ergonomischer Schuhe mit Zehensocken überflüssig geworden sind.

KÄSEFUSSFLUCH, DER

Ungeschriebenes Gesetz jeder Fahrt: Von irgendwoher erreicht einen immer Käsefußgeruch. Langsam von Reihe zu Reihe kriechend legt er sich wie ein schleichender Fluch über den Fahrerraum, eine La-Ola-Welle der Verzweiflung auslösend: Menschen wickeln sich in Schals oder drehen wild an der Lüftung. Von der Masse unerkannt versteckt sich der Auslöser meist ein paar Reihen weiter hinten und liest La Cucaracha pfeifend die Zeitung.

Mach die Fliege

Sie will einfach nicht sterben. Es ist ein heißer Sommertag hinter Freiburg. Seit etwa zwanzig Kilometern fährt eine dicke Schmeißfliege mit, die laut an unseren Nasenspitzen vorbeisummt. Zwischendurch ruht sie sich auf verschwitzten Händen, Schultern und Häuptern aus. Wir fühlen uns wie Kühe im Stall. Alle sind genervt. Wo sie landet, schlagen Menschen wild um sich. Vergebens. Die Fliege ist schneller.

Nach etwa einer Stunde wird klar: Ein wenige Zentimeter großes Insekt bringt eine Busladung voller Erwachsener an den Rand des Wahnsinns. Die Fliege wird zum kollektiven Feind. Gemeinsam gehen wir auf die Jagd. Jeder hat eine andere Technik: Manche wedeln und schlagen, andere warten und wischen. In einem sind wir uns aber einig: Das Biest muss gehen.

Ob man wirklich Tierfreund ist, zeigt sich spätestens bei vierzig Grad im Bus. Wo auch immer das brummende Insekt landet, die Passagiere versuchen sich an Mord. Ich bin mir fast sicher: Die Vegetarier schlagen am festesten zu. Mit der Zeit bekommt die Fliegenjagd eine sportliche Komponente. Jemand steigt aus der Bordtoilette, da huscht sie durch den Gang. Ein anderer schreit: »Da! Da ist sie!« Er holt aus, wir halten den Atem an. Es klatscht. Vielleicht jetzt? Stille. Dann: nervtötendes Summen.

Immer, wenn wir denken, jemand hat sie erwischt, summt es aus einer anderen Ecke. So müssen sich Jäger und Sammler gefühlt haben. Wir erleben eine existenzielle Form des Miteinanders: Auf der Jagd teilen wir Frust und Enttäuschung, Hoffnung und Leid. Der Kampf um Leben und Tod macht Fremde zu Verbündeten. Bus gegen Fliege. David gegen Goliath.

Schließlich, nach etwa zwei Stunden Brummen und Schlagen, fliegt sie Richtung Fahrer. Er hat das Fenster einen Spalt breit geöffnet. Kinderleicht wedelt er sie nach draußen. Erstaunen, dann heftiges Jubeln mit Applaus aus den Reihen.

»Kein Problem«, sagt er durchs Mikrofon, »ist bei uns Teil der Mitarbeiterschulung.«

Was vergessen?

Kurierdienst auf Rädern

Ein Wochenende zu Hause, Familienfeier mit viel Essen. Damals wohnte ich noch in München, die Strecke nach Heidelberg war kurz genug für einen Blitzbesuch. freitagmorgens transportierte ich mein Gepäck zur Arbeit und freitagnachmittags direkt von dort zum Busbahnhof. Statt Feierabendbier gab es vier Stunden Feierabendverkehr. Aber ich wusste, am Ende wartete Mutters Apfeltarte. Trotz Reisestress lief alles gut. Ich vergaß kein Geschenk, der Blumenstrauß überstand die Fahrt dank eines netten Nebensitzers, der ihn auf seinen Mantel in der Kopfleiste bettete. Während ein paar grüne Wiesen und Autobahngebüsch unter Schäfchenwolken an mir vorbeizogen, rutschte ich angenehm in die Wochenendentspannung. Die Familienfeier war nett, meine Oma merkte wie immer dezent an, ich solle mir doch mal wieder die Haare kämmen, und auch die Apfeltarte enttäuschte nicht. Alles in allem ein Wochenende, das mich bestärkte, in der richtigen Familie gelandet zu sein. Sonntagmittag ging mein Bus zurück zum Praktikum nach München, ich stand wohlgenährt und etwas erschöpft am Bus, meine Eltern daneben. Ein paar Minuten später saß ich am Fenster, sie winkten, der Bus fuhr grollend an. Wunderbare Aussichten: vier Stunden lang Nichtstun, vielleicht ein bisschen dösen und nicht an Montag denken. Im Bus war es angenehm still. Viele schliefen sich vom Samstag aus.

Ich schaute den Wolken hinterher und den Menschen, die im Auto saßen. Ein Mann im schwarzen Dienstwagen und rosarotem Hemd, hinten hing ein in schwarzem Stoff verpackter Anzug. Eine Familie mit vollgepacktem Kofferraum, zwei Kinder auf dem Rücksitz und dazwischen viel Spielzeug. Ein Laster, der immer noch höher über der Straße schwebte als wir. Ein Ellbogen, ein bisschen Schulter und sonst nichts. In der Windschutzscheibe baumelte ein gelbes Donald-Duck-Stofftier.

Auf der Mitte der Strecke riss mich plötzlich ein Gedanke aus der Sonntagslethargie. Ein ungutes Gefühl, ein Ziehen in der Magengegend. Ich kramte in der Manteltasche, dann in der

Handtasche und wartete auf ein klirrendes Geräusch, das nicht kam. Dann plötzlich einsetzende Gewissheit: Der Hausschlüssel lag noch bei meinen Eltern auf dem Küchentisch.

Ich suchte mein Handy und merkte, dass ich mal wieder draufsaß. Bald, sehr bald, wollte ich mir einen Brustbeutel kaufen. Ich rief meine Eltern an, ja, der Schlüssel war noch da, auf dem Küchentisch. Ich wohnte zur Zwischenmiete in einer Einzimmerwohnung und hatte keinen Ersatzschlüssel. Mein Vater bot an, mir im Auto hinterherzufahren, vierhundert Kilometer nach München. Das wollte ich auf keinen Fall. Ich überlegte, schaute auf die Schäfchenwolken. Und hatte eine Idee.

Zwei Stunden später fuhr der nächste Bus nach München. Ich schlug vor, den Fahrer zu bitten, meinen Schlüssel mitzunehmen. Meine Eltern fuhren wieder zum Bahnhof. Sie positionierten sich gegenüber von einer Fastfoodkette, hielten den Schlüssel in der Hand und warteten auf den nächsten Bus, während ich schon halb in München war. Der Bus kam mit vierzig Minuten Verspätung. Meine Eltern warteten. Sie kamen mit anderen Fahrgästen ins Gespräch und erklärten einer jungen Frau, dass sie einen Schlüssel hätten, der unbedingt nach München müsse. Als der Bus einfuhr und der Fahrer sich weigerte, den Hausschlüssel mitzunehmen – rechtlich unmöglich –, sagte die junge Frau: »Ich mach's«. Ich wartete derweil in einem Café, verzehrte die Salzmandeln, die mir meine Oma mitgegeben hatte, und las in meinem Buch, während mein Schlüssel in der Tasche einer Fremden Richtung München fuhr.

Irgendwann bekam ich eine SMS von meinem Vater mit einem Namen und einer kurzen Beschreibung: Uhrzeit, Ort, Name, Alter und Haarfarbe der hilfsbereiten Dame. Das Ganze ähnelte einem Blind Date. Also wartete ich auf Sarah, die braune Haare hatte und siebenundzwanzig Jahre alt war. Langsam dämmerte es, immer neue Gäste setzten sich an Tische, bestellten, löffelten Schaum und aßen Suppe, es roch nach Kuchen und frischem Kaffee.

Es war fast elf Uhr abends, die Musik wurde lauter, man trank jetzt Cocktails statt Kaffee. Zeit, aus der Sonntagabendharmonie in Richtung kalte Unterführung aufzubrechen. Der Bus hatte wieder Verspätung, schrieb Sarah. Wir telefonierten kurz, ich bedankte mich, es war komisch. Auf einmal sprachen zwei Fremde miteinander, die sich noch nie gesehen hatten, und fieberten dem Treffen entgegen. Irgendwann fuhr der Bus an einer Schranke ein. Die Türen gingen auf, Menschen fielen einander in die Arme, andere schoben sich unauffällig an der Seite vorbei und verschwanden mit schnellen Schritten Richtung S-Bahn. Ich suchte im Halbdunkel nach Sarah. Was, wenn ich sie verpasste? In meiner Hand baumelte eine Tüte mit einem großen Stück Schokokuchen. Fast alle Passagiere waren draußen, nur noch ein paar Menschen stiegen langsam aus dem Bus. Dann plötzlich traf ich einen suchenden Blick, einen gereckten Hals und ein Gesicht, das zur Beschreibung passte. Sarah lächelte mir zu, ich lief ihr entgegen. Sie hob eine Hand und wedelte mit dem Schlüssel. Ich hob die Tüte mit dem Kuchen in die Luft, wir lachten beide. Wir tauschten Schokokuchen gegen Schlüsselbund und fragten uns kurz das Übliche, wie war die Fahrt, wie war das Warten, ist dir nicht kalt? Fragen, die man sonst nur Freunden stellt. Wir waren nach ihrem Freundschaftsdienst irgendwas zwischen Freunden und Fremden.

Nach der Übergabe wünschten wir uns alles Gute. Ich sollte meinen Eltern liebe Grüße ausrichten, sagte sie. Warum sie einfach so einen fremden Schlüssel mitnahm? Sie war gerührt gewesen, wie die beiden so lange mit den Wartenden an der Haltestelle standen. Auf dem Rückweg nach Hause schrieb ich Sarah eine Nachricht: »Schön, dass es so nette Menschen gibt.«

Ihre Antwort kam ein paar Minuten später: »Schön, dass es so nette Eltern gibt.«

Ankommen ohne liegen lassen

Berlin ZOB. Nach einer achtstündigen Fahrt von München aus, die um sechs Uhr morgens begann, steige ich ermattet aus dem Bus. Ich raffe meine Taschen und Koffer zusammen. Nach ein paar hundert Metern merke ich, dass meine Handtasche fehlt. Sie ist nicht im Rucksack. Das heißt, sie ist noch im Bus. Ich drehe mich ruckartig um und hechte zurück zur Haltebucht. Sie ist leer. Vor mir fahren drei grüne Busse in unterschiedliche Richtungen davon. Einer davon muss meiner sein. Ich sprinte mit meinen Taschen über den ZOB und versuche, im Rennen die Kennzeichen zu erkennen. Wer nicht Jason Bourne heißt, wird feststellen, dass das gar nicht so einfach ist. Ich renne immer noch, aber der Bus ist schneller und verschwindet aus meinem Blickfeld. Ich schlage einen Haken um die Ecke, der Koffer knallt unsanft auf Asphalt. Da hinten ist er! Er parkt an einer anderen Bucht. Völlig außer Atem stehe ich vor der sich öffnenden Fahrertür. Der Busfahrer erscheint mit Pausenzigarette im Mundwinkel. Er sieht meinen hochroten Kopf und lächelt: »Was vergessen?«

Ich nicke. Zum Glück – meine Tasche ist noch in der Kopfleiste, genau da, wo ich sie hab liegen lassen. Anscheinend bin ich nicht allein.

»Da ist noch einer von gestern«, sagt der Fahrer und zeigt auf einen schwarzen Koffer. »Den können Sie auch gleich mitnehmen.«

Duschgel für alle

Absurde Funde

Im Bus wird viel vergessen. Jeder Fahrgast schleppt einen kleinen Hausstand mit sich herum – eigentlich kein Wunder, dass im Laufe der Reise davon irgendwas verlorengeht. Handschuhe, Regenschirme, Kopfhörer, Geldbeutel, Handys und Jacken gehören zu den Dingen, die am häufigsten ohne Besitzer weiterfahren. Aber was bleibt sonst noch im Bus? Diese seltsamen Fundstücke werfen ganz schön viele Fragen auf:

- Ein neongrüner Leuchtknickstab.
- Eine Tasche gefüllt mit fünf Kilo abgepackten Wassermelonenkernen.
- Ein Koffer voller Duschgel und Badezusätzen.
- Das gesamte Reisegepäck einer Person, die offenbar einfach ohne alles ausgestiegen war (ein Koffer, eine Gitarre und ein Rucksack).
- Eine Studentenfuttertüte mit einigen Gramm Haschisch sowie mehrere Schokoriegel, vergessen im Bus von Amsterdam nach Berlin.

In der Warteschleife

Kundenhotlines sind bekanntlich die letzte Hoffnung der Hoffnungslosen. Deswegen rufe ich dort aus Prinzip nur sehr ungern an. Aber irgendwann ist es so weit: Ich muss es tun. Zögernd wähle ich die Ziffern auf dem Bildschirm. Nach dreißig Sekunden Willkommensansage fällt der Satz: »Sie erreichen uns nun unter der Nummer …« Also noch mal von vorn. Ich wähle wieder, warte und atme laut aus. Es ist Freitagmittag. Beste Telefonzeit. Dann ertönt plötzlich Musik. Ein eigens komponierter Fernbussong in Dauerschleife. Eine ambitionierte Alternative zu »Für Elise«.

»Ihre Wartezeit beträgt acht Minuten«, informiert mich eine unmotivierte Computerstimme zu Beginn. Sie wird bald abgelöst von der überfreundlichen Roboter-Renate, die die kommenden Minuten mit allerlei Infos füllt: »Kennen Sie schon unsere Fernbus-App?«, summt sie im Takt. Danke für den Hinweis, Renate. Im Hintergrund singt eine junge Frau derweil zu Gitarrenriffs von grünen Wiesen. Ich glaube, das soll Aggressionspotenzial abbauen. Nach einer Minute kehrt sich der Effekt bei mir ins Gegenteil.

Nachdem ich mir die Fernbus-App heruntergeladen habe, stellt sich die Frage: Was mache ich in den restlichen sechs Minuten, die ich hier in der Leitung hängen muss? Warteschleifen fressen Lebenszeit: Ich kann nichts tun, wofür ich mich vom Telefon entfernen muss. Also ordne ich meinen Schreibtisch ein bisschen, falte Wäsche und springe immer wieder hektisch zum Telefon, wenn eine Stimme im Lautsprecher ertönt. Es ist jedes Mal Roboter-Renate, die flötet: »Kennen Sie schon unsere Fernbus-App?« Nach viereinhalb Minuten Wiesengesang und einseitigem Dialog mit Renate muss ich dringend aufs Klo. Soll ich? Ich will nicht riskieren, dass ich meinen Servicemitarbeiter verpasse, also nehme ich das Handy mit und lege es vorsichtig auf dem Rand des Waschbeckens ab. Als ich gerade die Hose wieder zuknöpfe, ertönt eine Stimme. Es ist nicht Renate. Es ist ein echter Mensch, der seinen Vor- und Nachnamen nennt, jemand, der wirklich mit mir sprechen will! Ich greife nach dem Telefon, doch leider rutscht es auf der Emaille direkt Richtung Abfluss. Was nun folgt, ist sehr unprofessionell: Mit einer Hand sammle ich das Handy aus dem Waschbecken, mit der anderen halte ich die Hose fest.

»Entschuldigung«, stammle ich in den Hörer. »Ich war grade noch …«

»Kein Problem«, sagt die Stimme am anderen Ende. »Wie kann ich Ihnen helfen?«

»Ähm …« Ich halte immer noch meine Hose fest. Gute Frage.

Topfit ans Ziel

Busgymnastik für jede Gelegenheit

Zu langes Sitzen verwandelt jeden Jungspund in einen eingerosteten Endachtziger: Die Beine schlafen ein, die Knie schmerzen, die Sehnen brennen, und der Rücken zwickt. Denn wer reist, der sitzt. Und sitzen tut weh. Im Flugzeug instruiert deshalb eine sanfte Stimme Eingekästelte über Möglichkeiten, abgestorbene Körperteile wiederzubeleben. Im Bus hingegen bleibt es still. Jeder ist seinem eigenen Schicksal überlassen. Während draußen die Landschaft vorüberzieht, beginnt innen langsam das Absterben. Ich tue trotzdem einiges, um meine Blutzirkulation wieder in Schwung zu bringen.

Auf einer Langstreckenfahrt von Heidelberg nach München. Wir sind gerade in den Bus gestiegen, und schon beginne ich mit meiner Lieblingsübung. Mehrmals pro Fahrt absolviere ich den *Maulwurf*. Mich bückend und kriechend suche ich unter den Sitzen nach Wertgegenständen, Brötchentüten, Schuhwerk und Wasserflaschen. Auf den Knien balanciere ich zwischen den Überresten vergangener Fahrten mit dem Ladekabel Richtung Steckdose und am Ende der Reise von dort wieder zurück. Hier wird besonders die kraniale Zirkulation angeregt. Mit hochrotem Kopf und schwer atmend tauche ich nach mehreren Minuten wieder auf und fühle mich erfrischt wie nach zwei Sonnengrüßen. Zurück auf dem Sitz trainiere ich am iPhone meine Fingersehnen.

Nach einer halben Stunde Sitzen passiert das Unvermeidbare: Mein Bein schläft ein. Es kribbelt, ich wackle und schüttle. Mit der *Salzstreuertaktik* wird es zwecks Wiederbelebung so lange geschüttelt, bis es langsam wieder erwacht. Dieses Mal schläft mein Bein so fest, dass ich auf den *Krautstampfer* umsteige: Ich stampfe so lange mit dem Bein auf, bis endlich das Gefühl in meine Schenkel zurückkehrt. Klappt übrigens auch mit Armen und Füßen. Mein Nebensitzer blickt über seine Zeitschrift in Richtung meiner Wiederbelebungsversuche und sieht aus, als würde er mir einen Klogang nahelegen wollen. Ich trinke einen Schluck Wasser und lasse den Kopf zur Seite kippen. Ein paar Minuten Powernap später erwache ich wirklich mit dem Bedürfnis, aufs Klo zu gehen. Wo sind meine Schuhe? Noch einmal Maulwurf, und ich bin so weit. Ich signalisiere meinem Nachbarn meinen Wunsch, er bewegt sich mit einem latent genervten Blick auf den Gang (»Wusste ich's doch«).

Auf der Bustoilette absolviere ich die Königsdisziplin der Busgymnastik: den *Burning Man*. Dieser Hocksitz auf der Kloschüssel ist bestes Oberschenkeltraining. Technisch irgendwo zwischen Squats und Pilates angesiedelt, zwingt die Schwebeposition über dem Sitz den Busfahrenden zur Höchstleistung. Jetzt ist in jeder Faser Körperspannung gefragt. Je nach Straßenführung sind Balance, Muskelkraft und Koordination vonnöten. Eine dreiminütige Sitzung entspricht in etwa einer Aufwärmübung bei Bauch-Beine-Po und lässt die Schenkel brennen.

Zurück auf dem Platz kriege ich Hunger, kein Wunder nach dieser Übung. Ich grabe in *Maulwurfposition* nach meinem Brötchen und kaue zufrieden der Landschaft entgegen. Es wird langsam dunkel und ein bisschen ruhiger im Bus, der perfekte Zeitpunkt für einen Film. Nach etwa der Hälfte machen wir fünfzehn Minuten Pause. Das ist meine Chance. Ich schlüpfe schnell in die Schuhe, ziehe meine Handtasche unterm Sitz hervor und mache mich bereit für den *Raststättensprint*.

Als sich die Bustür öffnet, renne ich los. Einen Grund zu rennen gibt es immer. Ich habe mittlerweile eine volle Blase und Heißhunger auf Süßes. Nach dem Besuch auf der ersten sauberen Toilette der Reise bleibe ich schokoriegelkauend am Zeitschriftenregal hängen. Ich schaue auf die Uhr: Es sind sechzehn Minuten vergangen. Scheiße. Ich sprinte mit ein paar Nachzüglern über den Platz – der Bus steht noch da. Die anderen haben sich bei der Zigarettenpause bis kurz vor Abfahrt Zeit gelassen und sinken nun, die Raucherlunge abhustend, zurück auf ihre Sitze. Zugegeben: Dieses Intervalltraining ist zwar ziemlich gut für den Kreislauf, aber schlecht für die Nerven.

Als mein Puls wieder bei Normaltaktung angekommen ist, bette ich meinen Kopf auf mein Schalkissen. Draußen ist es mittlerweile dunkel, und meine Lider werden schwer. Zeit zu ruhen. Auch ein Busgesetz: Spätestens in der zweiten Filmhälfte döse ich weg.

Etwa eine Stunde später hebe ich den Kopf von meinem Schal. Wir sind kurz vor München, und mir tut alles weh. Jetzt hilft nur noch *die Streckbank*. Diese Stretchingübung für Faule kostet wenig Energie, hat aber einen großen Effekt. Ich hebe die Arme nach oben und strecke die Beine nach vorn. Die zusammengedrückten Sehnen und Muskelfasern werden gedehnt, mit einer kreisenden Kopfbewegung springt alles wieder an seinen Platz zurück. Zum Schluss noch ein letztes Mal den Maulwurf, um den Stecker aus der Dose zu ziehen und mein Gepäck einzusammeln, dann ist auch diese Trainingseinheit vorbei.

Weißes Rauschen

Unterhaltung ganz ohne Hilfsmittel

Augsburg – Mannheim. Während der Fahrt klatscht eine Biene gegen die Scheibe und fällt leblos zu Boden. Ein Mann zu seiner kleinen Tochter: »Siehst du, Luisa, deshalb sterben die Bienen aus.«

Modernen Menschen richten sich bei dieser Vorstellung die Armhaare unter der Apple-Watch auf: acht Stunden ohne technische Hilfsmittel, ohne iPad, Laptop, Telefon und Heimkino.

Normalerweise muss man für so ein Erlebnis an einem Achtsamkeitswochenende für gestresste Großstädter teilnehmen oder in die entlegensten Winkel der Erde reisen. Aber Selbstfindung gibt es bei jeder Busfahrt gratis gleich mit dazu: Eine defekte Steckdose und ein WLAN-Ausfall können dem Durchschnittsbürger die Amazonaserfahrung direkt auf den eigenen Sitzplatz holen. Keine Technik, die ganze Reise lang: Ist das denn wirklich so schlimm?

Wer gerade im Bus sitzt, muss nur mal genau hinhören. Brummen, ein bisschen Musik und ab und zu ein heiseres Husten: Das weiße Rauschen klingt im Bus immer ähnlich. Und ja, ein bisschen schlimm ist es tatsächlich. Der Bus rollt, jemand niest, draußen ein paar verschwommene Büsche und eine ewig lange Leitplanke, sonst passiert nicht viel. Noch weniger passiert, wenn sich weder Busch noch Leitplanke vorwärts bewegen. Der Urzustand des Busses, so scheint mir manchmal, ist nicht Fahren, sondern im Stau stehen. Wer im Bus sitzt, braucht deshalb einen Notfallplan: Was tun, wenn sich nichts tut, wenn alle Entertainmentquellen versiegen und das Handynetz ausfällt? Entertainment ohne Entertainment ist die Königsdisziplin des erfahrenen Busfahrers. Denn auf der Straße lässt sich vieles entdecken, das auch stromlos glücklich macht. Hier ein paar unorthodoxe Anregungen für die, die vom weißen Rauschen gerade Tinnitus kriegen.

Best of Lastwagen

»Kruger Hackschnitzel«, »Fruehauf Transport« und »Fred's Fassadenkompetenz« – die schönsten Titel schreibt das Leben selbst. Sie fahren im Bus direkt an einem vorbei. Lastwagenfahrer sind an sich schon eine spannende Spezies. Jedes Fahrerhäuschen ist ein eigenes Wohnzimmer: Mal sehe ich Oberarmsleeves, die auf dem Lenkrad Trommelsoli vollführen, oder einen Bierbauch, hinter dem ein Fußballspiel über den Bildschirm flimmert. Genauso unterhaltsam sind die kreativen Schriftzüge, die sie dabei durch die Gegend fahren. Wer das nicht glaubt, sollte auf der nächsten Busfahrt mal genauer hingucken.

Deutschlands Vielfalt

Eigentlich doch toll: Anstatt einfach gleichgültig durch die Bundesrepublik zu rollen, kann man sich als Busreisender endlich mal ungestört mit entlegenen Winkeln der Region auseinandersetzen. Die steckt, wie sich herausstellt, voller vergessener Kulturgüter, die im gesamtdeutschen Städtehype völlig übergangen werden. Die »historische Krautstadt« Merkendorf oder »Minnesängerstadt« Riedenburg verblassen unbemerkt gegen glitzernde Großstädte wie Berlin oder Hamburg. Zu Unrecht! Die wahren Schätze liegen versteckt an der Straße – man muss sie nur aufsammeln. Vielleicht also beim nächsten Städteurlaub einfach mal aufs Berghain pfeifen und stattdessen entspannt durch die Krautstadt schlendern?

Abenteuer Mensch

Nichts ist so faszinierend wie die menschliche Spezies. Der Bus ist diesbezüglich ein Biotop. Hier sitzt alles und jeder: Typ Karottensticks, der in der Multifunktionshose panisch nach dem Desinfektionsspray kramt, Mutti und Vati, die sich nicht einigen können, wer das letzte Wurstbrot kriegt, oder der frischverliebte Informatiker, der seiner Susi stotternd eine Liebes-Sprachnachricht hinterlässt. In jedem Bus kommt eine besondere Auswahl an Mitmenschen zusammen, die einen eine ganze Fahrt lang beschäftigen können. Auf der Straße fährt neben dem Bus noch mal eine ganze Städteladung durch die Gegend. Ein Porsche voller Kinderspielzeug, ein Golf gefüllt mit Senioren – jedes Auto erzählt eine andere Geschichte. Also Augen auf und gute Unterhaltung.

12. Liebe auf Rädern

Eigentlich ist es kein Wunder, dass der Bus ein Ort der Liebe ist. Die meisten sitzen wegen ihr dort. Fernbeziehungshälften, Frischverliebte und Langzeitpaare auf Discountreise, sie alle sind hier, weil die Liebe ihre Welt regiert. Der Bus ist ein Katalysator großer Gefühle: Er transportiert Menschen von fünftägigem Singledasein in die traute Zweisamkeit. Starkverliebte müssen sich am Bus tränenreich trennen und leiden die ganze Fahrt über mit halb gebrochenem Herzen an der wachsenden Distanz zwischen ihnen und Mausezähnchen. Pärchen reisen zusammen, streiten sich oder verknoten sich auf dem Sitz zu einer schmatzenden Einheit. Manchmal bin ich einer von ihnen, den Frischgetrennten,

KNUTSCHWOLKE, DIE

Die Fernbeziehung ist die moderne Beziehungsform, der gefühlt zwei Drittel der Passagiere eines Fernbusses angehören. An Haltestellen deshalb vor der Abfahrt ständig zu beobachten: Knutsch- oder Heulwolken in Paarformation. Für Unbeteiligte erschwert das zwar Ein- und Ausstieg (→ Gepäcktetris), für die Fernbeziehung aber ist der Fernbus das rettende Stück Treibholz, das preisgünstig von Wochenende zu Wochenende trägt.

Frischverliebten oder Langzeitpaaren. Manchmal beobachte ich auch einfach nur, wie sich die anderen anschreien, abknutschen und sehnsuchtsvoll zuwinken.

Doch auch wer allein ist, bleibt es im Bus vielleicht nicht lang. Ein bisschen ist Busfahren wie Speed-Dating. Menschen steigen ein, andere aus. Dabei ist der Mittelgang der Catwalk. Wer von vorne in den Bus steigt, wird vom Sitz aus erst mal abgecheckt – und umgekehrt. Hier wird Blickkontakt gesucht, entschieden: ja, nein, vielleicht? Ein Lächeln hin und eins zurück. Kreuzchen auf Ja? Das ist nicht nur gut fürs Herz, sondern auch gut gegen Langeweile.

Wie immer in Liebesdingen ist jedoch auch hier Vorsicht geboten. Der Busflirt bewegt sich nämlich schon aus schlichten räumlichen Gründen nah an der Grenze zur Belästigung. Wer hier flirtet, investiert gegebenenfalls in ein Langzeitprojekt, das nur als Kurzexkurs gedacht war. Auch das kann passieren: Einmal zu lang in den Mittelgang Richtung Uhr geguckt und sich eventuell einen ungewollten Romeo angelacht. Was folgt, sind Stunden des gemeinsamen Durch-die-Gegend-Schaukelns, die von wattiger Wolke bis lodernde Hölle variieren können. Man kann schwer wie im Club nonchalant aneinander vorbeidriften und sich unverfänglich über dem Cocktailglas zulächeln. Es ist eher wie eingeschneit sein auf der Skihütte. Man steckt erst mal fest, im Bus, auf dem Sitz und miteinander. Schön, wenn man sich neben den Richtigen setzt und nach wenigen Minuten schon in ein angeregtes Gespräch vertieft ist. Auch wenn im Drei-Reihen-Radius wahrscheinlich schon jeder innerlich stöhnt: »Jetzt frag ihn endlich nach seiner Nummer!« Stellt sich heraus, dass man mit dem Falschen angebandelt hat, hilft nur demonstratives Buchaufschlagen und Musikhören. Das ist internationaler Buscode für: heute nicht.

Logistik ist für die Busliebe entscheidend: Wenn man nicht nebeneinandersitzt, wie macht man das, so über die Reihen hinweg? Der Kurzzeitverliebte riskiert im Bus abrupten Herzschmerz – vielleicht steigt die Busschönheit schon an der nächsten Haltestelle aus, und man sieht sich nie, nie wieder, bevor man auch nur eine Telefonziffer gewechselt hat. Vielleicht steigt dann aber schon die nächste ein. Der Bus versteht also auch dieses Grundprinzip der Liebe: die Hoffnung.

Flirten im Bus

Ich sehe ihn schon, als er einsteigt. Wir fahren von Berlin nach München. Er hat einen riesigen Rucksack dabei und zart gerötete Wangen vom Rennen. Blonde Haare und ein paar Sommersprossen auf der Nase. Ich schaue ihn an und muss lächeln. Er lächelt zurück, eine lange Sekunde lang. Ich schaue weg. Der Platz neben mir ist frei, ich kann seinen Blick wandern sehen. Ein bisschen pocht mein Herz. Aber neben mir lässt sich schwer atmend ein Mittvierziger in Funktionskleidung nieder, der nach kaltem Rauch stinkt. Der Blonde mit den Sommersprossen setzt sich eine Reihe weiter vorn hin. Er verstaut seinen Rucksack auf der Gepäckablage, schaut zu mir und lächelt wieder. Ich lächle zurück. Wieder pocht mein Herz. Die Fahrt über sehe ich nur seinen Hinterkopf, sehe, wie der schöne Fremde sich die Kopfhörer in die Ohren steckt und dazu mit den Fingern auf die Knie trommelt. Ich stelle mir vor, dass er Gitarre spielen kann, wie er auf dem Sofa liegt und Musik hört, ganz laut, im Sommer, die Fenster sind auf, und das Lied hallt durch die Straße. Bis ich mit dem Rad vor seiner Wohnung halte und seinen Namen rufe, vielleicht Anton oder Tim. Dann lehnt er sich aus dem Fenster, lächelt mich genau so an, wie schon im Bus, nur noch ein bisschen breiter. Wir gehen zusammen zum Fluss, sitzen da, bis es dunkel wird und trinken kaltes Tegernseer vom Späti.

Als wir am Rastplatz halten, werde ich aus meinem Tagtraum gerissen. Der Blonde greift nach seiner Jacke, vor uns liegen fünfzehn Minuten Aufenthalt. Das ist genug Zeit zum Anbändeln. Aber was soll ich sagen? Fragen, ob ich ihm eine Apfelschorle ausgeben kann? Oder ob er öfters Bus fährt? Klingt alles bescheuert. Das Unangenehme am Busflirt ist ja, dass dabei alle zuschauen – und, noch schlimmer, zuhören. Kein lauter Bass übertönt das, was ich sage, kein Stimmengewirr verschluckt, was er antwortet. Das kostet mehr Mut für den ersten Schritt. Ich weiß das, weil ich selbst genauer hinhöre, wenn zwei Reihen weiter hinten Bagger-Hans ungelenk sein Glück versucht.

Fast alle langwierigen Situationen im Leben macht ein Flirt ein bisschen besser. Lernphasen in der Unibibliothek ließen sich besonders durch den Bib-Flirt erträglich gestalten. Vierhundert zeugungsreife Studenten eingekerkert in Räumen ohne Außenreize, nur in Reichweite eines Kaffeeautomaten und unendlichen Reihen von Büchern. Kein Wunder, dass wir alle zu Hormonschleudern wurden und sogar eigene Facebook-Kanäle einrichteten, sobald sich ein langes Bein oder ein schöner Nacken in unser Blickfeld schob. Bib-Flirts waren gleichzeitig Zeitvertreib, Prokrastination und Motivation. Morgens um sechs aufzustehen, um in einem stickigen Kubus stundenlang Bücher zu wälzen, ging wesentlich leichter vonstatten, wenn man wusste, dass die kleine Brünette oder der heiße Mützenträger wieder schräg links gegenübersitzen würden. Meistens passierte nichts außer ein bisschen Blickkontakt. Vielleicht ja auch genau deswegen: Wir wollten vermeiden, uns wochenlang morgens um sechs in die Bibliothek zu schleppen, während schräg links vom Platz jemand saß, der einen kurz vorher abserviert hatte.

Das Schönste am Bib-Flirt war ein bisschen Mittelstufenkribbeln, fast so, als würde man dem Schwarm ein Zettelchen zustecken, das erste Mal hinter der Sporthalle Händchen halten oder von einer Freundin hören: Der eine Süße mit den blauen Augen aus der 10a steht auf dich. Schön, aber völlig ungefährlich. Es ging damals mehr um die Aussicht auf Dates, Bier und Abendessen als um die Realität – eine Wunschtraumblase in einer albtraumhaften Welt aus Skripten und Klausurterminen.

Genauso ist es im Bus, in dem sich eine Gruppe Menschen zusammengefunden hat, abgeschnitten von der Außenwelt und ohne Unterhaltung, auf der Suche nach ein bisschen Ablenkung. Auch der Busflirt bleibt meistens unschuldig und vor allem unverbindlich. Einer steigt aus, der Nächste kommt rein, und wahrscheinlich begegnet man sich nie wieder. Man sollte es genießen, das Wegschauen und das sich wieder Ansehen, das bisschen Herzklopfen, das einem die Reisezeit verkürzt.

Denn das ist doch eigentlich der schönste Teil des Flirtens: ein Moment der Möglichkeit von Liebe. Mit diesem Moment kann man kurz spielen und ihn genauso schnell wieder gehen lassen. Am Rastplatz steigen wir aus, ich laufe hinter dem Blonden und schaue auf karierten Stoff. Er ist einen Kopf größer als ich. Soll ich was sagen? Vor der Raststätte kramt er in seiner Tasche, heraus zieht er eine Schachtel Zigaretten. Er dreht sich zu mir: »Magst du eine?« Ich schüttele den Kopf. Ich rauche nicht. Plopp, macht die Blase. Schön war es trotzdem.

GLOTZPROTZ, DER

Paarungswilliger Passagier, der seine Begeisterung für das andere Geschlecht nicht durch Worte, sondern durch konstantes Starren kundtut. Seine ein- bis fünfsekündigen Seitenblicke führen bei Betroffenen zu unangenehmem Nackenkribbeln und Paranoia (guckt er wieder?). Lässt sich nur durch einen energischen Strafblick unterbinden.

MITTELREIHENCHECK, DER

Moment des optischen Auslotens der Mitfahrer im Mittelgang. Hier lässt sich in Ruhe betrachten, was der Bus sonst in den hinteren Reihen versteckt hält. Auch potenzielle Sitzplatznachbarn werden hier auserkoren: Der Mittelreihencheck wägt Sympathie mit Fluchtreflex ab.

BUCHSTÜTZE, DIE

Abwehrhaltung, bei der ein Arm aufgestützt und der Kopf über Buch oder Zeitschrift geneigt wird. Oft letzte Hoffnung für die, die in der Sitzplatznachbarlotterie die Niete gezogen haben. Heißt: Bitte nicht ansprechen. Plappert der Betreffende trotzdem weiter, hilft nur noch: Demonstrativ Kopfhörer aufsetzen oder Ohropax verwenden.

Endstation

Die Bustrennung

Ein Beziehungsszenario, das normalerweise für Freitagabend reserviert ist: sie in Glitzerkleid mit verschmierter Wimperntusche, er den Kopf zwischen den Knien baumelnd und tief inhalierend. Sie weint in wimmernden Schüben, er wischt sich energisch eine imaginäre Wimper aus den Augen. Doch die beiden sitzen nicht vorm Club, sondern im Bus von Frankfurt in Richtung München. Es ist schwer zu sagen, wem das unangenehmer ist: Sie und ihm oder den circa vierzig Menschen, die jetzt wissen, dass er ein »Bindungsproblem« und letzte Woche im Suff mit Jessi rumgemacht hat. Zum Glück war wenigstens Jessi nicht mit im Bus. Ungünstig, dass sie offenbar auf dem Weg zu ihrer Geburtstagsparty waren (»Ich drück der Schlampe doch kein Geschenk in die Hand!«).

In der Öffentlichkeit zu streiten ist ein Pärchenhobby, so ähnlich wie gemeinsam Serien schauen oder Joggen gehen. Eigentlich peinlich, dass man es macht, aber ab und zu macht man es doch. Sich in der Öffentlichkeit zu trennen ist jedoch, wie der Norddeutsche sagen würde, ein ganz anderer Schnack. Eine Gruppe von Fremden erlebt, wie man sich gegenseitig emotional entkleidet. Auf anfängliche Belustigung (»Letzte Woche auf der Skihütte war doch noch alles gut!«) folgt für die Zuhörer Scham (»Bitte, Maus, ich kann nicht ohne dich …«), bis schließlich der Geduldsfaden reißt und alle nur noch wollen, dass es möglichst schnell vorbei ist. Eine einfache Trennung gibt es bekanntlich nicht. Oft schleicht sie sich langsam an, um irgendwann wie der Blitz zuzuschlagen. Dumm nur, wenn man dann ausgerechnet im Fernbus sitzt.

Die Bustrennung dauert etwa zwei Stunden und endet mit dem Ausstieg des Paares an der Haltestelle in Würzburg. Sie rennt (»Du hast doch nie wirklich MICH geliebt!!«), er hechtet mitsamt Koffer hinterher (»DASISNICHTWAAHR!«). Sie schubst, er brüllt. Dann verschwinden beide in unterschiedliche Richtungen. Kaum sind sie außer Reichweite, atmet der Bus kollektiv aus.

Der Lautsprecher knistert, der Fahrer kommentiert in trockenem Ton: »Und alle Zugestiegenen begrüße ich nun zum angenehmen Teil der Fahrt.«

Nie wieder Doppelsitz

Sich trennen im Bus

DO

- *Gummibärchen/Schokovorrat nachkaufen (beruhigt die Nerven)*
- *Bei langwierigen Gesprächen Trennung auf die Bordtoilette verlagern (lebensfeindliche Umgebung fördert ein schnelles Ende)*
- *Streit auf WhatsApp weiterführen (besser als anschreien)*
- *Aussteigen*

DON'T

- *Beziehungsrat von Umsitzenden einholen*
- *In Schweigemomenten Kopfhörer aufsetzen*
- *Den Fahrer bitten, »noch mal unser Lied zu spielen«*
- *Die Haltestelle verpassen*

Von Herzklopfen bis Herzschmerz

Die Fernbeziehung

Freiburg – Köln. Alle Reisenden sind schon im Bus, ganz zum Schluss schleppt sich ein etwa zwanzigjähriges Mädchen in die hintere Sitzreihe. Nach kurzer Stille sind heftige Heulgeräusche zu hören, gelegentlich unterbrochen von Nasenschnäuzen. Ein paar Minuten später plärrt sie tränenreich die Details ihrer Trennung ins Telefon. Als sie auflegt, dreht sich ein Mann zu ihr, der das Gespräch eine Weile mitverfolgt hat, und sagt: »Mädel, einer, der dich noch nicht mal zur Haltestelle bringt, taugt sowieso nichts.«

Ich stieg aus dem Bus aufs Deck der Fähre, die uns über den See auf die Schweizer Seite trug, und schaute in die Nacht hinein. Wasser spritzte, am Horizont funkelten ein paar Lichter. Irgendwo auf der anderen Seite wartete mein Freund, der vor Kurzem in die Schweiz gezogen war. Es war mein erster Besuch in seiner neuen Stadt. Ich studierte damals in Karlsruhe, er in Zürich. Wir hatten uns ein paar Wochen lang vermisst, uns geschrieben und angerufen. Jetzt war er nur noch ein paar Kilometer entfernt.

Ein gemeinsam verbrachtes Wochenende kann für die Liebe auf Distanz viel bedeuten. Es kann bestärken, verwirren, schweben und verzweifeln lassen. Deswegen sind Fernbeziehungen schwierig: Weil sie im Turbogang das nachholen müssen, was Paare sonst langsam über die Woche verteilen. Die Erwartungen sind dementsprechend hoch.

Das Zusammensein ist kein gleichmäßiger Strom, sondern eine Welle aus Nähe und Distanz. Alles, was man zusammen erleben und sich ins Ohr flüstern will, konzentriert sich auf achtundvierzig Stunden. Schon am Anfang der Woche erstellen wir eine Liste von den Dingen, die wir machen wollen: einen Film sehen, ein Café besuchen, in ein Konzert gehen, Eis essen am Kanal, Bier trinken unterm Kastanienbaum und auf dem Dach den Projektor aufbauen.

Die Busfahrt in das Wochenende wurde dabei zu Fluch und Segen zugleich. Sie trug mich meinem Freund entgegen, beständig und endlich, aber eben nie schnell genug. Die Ungeduld wuchs, während die Distanz schwand. Dem Moment, in dem wir uns endlich sahen, fieberten wir entgegen wie Fans dem Finale. Auf meinem Handy ließ sich die Distanz zwischen uns messen: Je näher ich kam, desto mehr schrieben wir. Plötzlich war alles wichtig, jeder Zwischenhalt, jede Tankstelle, er musste unbedingt wissen: Bald bin ich da. Im Bus! Bei Freiburg! Gleich! Als die quälende Distanz beim Wiedersehen endlich zur langersehnten Nähe wurde, war das wie Feuerwerk. Wir nahmen uns in den Arm, rochen und fühlten uns. Wir nahmen uns an der Hand und liefen über die Straße, wie ein normales Paar: Ich bei dir und du bei mir. Unterwegs besprachen wir alle unsere Pläne. Wo gehen wir heute Abend hin? Hast du Hunger? Wie war die Uni?

Und dann, nach achtundvierzig Stunden, trug mich der Bus wieder weg. Die Distanz wuchs, während die Endorphine auf dem Höchstwert waren. Nachrichtenexplosion: Es war so schön. Ich vermiss dich schon jetzt. Auf einmal war ich ganz sicher: Ich bin da, auch wenn ich weg bin.

Ein paar Wochenenden später war er es, der aus dem Bus stieg. Ich stand an der Haltestelle, aufgekratzt und nervös. Dann sah ich seinen Kopf in der Menge, zwischen Gepäck und müden Gesichtern, und wartete, dass über mir bunte Lichter explodierten. Aber stattdessen zündeten eher ein paar Knallfrösche fehl. Wir merkten beide: Wir sind uns ein bisschen fremd geworden. Die stressige Woche trugen wir in unser gemeinsames Wochenende, er war angespannt, ich grummelig. Das ließ bei uns beiden Enttäuschung zurück. Wir wollten, dass es immer so weitergeht, Feuerwerk an Feuerwerk.

Was Fernbeziehungspaaren anfangs fehlt, ist die Normalität. Keine Zeit, sich über den Putzplan zu streiten, Klopapier zu kaufen und sich zum hundertsten Mal über die dreckigen Klamotten neben dem Wäschekorb zu beschweren. Fernliebe ist zunächst wie eine Dauerschleife aus ersten Dates, aus langersehnten Berührungen, Worten und Erlebnissen. Ein Schwebezustand. Keine rosarote Brille, sondern Monatslinsen. Doch nach ein paar Monaten stellt sich bei Liebe auf Distanz manchmal eine andere Normalität ein: sich vermissen, streiten, sich fremd sein, sich wiederfinden.

Wir lebten in zwei Welten, der Bus pendelte zwischen beiden hin und her. Zusammen schufen wir die dritte, unsere. Nach ein paar Wochenenden wurde ich zur erfahrenen Pendlerin. Ich wusste, dass die Zeit genau für einen Film, ein bisschen Lesen und aus dem Fenster schauen reichte, wusste, dass es auf der Fähre heiße Schokolade gab und auf welcher Busseite ich sitzen musste, um den besten Blick auf die Landschaft zu haben. Unter der Woche kam ich spät nach Hause, sah fast jeden Abend Freunde. Ich rasierte mir seltener die Beine, las bis in die Nacht und ließ die Müslischüssel am Bett stehen. Am Wochenende lebte ich die absolute Zweisamkeit. Zusammen aufwachen, spät frühstücken und spazieren gehen, zusammen tanzen, füreinander kochen und nebeneinander Zähneputzen.

Unter der Woche sammelte sich indessen immer deutlicher der Frust. Wir wollten uns nah sein und waren es nicht. War er bei mir, wusste ich nicht mehr, wie genau ich aufholen sollte, was wir verpasst hatten. Ich sehnte mich nach Normalität, nicht nach unserer, sondern nach der eines Paares, das in derselben Stadt lebt. Ich wollte auch unter der Woche zusammen einschlafen und Seite an Seite vor dem Waschbecken stehen.

Mit der Zeit wurde der Bus zum Rettungsboot. Wir hofften, dass wir das, worüber wir uns unter der Woche stritten, am Wochenende persönlich klären konnten. Wir hofften, dass der Bus uns zueinander trug und das Feuerwerk wiederkam.

Irgendwann saß ich ein letztes Mal im Bus in seine Stadt, von der ich nur einen Ausschnitt kannte: ein paar Lieblingsecken, einige Gesichter, ein paar Cafés und Restaurants, den Fluss und die Bushaltestelle. Ich war dort nie mit dem Fahrrad gefahren oder hatte mich zum Kaffee mit einer Freundin getroffen. An diesem Ort existierte ich nur im Radius um meinen Freund. Zuerst entdeckten wir den fremden Ort zusammen, spazierten nachts durch die Straßen. Ein paar Wochen später aßen wir Eis am Ufer, und er erklärte mir Kirchen, Plätze und Viertel. Er hatte sich eingelebt, ich nicht. Ich blieb Gast.

Am Ende unseres letzten gemeinsamen Wochenendes stand ich verheult an der Haltestelle. Ich stieg in den Bus Richtung Karlsruhe, der Motor brummte. Draußen am Fenster sah ich noch einmal das Gesicht meines Freundes in der Menge. Und dann trug der Bus mich einfach von ihm weg. Von den Tränen und langen Nächten, von den Diskussionen und dem letzten Mal Festhalten.

Zurück fuhr mich derselbe Bus, der mich zum ersten Mal herbrachte. Die Fahrten waren immer auch ein Spiegel der Beziehung: Mit welchem Gefühl fuhr ich hin und mit welchem zurück? Mal war ich aufgeregt, mal fuhr ich mit Kribbeln, mal mit sanfter Wut im Bauch. Aber dieses Mal war alles anders.

Auf der Fähre hatte ich keinen Wind im Gesicht und schaute nicht auf die Lichter. Stattdessen saß ich ganz hinten, mit einem großen schwarzen Loch im Bauch und weinte in meinen Schal.

Frisch getrennt im Bus

Manche Menschen sind weinend ja noch schöner. Eine ohnehin schon schöne Freundin von mir zum Beispiel schafft es, nur einzelne kunstvolle Tränen aus ihren Augenwinkeln hervorzupressen, die dann effektvoll ihre Pfirsichwange hinunterkullern. Ihre Rehaugen werden nicht rot, sondern bekommen lediglich einen zauberhaften Glanz. Bei mir ist das leider anders. Statt zur verletzlichen Elfe entwickle ich mich beim Weinen zum zahnenden Säugling. Die Unterlippe zittert, Rotz fließt ungehindert und mischt sich mit salzigen Tränen zu einem klebrigen Film, mein Gesicht verzieht sich zu einer grotesken Fratze.

Wenn ich also heule, dann am liebsten in meinen eigenen vier Wänden. Hier weiß ich, wo die Klorolle hängt, dass noch Eis im Kühlschrank ist und mich niemand doof anstarrt. Unter meiner Decke kann ich mich vorm Rest der Welt verstecken, bis der Sturm vorüber ist. Aber zu Hause weinen klappt nicht immer. Schuld daran ist der Bus. Oder besser seine Funktion als Fernbeziehungsvehikel. Alle, die der Bus frischgetrennt oder frischverliebt gen Heimat schaukelt, wissen: Manchmal fließen Tränen im Fernverkehr. Ich bin keine Ausnahme.

Meistens schaffe ich es zumindest, leise zu weinen und niemanden sonst in mein kleines Drama hineinzuziehen. Ich bin kurz traurig, heule ein bisschen, weiter geht die Reise. Aber auf der Trennungsfahrt von Zürich nach Karlsruhe war es besonders schlimm. Das Ende einer langjährigen Beziehung lässt sich wochenlang beweinen, ich begann damit gleich an Ort und Stelle. Mit leichtem Tränenschleier saß ich auf meinem Sitz ganz hinten. Am liebsten wollte ich mich jetzt hier verbarrikadieren und nie wieder aufstehen. Auch die Proviantfrage spielte diesmal keine Rolle, denn ich war mir sicher, ich würde nie wieder etwas essen wollen und in den nächsten Stunden schon gar nicht. Aber in Konstanz setzte sich eine ahnungslose Frau neben mich. Ich drehte den Kopf zum Fenster. Die Landschaft draußen verschwamm. Ich zog meinen Schal über den Kopf und täuschte Tiefschlaf vor. Die Schluchzer kamen in gleichmäßigen Abständen, die fast so klangen wie Atemprobleme. Mit den Händen wischte ich Tränen ab. War nicht vielleicht Heuschnupfenzeit? War es nicht. Es war Spätsommer. Ich bekam keine Luft. Rot und verquollen tauchte ich wieder auf. Die Frau neben mir hatte ein Buch aufgeschlagen, der Titel: *Super Sad True Love Story*. Ich unterdrückte ein Wimmern.

Im Bus zu heulen ist für niemanden angenehm. Plötzlich fiel mir wieder einmal auf, wie hermetisch abgeschlossen dieser Raum war. Kein Geräusch entwich. Ungehindert schniefte ich in den Bus hinein. Ich wollte ungern vierzig Menschen meine Schluchzer entgegenschmettern, während sie gerade versuchten, ihren Mittagsschlaf zu halten. Jeder hat das Recht, in Frieden zu reisen. Aber wie?

Ich dachte an den Abschied, seine Hand auf meiner. Mein Herz zog, in meinem Bauch kochte heiße Lava. Neue Tränen schossen mir in die Augen. Wie sollte ich das vier Stunden lang durchhalten?

Gemäß dem Tränenfluss passte ich die Taktik an. Die schlimmsten Attacken lagerte ich auf die Toilette aus. Zur

Schalldämmung vergrub ich mein Gesicht in Toilettenpapier. Wenn nach ein paar Minuten mein Herz ruhiger schlug, folgte ich der immer gleichen Routine: Wasser ins Gesicht, durchatmen, raus. Auf dem Weg zwischen Sitz und Toilette versuchte ich Haltung zu bewahren – die restlichen Passagiere dachten wahrscheinlich, ich litt eher an einer Salmonellenvergiftung als an einem gebrochenen Herzen.

Die Dame neben mir las immer noch. Als ich von der Toilette zurückkam, stand sie auf und lächelte mich aufmunternd an. Ich lächelte zurück und spürte dabei, wie geschwollen meine Augen waren. Aber der Bus half: Er schaukelte unbeeindruckt und beruhigend, so wie immer. Die Fahrt war der Puffer zwischen Jetzt und Damals. In ein paar Stunden würde ich aussteigen, allein, und mein Leben wäre nur noch meins.

Die Tränen flossen stiller. Statt auf dem Sitz heftig ins Taschentuch zu rotzen, tupfte ich damit um die Augenpartie herum. Diese Variation von »Ich hab da was im Auge« funktionierte genau so lange, bis das Gesicht von meinem Exfreund in meinem Kopf aufflackerte.

Eine andere Taktik musste her. Ich klappte meinen Laptop auf und wählte einen besonders dramatischen Film (»The Notebook«). Ich war ab jetzt offiziell kein psychisches Wrack mehr, sondern ein äußerst sensibler Kulturfreund. Leider handelte der Film das erste Drittel von glücklicher Liebe. Ich weinte also zu Bildern von einem Paar, das Riesenrad fährt, glücklich Sterne schaut und sich zum ersten Mal küsst. Ich zog die Kopfhörer raus, klappte den Laptop zu und wischte mir die Tränen aus dem Augenwinkel. Bescheuerte Idee.

Die Frau neben mir drehte sich zu mir und fragte besorgt: »Geht's?«

So viel Sympathie war zu viel. Alle Dämme brachen. Die

Tränen flossen erneut, wie ein Sturzbach diesmal, ich stotterte irgendwas von »frisch getrennt« und heulte jetzt völlig unkontrolliert.

Dann machte die fremde Frau neben mir etwas Wunderbares: Sie nahm mich in den Arm.

Mit Verliebten im Bus

Ein Moment, in dem man gar kein Verständnis für die Liebe hat, ist: wenn man versucht, einen riesigen Koffer in eine Ladeluke zu bugsieren. Ein paar Monate später war ich auf dem Weg von München nach Karlsruhe. Zur Haltestelle hatte ich es schon geschafft. Ich musste nur noch mit meinem Koffer durch die Ansammlung an Menschen vor der Ladeluke. Hier trafen sie sich alle: romantische Wangenstreichler und Haarsträhnen-aus-dem-Gesicht-Wischer, Händchenhalter und In-die-Kapuze-Heuler. Ich wollte meine Ruhe, meinen Fensterplatz, ganz ohne amouröse Zwischenfälle. Der Kopf dröhnte noch ein bisschen vom Wochenende.

An der Gepäckluke umschiffte ich ein besonders hartnäckiges Paar. Sie, etwa sechzehn, die langen roten Haare sorgsam von ihm aus dem Gesicht gestreichelt, weinte schwarze Mascaraflecken auf seinen Kapuzenpulli. Er gurrte beruhigend auf sie ein wie auf ein Traumaopfer. Am liebsten wollte ich schreien: »Ihr seht euch doch nächste Woche wieder, ihr Idioten!« Ich fühlte mich wie ein Aussteiger, der noch mal an seinem Sektenzentrum vorbeiläuft. Vorbei, die gemeinsame Zeit, jetzt war ich allein und unabhängig. Ich konnte jetzt tränenfrei reisen. Den leisen, dumpfen Schmerz angesichts der sich umschlingenden Paare ignorierte ich.

Ich setzte mich, ganz ohne zeitintensive Abschiedsszene, als eine der Ersten im Bus auf einen Fensterplatz vorn. Der Kapuzenpulliträger schlurfte mit hängenden Schultern den Gang entlang und setzte sich in die Reihe rechts neben mir. Die Rothaarige winkte ihm unter Tränen hinterher und wischte sich Rotz von der Oberlippe. Besonders ästhetisch sind solche Abschiedsszenen nicht. Kaum war der Bus losgefahren, zückte der Kapuzenpulli sein Smartphone und tippte wild Emojis in den Chat. Junge Liebe.

Etwa vier Stunden später waren wir in Freiburg, von vorn blinkte noch immer der Smartphone-Screen. Ein paar stiegen aus, ein paar stiegen ein. Eine junge Blondine in zu engen Jeans quetschte zwei Longchamp-Taschen durch den Gang und setzte sich neben den Kapuzenpulli. Als sie ihre Tasche in der Kopfleiste verstaute, gab sie den Blick auf ein baumelndes Bauchnabelpiercing frei. Der Kapuzenpulli starrte wenig dezent und steckte sein Handy weg. Sie holte Kopfhörer aus der Tasche.

Nach einer Weile er von rechts zu ihr: »Was hörst 'n du so?«

Jetzt hätte ich gerne meine beste Freundin neben mir gehabt, jemand zum Anstupsen und Austauschen. Boah, echt. Die reichte ihm auch noch den Kopfhörer! Ich wollte rufen: Äh, hallo, kriegt das gerade jemand mit? Doch keiner rührte sich, Leute tippten in ihre Handys, lasen und dösten. Der Pulli hing der Blonden an den Lippen, in seiner Hosentasche vibrierte das Handy. Er ignorierte es. Am Rastplatz stiegen die beiden zusammen aus, tranken Cola, teilten sich Chips und rauchten. Die Blonde lachte, er schnippte die Asche ein bisschen zu gewollt von der Zigarette, auf seinem Pulli noch der schwarze Mascarafleck seiner Verflossenen.

Die restliche Fahrt waren sie ins Gespräch vertieft. Ich

starrte auf mein Buch und versuchte zu lesen. Eigentlich aber hörte ich zu. Was sich da vorne abspielte, war eine TV-reife Mischung aus *Der Bachelor* und Rosamunde Pilcher. Sie unterhielten sich über ihr Wochenende, kein Wort von der Rothaarigen. Sie erzählte, wie sie sich mit ein paar Freundinnen in einen Münchner Club geschmuggelt hätte. Er sagte so was Ekliges wie: »Na ja, mit deinem Lächeln kein Problem.« Der Bus hielt in Mannheim, er musste raus.

»Hast du Facebook?«, fragte er. Hatte sie.

Du Arschloch, dachte ich und erwischte einen Seitenblick von meinem Nebensitzer am Gang. Er hatte wohl auch schon länger zugehört.

Ein paar Kilometer weiter waren auch wir am Ziel, Heidelberg. Sie griff nach ihren Taschen, noch einmal glitzerte das Piercing, stieg aus und fiel einem brünetten Skaterboy in die Arme. Mein Nebensitzer und ich beobachteten die Szene gleichzeitig.

Er schaute mich vielsagend an und sagte nur: »Junge Liebe.«

BUSSCHÖNHEIT, DIE

Situationsbedingte Schönheit auf Busreisen. Eigentlich eher mittelattraktive Mitfahrer erscheinen im trüben Busalltag wie feenhafte Wesen. Schweben sie über den Mittelgang, ist kein Herz mehr sicher. Grund: Der Bus ähnelt einem Schiff auf langer Seefahrt – aus Mangel an Alternativen wird das Walross zur Meerjungfrau. Der Zauber ist vorbei, sobald sich die Tür mit einem »Pffscht« öffnet. Davor potenzieller Auslöser der → Nackenstarre.

Verlieben im Bus

Neben mir sitzt jemand, den ich kaum kenne. Vor ein paar Tagen waren wir noch Fremde, jetzt sind wir auf dem Weg nach London und fahren zusammen Bus. Draußen grüne Hügel, ein paar Bäume, Schafe, die aussehen wie aus Watte. Der Himmel ist blau, endlich. Es ist mein Geburtstag. Ich war noch nie in London, obwohl ich seit ein paar Wochen in Oxford studiere. Die Reise ist mein Geburtstagsgeschenk. Nur noch schnell einen Kaffee holen und dann in den roten Bus springen, allein in die große Stadt, das war der Plan. Es kommt anders. Im Café treffe ich auf jemanden, mit dem ich vorgestern erst einen Wein trinken war. Er grinst, ich grinse.

»Wohin fährst du?«, fragt er.

»London«, sage ich.

»Kann ich mit?«

Ein paar Minuten später sitzen wir zusammen im Bus und grinsen immer noch.

Noch zwei Stunden Fahrt bis nach London. Hundertzwanzig Minuten neben jemandem, den ich fast nicht kenne, aber gerne sehr gut kennen will. Wir reden, jeder Satz ist neu, ich höre, welche Wörter er aneinanderreiht, beobachte, wie er mittendrin lächelt und auf der linken Seite ein Grübchen bekommt. Wir haben uns noch fast nichts erzählt, bis jetzt, und deswegen erzählen wir jetzt alles. Ich fange in der Mitte an, irgendwo. Zwischendurch schauen wir aus dem Fenster und sagen nichts. Immer noch Hügel, ein paar Dörfer, Pubs und kleine Fachwerkhäuser. Soll ich mich zu ihm lehnen, oder ist das noch zu früh? Unsere Beine berühren sich leicht, es kribbelt. Ich genieße das Reden, ich will weiter sein Grübchen sehen und seine Augen auf mir fühlen, wenn ich kurz zur Seite schaue.

Es fühlt sich anders an, als hätten wir uns im Café getroffen oder in einer Bar. Es ist entspannter. Ich kann nicht besonders lässig auf dem Stuhl sitzen oder elegant meine Haare zwirbeln. Und weil ich es nicht kann, versuche ich es gar nicht erst. Ich sitze auf meinem Mantel, die Haare wirr vom Kampf mit dem Schal. Die Situation ist eigentlich völlig unromantisch: Jedem von uns klemmt ein Pappbecher mit Kaffee zwischen den Knien, ich muss mich ein Stück zur Seite drehen, um ihm in die Augen zu schauen, muss aufstehen, wenn er aufs Klo muss.

Als er zurückkommt, sagt er: »Gar nicht so einfach.«

Ein Date ist normalerweise ein Event. Man zieht den Lidstrich viermal, bis er gerade ist, sucht einen besonders schönen Ort aus, bestellt einen Wein, wenn man sich nach Tee fühlt. Dabei tue ich so, als sei das alles völlig normal: dass ich immer perfekte Lidstriche ziehe, die besten Ausgehtipps weiß, mich mit Rotwein auskenne. Ich will ich selbst sein, mich aber gleichzeitig von meiner Schokoladenseite zeigen. Der Rest, die Erkenntnis, dass der andere eben auch nur ein Mensch ist, kommt später. Sie ist eigentlich der schönste Teil.

Für die Schokoladenseite hat man beim Reisen keine Zeit. Obwohl wir kein Paar sind, müssen wir zusammen funktionieren: Haben wir Wasser dabei? Essen? Wo ist meine Tasche? Das, was man im Café versucht zu erschaffen, hat man im Bus automatisch: Nähe. Hier bin ich nicht die, die ihre Haare verführerisch um die Finger wickelt und dabei ihren Glutblick aufsetzt, sondern eher die, die sagt: Ich hab Hunger, und ist das Klo wieder frei? Das ist besonders, denn es ist ein kurzes Aufflackern von dem, was danach vielleicht noch kommt. Alltag. Zusammen sein, ohne Kajal und guten Wein, sondern im Bus mit Proviant und Wasserflasche. Das ist auch Romantik: gemeinsam leben, mit allem, was dazugehört.

Wir schauen zusammen raus und reden, der Landschaft entgegen. Dann schauen wir uns an. In meinem Bauch hüpft eine Gruppe Raver an die Decke. Irgendwas ist anders an einem Gespräch im Bus. Nicht viel lenkt ab, wir wissen beide, wir sind erst mal hier. Keiner muss weg, keiner kann irgendwohin. Ein bisschen Klaustrophobie und viel Geborgenheit. Wir haben Zeit. Zusammen vergeht sie sehr schnell.

In London steigen wir aus. Als wir ein paar Stunden später wieder in den Bus steigen, kennen wir uns ein bisschen besser. Wir haben uns geküsst, sind händchenhaltend an leuchtenden Leinwänden und an der Themse entlangspaziert. Wir haben zusammen gegessen, einen Shot getrunken und sind zum Bus gerannt. Ich überlege nicht mehr, ob ich auf dem Sitz zu ihm rücken soll. Auf der Rückreise sagen wir wenig. Irgendwann schlafen wir zusammen ein, mein Kopf an seiner Schulter. Der Bus ist warm und ruckelt. Wir sind keine Fremden mehr.

13. Epilog
Zur Zukunft des Personentransports

Busfahren – eigentlich weiß ich immer noch nicht, wie das geht. Für die Fahrt habe ich mittlerweile ein paar Listen und Regeln im Kopf: Nie ohne Wasserflasche, immer mit Schal und Jogginghose. Ich schreibe ein ganzes Buch darüber, und trotzdem saß ich vorgestern unterkühlt und mit Kopfschmerz in der Toilettenschneise. Genau das macht für mich den Charme der Busfahrt aus: Wir sind alle Anfänger. Jederzeit. Denn jede Busreise bringt eine ungeahnte Kombination an Hindernissen mit sich: eine defekte Toilette, streitende Zwillinge, jemand mit Döner, der über die ohnehin schwer erträgliche Szene einen wenig dezenten Zwiebelgeruch legt. Der Bus lässt sich nicht zähmen.

Wenn Sie sich auf der nächsten Fahrt mal umschauen, werden Sie feststellen, dass alle anderen in den Reihen dasselbe tun: Sie versuchen zu überleben. Der eine probiert es mit Apfelschnitzen und Mandela-Biografie, die Nächste komplett verkabelt und mit Chipstüte. Vor allem ist der Bus ein Ort der Koexistenz: ich und der *Kiss*-Fan, der Verkaterte und das Baby, der vegane Jutebeutelträger und der robuste Currywurstfreund. Wir alle müssen auf ein paar Quadratmetern Bus eine ganze Weile lang friedlich miteinander – und mit den Launen der Reise – auskommen. Friedlich schon allein deshalb, weil mit 0,5 Metern Armfreiheit keiner wirklich effektiv zuschlagen kann.

Der Bus lehrt immer neue Lektionen: wie schön es sein kann, mit einem Fremden zu reden – oder wie fatal; welchen Film man demnächst auch mal mit Ton schauen sollte und welches Buch es sich lohnt zu lesen; dass Krümeln auf wenigen Zentimetern Sitzplatz schlimmer ist als Kleckern und auch On-Ear-Kopfhörer Bass nach außen tragen. Vor allem aber lehrt der Bus Lektionen über einen selbst: Wie reagiere ich, wenn ich acht Stunden lang ohne Technik leben muss? Kann ich noch schlafen, wenn hinten ein Kleinkind schreit und auf dem Sitz nebenan ein Teenie zu Metal headbangt? In all diesen kleinen Busmomenten leiden wir, aber wir lernen auch. Neues über den Bus, über die anderen und über den schwierigsten Passagier: uns selbst. Wer das eine Weile macht, wird tatsächlich irgendwann besser.

Ich kann mittlerweile arbeiten, während sich neben mir jemand ein Lordi-Album auf Maximallautstärke reinzieht, auf ein paar Zentimetern schlafen, während auf dem nächsten Sitz Goliaths Schnarchen den Bus zum Vibrieren bringt, und automatisch auf Schalatmung umstellen, sobald sich die Klotür öffnet. Auch der Bus wird besser: Mittlerweile gibt es Gummibärchen und Getränke, Kaffee und Filme und Servicemitarbeiter, die tatsächlich hilfreich sind.

Sind wir und der Bus also auf dem Weg in ein Zeitalter der Optimierung? Vielleicht reisen wir auf der Straße bald so komfortabel wie in der Businessclass? Leben in ein paar Jahren schon in einer Welt, in der es in Bussen wirklich durchgehend WLAN gibt und ein Warnlicht angeht, bevor sich die Rückenlehne des Vordermanns auf die Knie absenkt? Wohl kaum. Ich glaube: Der Bus bleibt eine Wundertüte. Reisen kann man optimieren, aber es bleibt immer unvorhersehbar. Der Bus ist die letzte abenteuerliche Reiseform, bei der man trotzdem heil ankommt.

Zum Schluss verrate ich Ihnen noch ein Geheimnis: Der Moment, in dem der *Kiss*-Fan sich sabbernd auf meiner Schulter niederließ, war auch der Moment, in dem ich mich in den Bus verliebte. Ich dachte: So was passiert nur hier. Es stimmt – während wir anderswo sonst wortlos mit doppelter Armlehnenlänge aneinander vorbeihetzen, werden wir im Bus gezwungen, einiges zu teilen, das wir vielleicht nicht teilen wollen: die Armlehne, die Toilette und immer auch die Luft zum Atmen. Dafür bietet uns vielleicht jemand anderes etwas an, das wir dringend brauchen: Taschentücher, Aspirin, Ausgehtipps und Lakritzschnecken. Weil keiner rauskann, hilft nur die Gemeinschaft. Jeder ist hier, wie er eben ist. Schnarchend, schwitzend, Hip-Hop hörend. Wir ertragen und werden ertragen. Dafür ist die Busfamilie da. Die Welt dreht sich, der Bus schaukelt weiter. Wer Bus fährt, sollte sich also zurücklehnen und das Chaos genießen, solange es noch geht. Auch wenn sich gerade ein Zweihundert-Kilo-Mann auf den eigenen Schultern ausruht, während die Klimaanlage die Temperatur unbarmherzig Richtung Tropen schraubt. Sind das nicht die Geschichten, die man später erzählt? Denn so ganz ohne Geschichten wäre das Leben doch langweilig.